관상학 길잡이

관상학 길잡이

개정판 1쇄 2013년 10월 16일
개정판 3쇄 2017년 3월 20일
지은이 김광일
펴낸이 김영재
펴낸곳 책만드는집

주소 서울 마포구 양화로3길 99 4층 (04022)
전화 3142-1585·6
팩스 336-8908
전자우편 chaekjip@naver.com
출판등록 1994년 1월 13일 제10-927호
ⓒ 김광일, 2013

지은이와의 협약에 의해 인지를 따로 붙이지 않습니다.
잘못된 책은 구입하신 서점에서 바꾸어드립니다.

ISBN 978-89-7944-445-2 (03180)

얼굴을 보면 미래를 알 수 있다
관상학 길잡이

김광일 | 지음

책만드는집

| 추천사 |

저자인 김광일 선생은 역학계의 원로이자 역학사로서 그 분야에서 대단한 엘리트로 알려져 있다. 그가 30여 성상의 세월 동안 연마, 연구해온 관상학의 정수를 이번에 책자로 출간하게 되었다니 참으로 축하드리며, 추천사를 씀을 영광으로 생각한다.

　문화의 발전에 따라 학문의 각 분야도 괄목할 만한 수확을 거두고 있지만 관상학은 워낙 특수한 분야라서 우리 생활과의 근접도가 낮아 구구한 내용이 제 나름으로 풀이되는 경향이 없지 않았다. 선진국에서는 점성학占星學을 비롯하여 이 분야가 학문으로 정립되어 활발히 연구되어온 것이 이미 오래전의 일이다. 그동안 우리나라는 모든 여건의 불비不備로 그러하지 못한 실정이었으나 이번에 김광일 선생의 피나는 노고의 결정結晶인 본저本著가 발행됨으로써 일반 대중은 물론 역학계와 사회 전반이 큰 수확을 거두게 되었다. 이 책이야말로 초보자로부터 전문가에 이르는 모든 사람이 충분히 이해할 수 있도록 계통과 체계가 분명한 내용으로 다양하게 꾸며져 있어 흥미와 실감을 줄 것이다. 특히 과거 상법과는 달리 길흉화복의 예지법豫知法과 개운開運 방법 등을 우리 현실 생활에서 활용할 수 있도록 상담에 근거하여, 논리적이며 합리적인 내용으로 구성해 처세에 많은 도움을 줄 것이라 확신한다.

　　　　　　　　　　　　　　　　　　　　김용상 (전)스포츠서울 사장

천재적인 명석함으로 전심전력을 다해 역학에 몰두하며 남달리 소중한 학문을 연구하여 지대한 공을 남긴 김광일 선생이 한층 더 존경스럽다.

그의 학문은 미래에 닥칠 실패나 재난을 미연에 방지하고, 앞날의 생활을 성공으로 이끄는 데에 대의가 있다고 본다. 내일의 기상을 알리는 일기예보와 같이 나날의 생활에 있어 부닥쳐야 할 각자의 비운을 알고 대비할 수 있다면 얼마나 기쁜 일이겠는가?

이 책은 우리 인간의 이러한 절실한 소망을 풀어줄 길잡이가 될 것이라 확신한다. 불운에 허덕이는 사람이나 현실의 난관에 부딪쳐 판단에 고심하고 있는 사람은 물론이요, 원대한 포부와 불타는 희망으로 성공의 봉우리를 향해서 전진하는 사람에게는 더없는 안내서가 되어줄 것이다.

김광일 선생의 피와 땀이 얼룩진 연구의 결실이 만인의 행복과 함께 빛을 발하기를 기원하면서 감히 추천사에 대(代)하는 바다.

박영창 경기대학교 국제대학원 겸임 교수

| 들어가는 말 |

흔히 길가에 있는 돌멩이도 둥글고 반들반들 고우면 아이들이 갖고 놀거나 집에서 장식으로 이용하지만, 뾰족하게 모가 나 있어 위험성이 있으면 멀리 치워버리게 된다. 대인 관계나 관상에 있어서도 마찬가지다.

얼굴에는 환경과 교육, 성격에 따라 심성이 그대로 나타나기 때문에 관상을 보면 그 사람의 성품, 살아온 과정, 환경, 그리고 미래의 발전 가능성 등 소위 심상心相(마음씨)까지도 엿볼 수 있다.

갈수록 복잡하고 다양해지는 현대 생활 속에 인간과 인간의 관계는 떼려야 뗄 수 없는 불가분의 관계로, 그 대인 관계에서 우리는 득도 보고 손해도 보게 된다. 그러므로 열 길 물속보다 알기 어렵다는 인간의 내면과 개성, 특징 등을 알 수 있는 관상을 응용하여 사업가나 정치인은 물론 평범한 회사원까지도 대인 관계, 거래 관계에 활용한다면 많은 인간관계에서 성공을 기약할 수 있을 것이다.

적을 알고 나를 알면 백전백승하듯 인상학을 공부함으로써 자신이 몰랐던 개성이나 특징 등을 알아 이에 맞게 처신하고, 대인 관계에서 상대의 성품과 재질을 알아 이에 맞게 대화의 실마리를 풀어간다면 윤택하고 발전적인 인간사가 정립되어 풍요로운 사회가 될 것이다.

처음으로 관상학을 공부하는 초보자도 알기 쉽게 관상학적 전문 용어를 되도록이면 배제했고 그림을 많이 활용했으며 필자가 오랜 시간 임상 상담 결과로 얻은 연구와 통계를 집대성했다.

관상을 공부하는 과정에서 비록 좋지 못한 관상을 지녔다 하더라도 덕행에 힘쓰면 복이 찾아들고, 좋은 관상을 지녔더라도 마음을 바르게 쓰지 않으면 악운이 찾아든다는 것을 알아야 하겠다.

"사주는 관상만 못하고 관상은 심상만 못하다四柱不如觀相 觀相不如心相"라는 말이 있다. 모든 운명적 행·불행은 사주와 관상에 달려 있지만, 그보다는 '마음가짐'에 따라 복의 대소大小가 달라짐을 명심해야겠다.

김광일

차 | 례

추천사 | 김용상 004　박영창 005
들어가는 말 | 006

1장 | 얼굴형 · 013

01_ 옆에서 본 얼굴형 · 015
02_ 남자의 앞 얼굴형 · 016
03_ 여자의 앞 얼굴형 · 022
04_ 삼정 · 027
05_ 안면팔상 · 030

2장 | 십이궁도 · 035

01_ 명궁 · 039
02_ 부모궁 · 043
03_ 형제궁 · 044
04_ 애정궁 · 050
05_ 자식궁 · 054
06_ 재백궁 · 057

07_ 관록궁 • 063
08_ 전택궁 • 067
09_ 천이궁 • 070
10_ 질액궁 • 071
11_ 노복궁 • 073
12_ 복덕궁 • 075
13_ 상모궁 • 076

3장 | 이마와 운명 • 079

01_ 안면각론 • 081
02_ 이마의 주름과 운명 • 089

4장 | 눈과 운명 • 093

5장 | 눈썹과 운명 • 109

6장 | 코와 운명 • 123

01_ 코의 넓이에 따른 분류 • 135
02_ 코의 모양에 따른 분류 • 136

7장 | 입과 운명 · 147

01_ 입의 크기에 따른 특징 · 150
02_ 입술형에 따른 특징 · 154
03_ 입의 형상에 따른 분류 · 159

8장 | 귀와 운명 · 165

01_ 귓불의 분류 · 171
02_ 귀의 형태별 분류 · 174

9장 | 관상학의 특수한 길흉 관계 · 179

01_ 팔대 · 181
02_ 팔소 · 182
03_ 오장 · 183
04_ 오단 · 183
05_ 오소 · 184
06_ 오로 · 185
07_ 육악 · 186
08_ 육천 · 186
09_ 십살 · 187
10_ 십대공망 · 188
11_ 십대천라 · 189

**10장 | 관골·인중·법령·이·혀·볼
보조개·턱·주름·점** · 191

01_ 관골 · 193
02_ 인중 · 197
03_ 법령 · 201
04_ 이 · 204
05_ 혀 · 207
06_ 볼과 보조개 · 208
07_ 턱 · 209
08_ 주름 · 216
09_ 점 · 219

11장 | 신수·궁합·운세 · 225

01_ 관암신수 보는 법 · 227
02_ 발바닥 모양으로 본 건강 운 · 241
03_ 궁합과 운명 · 245
04_ 수리학으로 풀어본 신수 · 273
05_ 동전으로 점치는 일일 운세 · 280

physiognomy

동양의 관상학에서는 얼굴을 보고
그 사람이 살아 있는 동안에 있을
부귀·빈천, 행·불행 등 모든 운세를 판단한다.

01 _ 옆에서 본 얼굴형

인간의 얼굴을 옆에서 보면 누구나 아래의 (1), (2), (3)형 중 하나에 속한다. 그 특징을 살펴보면 다음과 같다.

(1) 돌출형

코를 중심으로 얼굴 가운데가 튀어나와 마치 볼록렌즈와 같은 형이다. 매사에 능동적이며 소신이 뚜렷하고 의지가 강한 데다 스케일이 큰 반면에 성격이 치밀하지 못한 단점이 있다. 운세는 경제적 풍요가 따르나 구설수가 많은 게 특징이다.

(2) 수직형

이마와 턱이 수직에 가까운 형이다. 원만한 성격에 보수적인 경향이 있으며 모험심과 과격한 투쟁심이 전혀 없고 매사를 안전성 위주로 생활하기 때문에 운세도 기복이 심하지 않고 평온하다. 단점이라면 자칫 타성에 젖은 무사안일주의에 빠지기 쉽다는 것이다.

(3) 오목형

이마와 턱이 나오고 얼굴 중앙이 들어간 형이다. 마음에 공상과 환상이 많고 무리한 욕심을 내 화근을 자초하는 등 현실을 외면한 이상형의 소유자다. 여성은 내조가 좋고 남성은 측근 보좌에 수완을 발휘하는 장점이 있다.

02 _ 남자의 앞 얼굴형

(1) 갑자형甲字形

이마와 광대뼈가 넓고 얼굴 전체에서 상층 부위(코를 중심으로 상하로 나눌 때)가 발달되었으며 턱이 쪽 빠진 형이다. 매사에 예민하고 신경질이 있을 수 있으나 물질적 본능보다는 정신적 이상을 추구하는 장점이 있다. 정직한 성품의 소유자로 대인 관계에 서투른 게 흠이며 상업보다는 관계官界에 진출함이 좋다. 교육, 비평, 철학, 연구, 예술 방면에 특성이 발휘될 수 있으나 고독한 내면적 흐름이 있는 게 특징이다. 운세는 초년과 중년이 왕성하다.

갑자형

(2) 신자형 申字形

이마가 좁고 턱이 뾰족한 반면에 광대뼈가 발달하여 마치 마름모꼴과 같은 형으로, 부모 형제 덕이 불충분하여 자수성가할 타입이다. 한 가지 일에 몰두하면 굳센 의지와 부지런함으로 계획한 임무를 완수하는, 책임감이 강한 동시에 너무 완고하여 가끔 주위로부터 고립될 수 있는 단점

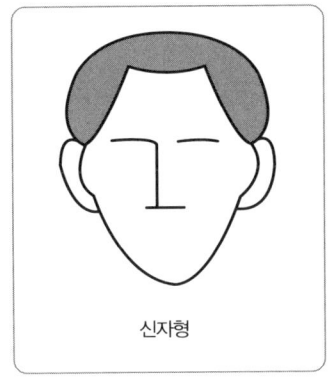
신자형

을 가진 타입이다. 조혼은 실패 수가 있으니 결혼은 늦게 하는 것이 좋으며 금속, 전자 부문이나 엔지니어 계통, 섬유나 화학 계통이 적성에 맞는다. 건강은 신경성에서 오는 질환을 앓을 수 있다. 운세는 중년이 강세다.

(3) 원자형 圓字形

얼굴 전체가 둥글며 눈, 귀, 입까지도 둥글둥글한 형을 말한다. 살집이 좋고 탄력이 있으며, 불그스레한 혈색의 소유자는 성품이 원만하고 명랑하며 웬만한 일에 동요하지 않는다. 모든 것을 긍정적으로 받아들이는 성격으로 추진력 또한 매우 강해 배짱,

원자형

통솔력, 경제 능력이 왕성하나 개성이 뚜렷하지 않은 게 흠이다. 학술·학예 방면에는 적합하지 않고 행정 관청, 일반 회사, 은행, 증권

사 계통에서 자질을 발휘할 타입이다. 애정 생활 중에 가끔 한눈을 팔 수도 있으며 말년에 혈압 계통의 질환이 있다. 운세는 초년보다 중년, 중년보다 말년이 좋다.

(4) 전자형田字形

얼굴의 상하좌우의 길이가 비슷하고 이마와 턱이 네모져서 사각을 이루는 형이다. 뼈가 강하고 근육이 발달된 신체적 특징이 있다. 용맹스런 투쟁심을 가지고 있으며 성질이 급하고 부지런하며 매사에 정열적이다. 내근보다 활동적 업무에 적합하며 부

전자형

귀를 함께 누릴 형으로 관직, 군경직, 스포츠 계통 등에서 두각을 나타낼 수 있다. 25세 이전에 결혼을 하면 생활에 파란이 있을 수 있으니 그 이후에 결혼하는 것이 좋다. 운세는 중년 이전까지는 기복도 많고 회복도 빠르다가 중년 이후에 복이 트일 수다.

(5) 유자형由字形

이마가 좁고 빈약하며 광대뼈 밑으로부터 턱까지의 부위가 넓게 발달돼 있다. 마치 턱이 얼굴 전체를 잘 받치고 있는 것 같은 형으로, 초년 운세가 불길하고 부모덕이 허약하며 고향을 떠나 타향에서 자립, 성공할 타입이

유자형

다. 넉살이 좋고 우유부단한 면도 있으나 대체로 유한 성품을 지녔다. 인덕이 없는 게 크나큰 흠이며 행동이 느리고 형이상학적인 것보다 형이하학적인 생각의 지배를 받는 단점이 있다. 상업 방면에 진출하면 졸부가 될 수 있는 형이며 운세는 초년 전체와 중년 초입까지가 매우 좋지 않다.

(6) 목자형 目字形

얼굴이 직사각형을 세워놓은 듯 좁은 형으로 감정이 예민하고 총명하다. 매사에 빈틈이 없고 세밀해 교육계, 의료계, 컴퓨터 산업, 정밀기계, 전자 분야에 종사하면 성공을 기약할 수 있다. 돈보다는 명예를 따르는 장점이 있으나 신경이 과민하여 편협한 면이 있고 도량이 좁은 단점이 있다.

목자형

결혼은 연애보다 가급적 중매가 좋겠고 약간은 허약 체질이니 건강관리가 필요하지만 수명은 길할 수다. 운세는 초·중·말년이 원활하나 30대에 흥패가 교차하여 파란이 있을 수 있으니 이때에 치밀한 판단력이 필요하다.

(7) 풍자형 風字形

이마는 보통이나 턱 부위가 특히 발달돼 있다. 좌우 광대뼈 위가 들어간 형으로 명랑하고 의리가 있으며 수완이 탁월하고 외교력이 능수능란해 타인을 잘 움직이는 강점이 있다. 외교관이나 외국인을 상대로 하는 직업이 적성에 맞겠으나 투기성이 많아 쉽게 성공하고 쉽게 실패하는 형이다. 인내심이 부족하여 직장, 직업, 거주 등에 변화가 많고 유흥, 오락을 즐기는 경향으로 지출이 심하다. 이성적 바람기도 다분히 잠재해 있다. 운세는 초년에서 중년까지는 왕성하나 말년 운이 침체된

풍자형

경향이 있으므로 생활을 기분에 따라 하지 말고 미래의 안식을 위해 저축하는 습관을 기르는 것이 필요하다.

(8) 왕자형王字形

이마 뼈, 광대뼈, 턱뼈가 툭 불거져 솟아올라 얼굴 모양이 울퉁불퉁하고 살집이 없는 형이다. 특히 눈과 볼 좌우 부분이 오목하게 들어간 얼굴로 성격이 단순하여 직선적이고 융통성이 부족하며 천성은 착하나 소심한 면이 있다. 부모덕이 미약하니 자수성가할 상이고 조혼은 실패하기 쉬우

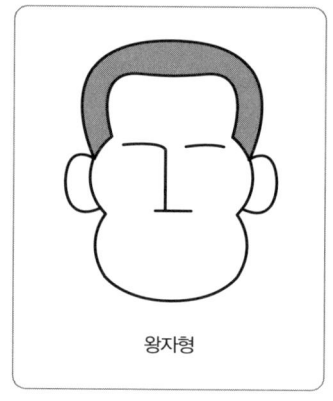

왕자형

니 만혼이 좋겠다. 건축업, 용역 사업, 운수업, 일반 상업 분야가 적성에 맞는다. 초년에서 중년 이전까지의 운세가 들쑥날쑥 불안정하며 특히 주거가 안정치 못해 여러 번 이사를 하게 된다. 말년은 평탄하며 전체적으로 큰 부자는 못 되겠지만 먹고사는 데 구애는 받지 않

을 상이다.

(9) 역삼각형

이마 부위가 넓고 크게 발달되었으며 광대뼈에서부터 아래로 내려오면서 좁아져 턱이 뾰족하여 마치 삼각형을 거꾸로 세워놓은 듯한 형이다. 두뇌가 명석하고 관찰력이 풍부하며 매사에 주도면밀한 장점이 있는 반면 성질이 까다로워 신경질적이다. 타인을 관용하는 덕이나 포용력이 부족해 사

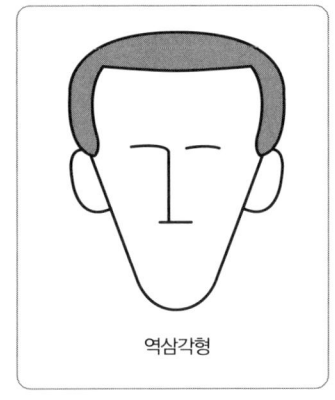

역삼각형

업, 정치 등 지휘 계통은 적성에 맞지 않는다. 문화, 분석 업무, 연구직, 창작 분야에 특출한 능력을 발휘할 수 있다. 물욕보다는 명예욕이 무척 강하고 자존심으로 인한 손실이 많으며 외근보다 내근이 맞는다. 운세는 말년 운이 좀 산란하다.

(10) 삼각형

이마 부위가 매우 좁고 광대뼈 아래로 내려오면서 점차 넓어져 턱 부위가 매우 발달한, 마치 삼각형을 세워놓은 것 같은 형이다. 신체가 건강하고 질병이 없다. 성질이 단순 명쾌해 순진무구하나 창의력이 부족하고 고집이 황소 같아서 타인과 융화가

삼각형

어렵다. 매사를 자기중심적 사고방식으로 처리하기 때문에 직장 등 단체 생활보다는 개인 사업이 적합하다. 애정 운이 불안정해 부부 생활에 종종 갈등이 있고 도량이 부족한 게 흠이다. 금전욕이 강해 낭비심이 없다. 운세는 초·중·말년을 통해 굴곡이 심하다. 마음에 여유를 갖고 독불장군식의 성격을 바꾼다면 평온한 삶이 오겠다.

03 _ 여자의 앞 얼굴형

(1) 역삼각형

이마 부위가 넓고 얼굴 아래로 갈수록 좁아져 턱 부위가 좁은 형으로 거꾸로 된 삼각형과 닮았다. 섬세하고 지적 능력이 뛰어나며 자존심과 독립심이 강하다. 모든 것을 감정에 치우치지 않고 이성적으로 판단한다. 반면에 지구력이 다소 약하고 신경이 예민하여 자칫 히스테릭한 면을 보일 수 있고 말년이 좀 쓸쓸한 단점이 있다. 문학, 예술, 교육, 의상 디자인, 의약 계통에서 실력을 발휘할 타입이며 운세는 그래프에서 보듯 초년, 중년이 말년에 비해 다소 낫다.

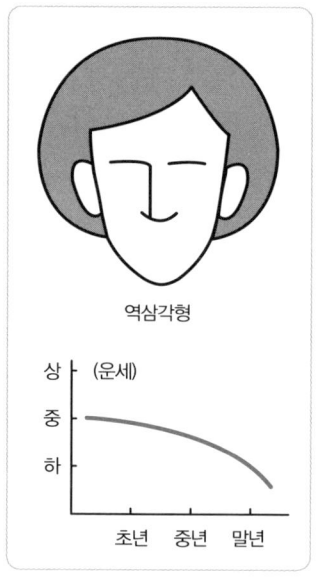

(2) 둥근 형

얼굴 모양이 원을 그린 듯 동그란 형으로 살이 통통한 편이다. 낙천적이면서도 지극히 현실적이고 꿈도 많고 욕심도 많으며 특히 주위 사람들과 분위기를 잘 맞추어 애교 띤 외교 수완에 능하나 정열적인 활동에 다소 약하다. 호화스런 생활을 선호하는 관계로 지출이 많고 이성보다는 순간적 본능에 따라 행동하는 단순한 마음의 소유자가 대체로 많다. 예능, 귀금속 공예, 일반 사무직, 관광업, 호텔업 계통에 종사하면 애교 어린 성격으로 특출한 재질을 발휘, 성공할 수 있다. 운명학상 일찍 결혼하는 경우가 많으나 26세 이후에 결혼하는 것이 길하겠다. 운세는 초·중·말년에 각각 한 번씩 고통이 있을 수다.

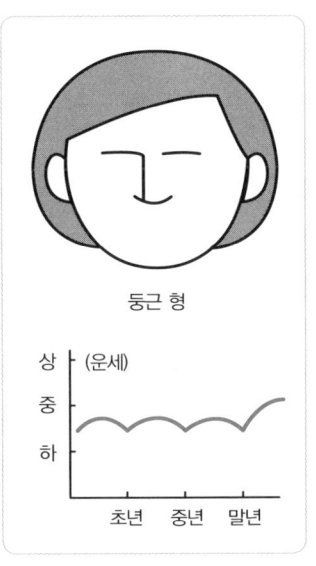

둥근 형

(3) 네모형

이마와 턱 부위가 각이 져 있고 얼굴 상하좌우의 폭이 비슷한 사각형 모양의 형을 말한다. 광대뼈가 나온 것이 특징이며 매사에 적극적이고 부

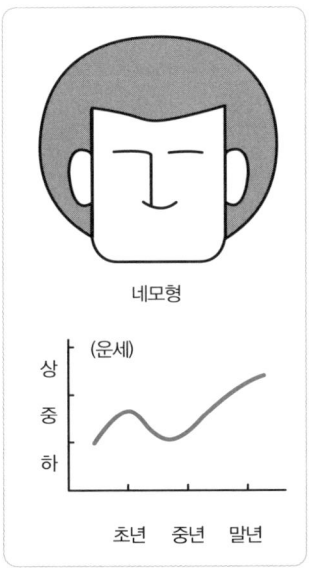

네모형

1장 _ 얼굴형   023

지런하다. 남에게 지기 싫어하는 성격 속에 뜻을 세우면 끝까지 성취하려는 강한 집념과 활동력을 갖추고 있다. 남자 못지않은 대범한 면이 많은 반면에 고집이 너무 강하고 기질이 억센 면이 있으며 언행이 남성화된 결점이 있다. 결혼 전후를 막론하고 사회 활동을 해야 좋고 애정 운은 늦게 결혼함이 길하다. 사회사업, 정치, 무역업, 상공업 분야 등 활동성이 강한 직업이 적성에 맞으며 여타 직종에도 적응력이 좋다. 운세는 초년, 중년 사이에 굴곡이 있으나 말년이 크게 길하다.

(4) 계란형

이마가 넓고 머리가 둥글며 아래턱 부위가 타원형의 곡선을 그린 듯한, 마치 거꾸로 세운 계란 같은 형이다. 이목구비의 조화가 반듯한 게 특징이며 냉정하고 이지적이다. 주관이 확실해 쉽게 분위기에 휩쓸리지 않고 대인 관계에 안정감을 줄 수 있으며 통찰력과 기억력이 매우 좋다. 반면에 이기적인 경향이 있고 내성적 성격의 소유자가 많으며 신경이 예민하고 섬세한 면이 있어 고독을 즐기는 경향이 있다. 모델, 탤런트 등의 예술성 직업과 기자, 컴퓨터 계통, 전산업, 통계자료 분석업, 비서직에서 능력을 발휘할 수 있다. 애정 운도 대체로 안정세를 이루며 운세는 말년 초입부터 저기압과 고기압이 교차한다.

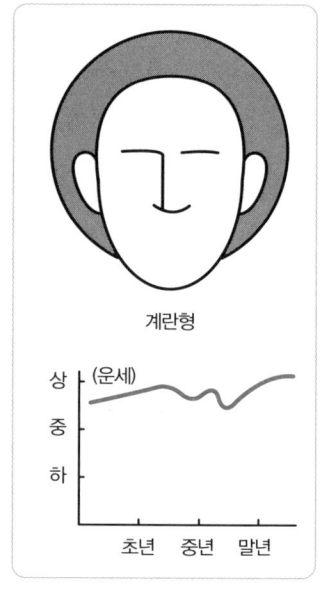
계란형

(5) 직사각형

얼굴의 폭이 좁고 세로로 길며 직사각형을 세워놓은 듯한 모양으로 몸이 호리호리하고 코가 높은 것이 특징이다. 감정이 예민하고 재치가 풍부하며 총명한 두뇌의 소유자로 사리 분별이 밝고 성품이 순수하다. 한번 화가 나면 무섭고 환상과 공상이 많으며 건강이 다소 약하고 우울한 성품이 잠재해 있다.

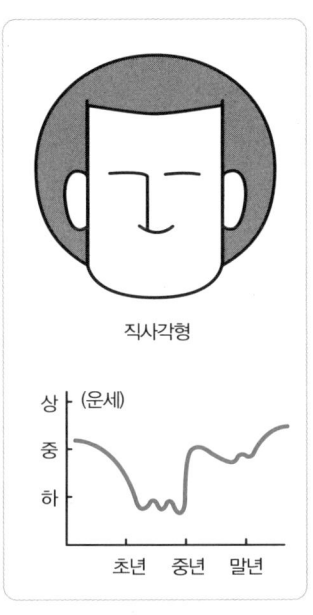

직사각형

애정 운은 연애보다 중매가 길하고 늦게 결혼하는 것이 좋다. 평론가, 방송 리포터, 비평가, 의류업, 패션 디자인 계통이 적성에 맞으며 운세는 중년 이후부터 순탄하다. 그래프에서 보듯 20대 중반에 기복이 있는 운세이니만큼 그 시기에 이성적 만남에 따라 행·불행이 교차하니 분별 있는 애정관이 필요할 듯싶다.

(6) 삼각형

이마가 좁고 뾰족하며 아래로 내려오면서 턱 부위가 매우 발달해 마치 세모 모양 같은 얼굴형이다. 성품이

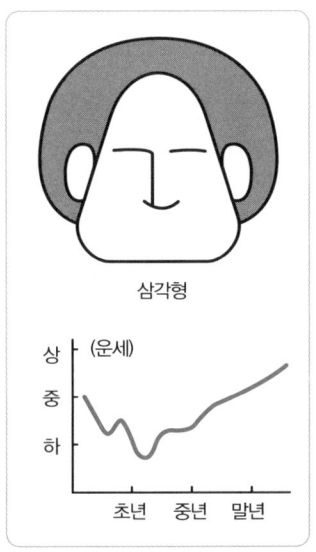

삼각형

대범하고 융통성이 있으며 화술에 능하고 인정이 많다. 겉은 매우 강직하나 내면엔 부드러움이 잠재해 있는 외강내유형으로 신체가 건강한 특징을 지녔다. 창의력이 부족하고 결단성이 약하며 아집이 강한 단점이 있다. 금융, 경리업, 관광 안내업, 스포츠 계통 등이 적성에 맞으며 결혼은 27~28세에 하는 것이 좋다. 금전 운이 좋아 상당한 재산을 불릴 수 있겠으나 그래프에서 보듯 초년 운세가 매우 심약하여 초년 고생이 심하겠다. 그 후에는 대단한 상승 곡선으로 운세가 매우 길하다.

(7) 사다리꼴형

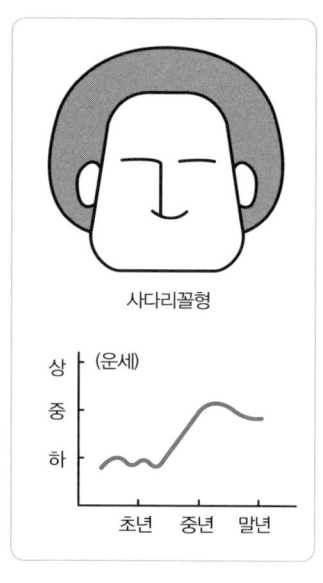

사다리꼴형

이마 부위가 좁고 좌우 광대뼈가 넓게 발달돼 있다. 귀 아래쪽 턱뼈와 턱 전체의 부위가 각을 이뤄 마치 사다리꼴 모양 같은 얼굴형이다. 매사에 활동적이며 타인을 위해 헌신하는 희생정신이 있고 의지와 인내가 강하며 신의도 있으나 상대편의 미묘한 감정의 움직임을 잘 알지 못하는, 즉 센스가 부족한 단점이 있다. 대인 관계에서 굽힐 줄 모르는 성품 때문에 종종 손해 보는 일이 있으며 억센 기질이 좀 있다. 결혼 전후를 막론하고 사회 활동을 해야겠고 애정궁은 만혼이 좋으며 배우자가 늦게 나타나는 특징이 있다. 운세는 그래프에서 보듯 초년에는 고생이 심하나 중년부터 복이 트이겠다. 보험 업무, 간호사, 요식업 계통, 사회 봉사직에서 적성을 발휘할 수다.

(8) 마름모형

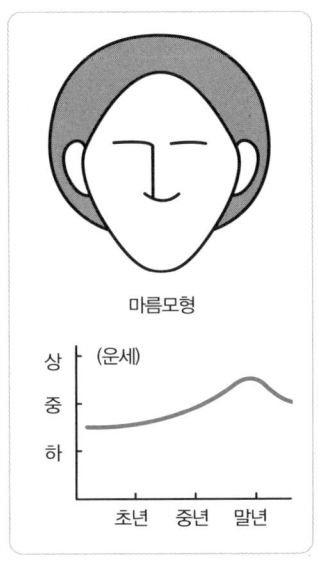

마름모형

이마와 턱이 좁고 뾰족한 반면에 얼굴 전체 중 광대뼈가 차지하는 부위가 제일 발달된 얼굴형이다. 부모 덕과 인덕이 약하지만 한 가지 목표를 정하면 웬만한 시련과 장애는 극복한다. 남의 이목 같은 것에 구애되지 않고 자기가 세운 계획은 반드시 완수하고야 마는 굳센 의지와 근면성이 있다. 단 고집이 너무 강하고 냉정한 면이 잠재해 있으며 신경이 다소 과민하다. 애정 운은 초혼에 성공하지 못하고 재혼을 하는 경우가 많으나 28세 이후에 결혼하면 무사할 수다. 경리직, 스포츠 계통, 의류 사업, 서비스산업 계통에서 실력 발휘가 가능하다. 운세는 중년이 최고 강세다.

04 _ 삼정三停

동양의 관상학에서는 얼굴을 보고 그 사람이 살아 있는 동안에 있을 부귀·빈천, 행·불행 등 모든 운세를 판단한다. 얼굴을 크게 세 부분으로 나눠 운수와 운명적 특징을 아는 법이 있다. 이를 관상학 용어로 '삼정'이라고 하는데, 삼정에는 상정, 중정, 하정이 있다. 그 특징은 다음과 같다.

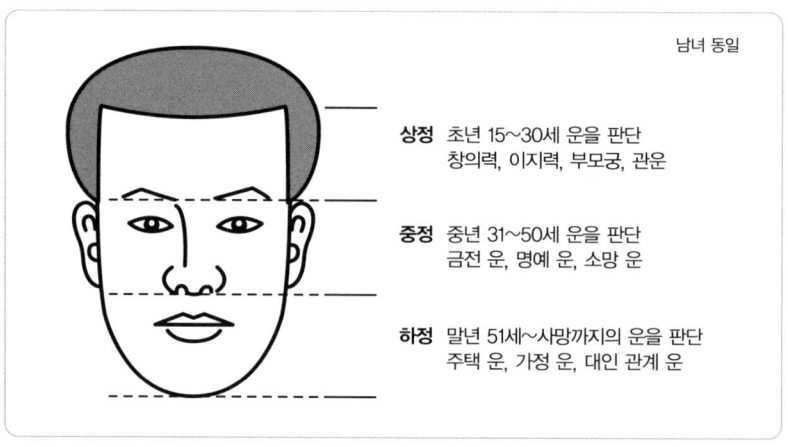

(1) 상정上停

머리털 난 곳에서부터 눈썹까지의 부위, 즉 이마 부분으로 15세부터 30세까지의 초년 운세를 지배한다. 14세 이전은 귀로 운세를 판단하는데 왼쪽 귀로는 1~7세, 오른쪽 귀로는 8~14세까지의 부모덕의 유무와 손윗사람과의 관계, 창의력, 이지력을 판단할 수 있다. 특히 관운을 볼 수 있다. 상정 부위가 넓고 둥글며 살빛이 윤택해야 길상으로, 부모덕이 좋고 상사와의 관계가 원만하다. 상정 중심 부위, 즉 이마의 중심 부위 전체가 마치 돼지 간을 엎어놓은 것처럼 두툼하면 관록 운이 매우 좋다.

장관 등 관계에서 성공한 인물들의 관상을 살펴보면 상정 부위가 좋음을 알 수 있다. 천성적으로 관운이 좋다고 할 수 있는데, 이 상정 부위가 좋은 사람은 청소년 시절에 다복하고 학운도 길하다. 그러나 이 부위에 상처가 있거나 울퉁불퉁하면 초년 고생이 심하고 부모와 가정 운세가 쓸쓸하며 신체가 허약한 경우가 있다.

상정 부위가 좋은 사람은 창의력과 응용력이 좋아 학자, 연구가, 법률가, 정경 분야에 특성을 발휘할 수 있고 반대인 사람은 갑절의 노력을 기울여야 한다.

(2) 중정中停

눈썹 아래에서부터 코끝까지의 부위로 31세부터 50세까지의 중년 운세를 지배한다. 중정 부위가 바르고 두꺼우면 재산이 증식되고 부귀를 누린다. 특히 콧방울이 두툼하고 힘차면 중년에 영화를 누릴 수 있다. 이에 반해 중정 부위에 살이 얇고 점이나 상처가 있으면 중년에 업무가 빈약하고 소득과 지출이 불균형을 이뤄 고생을 한다.

지금은 고인이 되었지만 코미디계의 황제였으며 불우한 청소년과 노인들을 위해 장학금 지급, 경로 우대 등 많은 자선사업을 했던 L 씨의 관상을 보면 중정 부위가 3분의 2 가량이 불길해 보인다. 그는 실제로 중년 초부터 중반까지 무명으로 많은 고생을 했다. 다행히 콧방울의 하부가 좋아 중년 말기부터 스타덤에 올라 부를 축적하고 그래서 사회사업도 할 수 있게 되었다. 이는 관상과 무관하지 않을 것이다.

(3) 하정下停

코끝부터 턱 밑까지의 부위로 51세부터 사망할 때까지, 즉 말년 운세를 보는 부분이다. 뾰족하거나 좁지 않고 둥글고 두껍고 충만해야 말년 운이 좋다. 특히 자녀의 효도 등 아랫사람의 덕을 보게 된다.

하정은 말년 운세를 지배하지만 주택 운, 가정 운도 판단할 수 있는 부위로 하정 부위에 살집이 없거나 흉터가 있으면 가정생활에 기복이 있고 애정이 한쪽으로 치우치는 경향이 있으며 스스로 괜한 고민을 하게 되는 경우가 많다. 예를 들어 턱이 극도로 뾰족한 사람은 저축하는 습관을 들여 노후를 대비하는 생활관을 가져야겠다.

관상이나 사주를 보고 운세를 미리 알고자 하는 것은 흉한 점을 미리 알아 이를 유비무환의 자세로 사전에 적절히 대처하고자 하는 것이니, 너무 맹신해도 좋지 않겠지만 어느 정도는 귀담아듣는 것도 나쁘지 않겠다.

05 _ 안면팔상顔面八相

관상학에서는 사람의 상을 위威, 후厚, 청淸, 괴怪, 고孤, 박薄, 악惡, 탁濁 등 안면팔상으로 분류해 부귀빈천을 판단한다.

그림을 참고로 팔상八相에 대한 각각의 특징을 살펴보면 다음과 같다.

(1) 위威

뼈와 살이 균형 잡혀 있고 두 눈썹 사이와 광대뼈가 발달되었으며 특히 눈빛이 빛나면, 인품이 높고 엄숙하며 용감한 기백 속에 위엄 있는 용모를 지녔다고 할 수 있다. 이를 위맹지상威猛之相이라 하는데,

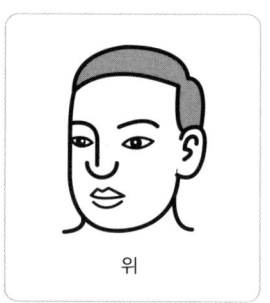
위

군·관계나 정치 지도자들에게서 흔히 볼 수 있다.

(2) 후厚

체구와 용모가 돈중敦重하고 이목구비의 선이 굵은 특징이 있다. 사리가 밝고 인품이 훈훈하며 운세에 기복이 적고 복록이 많다. 이를 후중지상厚重之相이라 하는데, 사회 각 계층에서 두드러진 활동을 많이 하게 된다.

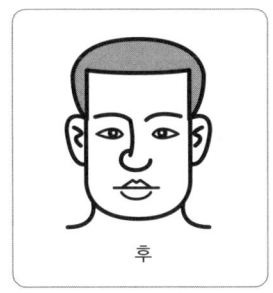

후

(3) 청淸

이목구비가 수려하고 용모가 단정하며 성격이 사려 깊고 동적인 면보다 정적인 면이 많다. 두뇌가 총명한 상으로 이를 청수지상淸秀之相이라 하며 학계, 법조계에서 많이 찾아볼 수 있다.

청

(4) 괴怪

부리부리한 눈에 광대뼈가 불거져 있고 코가 높거나 살이 거의 없으며 뼈만 솟은 특징이 있다. 어딘가 모르게 속되지 않고 준엄한 빛이 감돌며 매사를 철학적으로 생각하는 면이 많다. 이를 고괴지상古怪之相이라 하며 종교계나 고승, 기인에게서 많

괴

이 찾아볼 수 있다.

(5) 고孤

목이 길고 어깨가 좁으며 상체와 하체의 균형이 맞지 않아 걸음걸이가 곧 쓰러질 듯하고 궁상맞게 보이는 상이다. 고한지상 孤寒之相이라 하여 운세가 고독하고 경제적 궁핍이 있다.

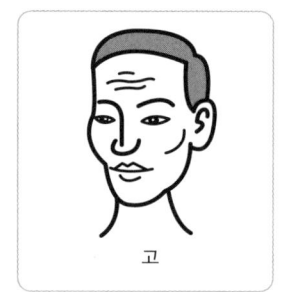
고

(6) 박薄

이목구비의 윤곽이 불분명하고 품위가 없으며 눈동자의 초점이 부정확한 특징이 있다. 기백이 약해 박약지상薄弱之相이라 하며 신분이 낮은 경우가 많다.

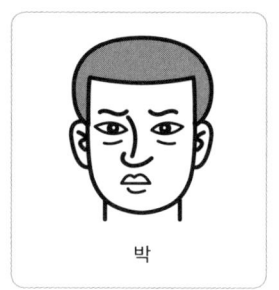
박

(7) 악惡

항상 눈이 벌겋게 충혈돼 있고 눈빛이 불량하며 목소리는 맹수가 울부짖는 듯 거친 데다 성격이 흉포하고 살상殺傷을 즐기는 상이다. 이를 악완지상惡頑之相이라 하며 특급 범죄자에게서 많이 볼 수 있다.

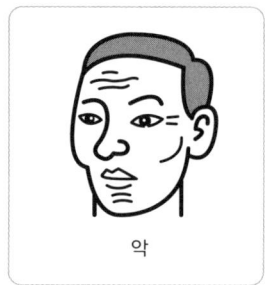
악

(8) 탁濁

사람됨이 누추하게 보이고 안색이 밝지 못하며 살집이 무른 특징에 성품도 물에 물 탄 듯 술에 술 탄 듯 주체성이 부족하다. 운세는 비록 의식주에 구애받지 않으나 크게 성공하기 어렵고 타인의 고용살이를 하는 경우가 많다. 이를 속탁지상俗濁之相이라 한다.

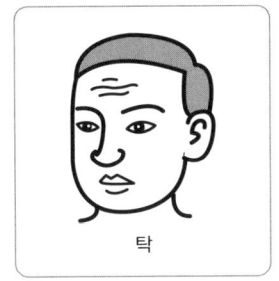
탁

 이상과 같이 안면팔상의 간략한 특징을 열거했으나 무엇보다도 심상이 운세와 행운에 커다란 영향을 끼침을 알아야겠다.

2장
십이궁도

physiognomy

애정궁은 양쪽 눈초리 부위로,
청춘 남녀의 이 부위가 유난히 빛이 나고
옅은 황색 빛이 감돌면 혼담이 있거나 결혼할 징조이고
기혼자의 경우 여자는 푸른빛,
남자는 검푸른 빛이 감돌면 상대 배우자가 바뀔 징조다.

인간의 삶이 이어지는 동안에 반드시 수반되는 길흉화복과 영고성쇠의 근본이 되는 것에는 애정 운, 직업 운, 금전 운, 건강 운, 자손 운, 주택 운 등 여러 가지가 있다.

　　관상학에서는 얼굴에서 열두 부위를 정하고 그 각각의 운을 보는데, 이를 '십이궁十二宮'이라 한다. 십이궁에는 명궁命宮, 부모궁, 형제궁, 애정궁, 자식궁, 재백궁財帛宮, 관록궁官祿宮, 전택궁田宅宮, 천이궁遷移宮, 질액궁疾厄宮, 노복궁奴僕宮, 복덕궁福德宮이 있으며 얼굴에서의 위치는 그림과 같다.

　　십이궁의 운세 작용을 살펴보면 명궁은 그 사람의 선천적 운세와 도량, 그리고 희망 달성 여부를 판단하는 곳이다. 부모궁은 말 그대로 부모덕의 유무와 부모의 가정사를, 형제궁은 형제간의 우애와 형제 수數를, 애정궁은 애정 문제나 배우자의 인품과 금실 및 해로의 유무를, 자식궁은 자식 수와 자식의 성공 여부를, 재택궁은 재산 상태와 성격을 가늠할 수 있게 한다. 또 관록궁은 관운官運의 유무와 직업 관계, 전택궁은 주택·주거 관계, 천이궁은 사회생활의 적응도와 처

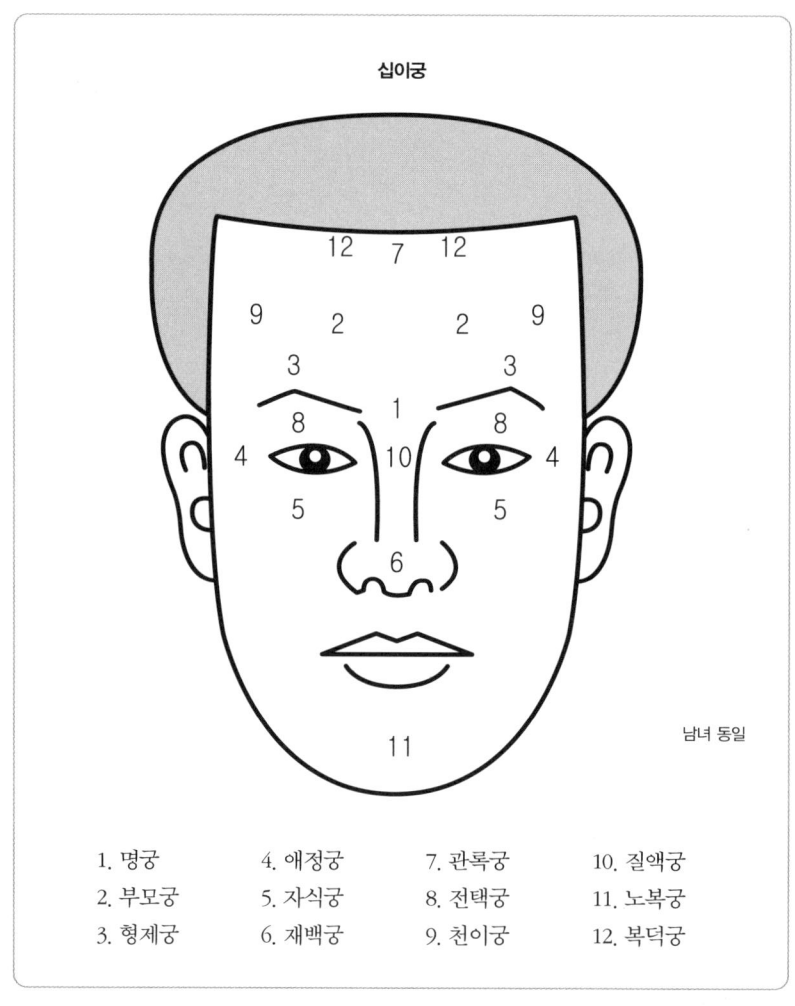

세 관계와 대인 관계, 질액궁은 건강 관계, 노복궁은 부하나 손아랫사람과의 인덕 관계, 그리고 복덕궁은 글자 그대로 선천적·후천적인 복록福祿의 유무를 판단하는 곳이 된다.

십이궁의 조화와 길흉에 따라 인간사의 행·불행이 정해지는 것은 두말할 필요가 없다. 그러나 행·불행의 가장 근본이 되는 것은 심상

(마음씨)임을 다시 한 번 강조하며 십이궁 각각의 상세한 내용을 본격적으로 설명해보고자 한다.

01 _ 명궁

눈썹과 눈썹 사이를 명궁이라 하며 관상 용어로는 '인당印堂'이라고 한다. 〈그림 1〉

명궁은 사람의 정신적 기가 모이는 곳으로 선천적인 운명의 길흉과 학식, 직업, 현재의 운세 등을 판단할 수 있는 부위다.

눈썹과 눈썹 사이의 폭이 〈그림 2〉에서 보듯 자기의 엄지손가락보다 약간 넓어야 하고 털이나 점, 상처가 없이 살빛이 맑고 윤택해야 길상吉相이다.

명궁에 윤기가 흐르고 이마 전체가 둥근 사람은 순수하고 성격이 원만하다. 또 학운學運이 좋으며 총명한 두뇌 활용으로 성공이 빠르고 선천적인 복록을 누릴 수 있다. 특히 명궁이 길하면 외교관, 사업가, 정치가, 의사가 되었을 때 두각을 나타내게 된다. 하지만 명궁 부

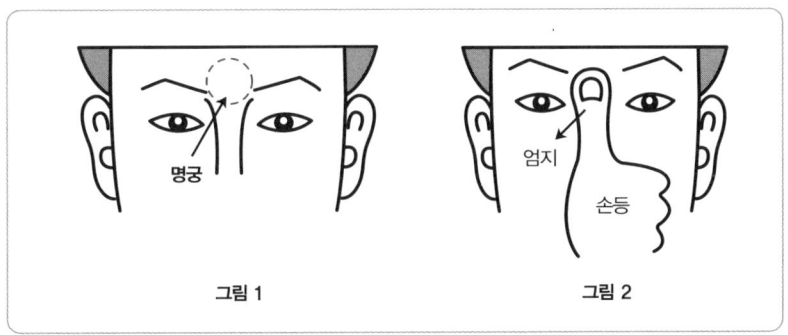

그림 1   그림 2

위에 털 또는 흉터, 점이 있거나 살빛이 거칠고 요철凹凸이 있으면, 하는 일에 지체됨이 많고 업무에 유동성이 많으며 직업 변동이 잦은 데다가 성공과 실패가 자주 교차한다. 즉 명궁이 약한 사람은 선천적인 복이 적기에 후천적 노력으로 부족한 것을 메워나가야 한다.

명궁의 폭, 즉 눈썹과 눈썹 사이의 폭이 너무 넓으면 성격이 치밀하지 못하고 내실이 부족하며 집착력이 부족해 매사에 용두사미 격이 되기 쉽다. 반대로 너무 좁으면 소견과 아량이 좁고 윗사람과의 관계가 원만치 못하며 고집으로 인해 패할 염려가 많고 건강이 약할 수 있다. 참고로 자가운전자나 운수업에 종사하는 사람은 아침에 이 명궁 부위를 거울로 관찰해 피부 색깔이 거칠거나 붉은빛이 감돌면 교통사고 수의 조짐이 예상되니 그날 하루는 운전에 무척 세심한 주의를 기울여야 하겠다.

(1) 명궁과 점의 함수 관계

중국 송나라 건국 초에 달마라는 분이 지은 『달마상법達磨相法』이란 책을 보면 "명궁, 즉 눈썹과 눈썹 사이에 흉터가 있거나 점 또는 사마귀가 있으면 직업과 주거가 안정치 못하고 부부궁에 이별 수가 있으며 부귀영화와 관계가 적다"라고 기록되어 있다. 아이러니하게도 부처님의 상相을 살펴보면 이 명

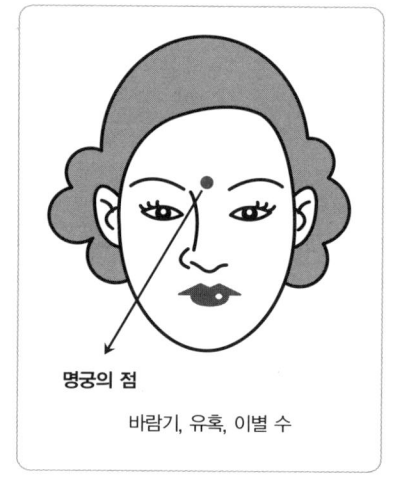

명궁의 점

바람기, 유혹, 이별 수

궁 부위에 사마귀가 있음을 볼 수 있다. 그래서 부처님은 온갖 부귀영화가 보장돼 있는 왕자의 지위와 왕위 계승마저 포기하고 여러 곳을 전전했는지도 모를 일이다.

득도하기 위해 고생한 부처의 여정을 살펴보면 명궁의 사마귀(점)에 관상학적 영향이 작용하지 않았나 하는 생각이 든다. 명궁에 점이나 흉터가 있으면 석가의 득도 과정처럼 어려움이 많고 성공하기까지가 매우 고달프게 되어 있다. 여성의 경우 명궁에 점이 있으면 기백이 약하고 뜻밖의 어려운 일을 많이 당하며 부부간에 이별 수가 있다. 실례되는 표현으로 바람기가 많고 제2의 애정 행각을 할 우려가 있다.

필자의 고객 중 P라는 여성이 있었다. 얼굴이 반듯하고 이목구비가 수려한 게 미모가 보통이 넘는 여성으로 얼마 전 가문 좋고 학벌과 직장이 반듯한 남자와 결혼했다. 그런데 그녀는 남편에게 아무런 불만이 없는데도 자꾸만 첫사랑의 연인이 보고 싶어 그와 종종 만나고 있었다. 그러니 상담해 오기를 어떻게 했으면 좋겠느냐는 것이었다.

그녀의 관상을 살펴본 바 명궁에 점이 있기에 당장 병원에 가서 빼라고 권유했다. 명궁의 점을 뺀 그녀는 이후 마음에 안정을 되찾아 임신도 하고, 지금은 그렇게도 남편이 좋을 수 없다며 소식을 전해 왔다. 비록 이민을 떠난 손님이지만 그때의 고마움을 생각해서인지 가끔 안부 편지가 온다.

(2) 명궁과 주름살의 운명적 작용

명궁은 그 사람의 목적 달성 여부를 보는 부위이며 또한 그 사람의 현재 정신 상태를 나타내는 부위이기도 하다. 그래서 우리가 무슨 일을 깊이 생각할 때나 고민이 많을 때 자연스럽게 명궁에 주름이 나타

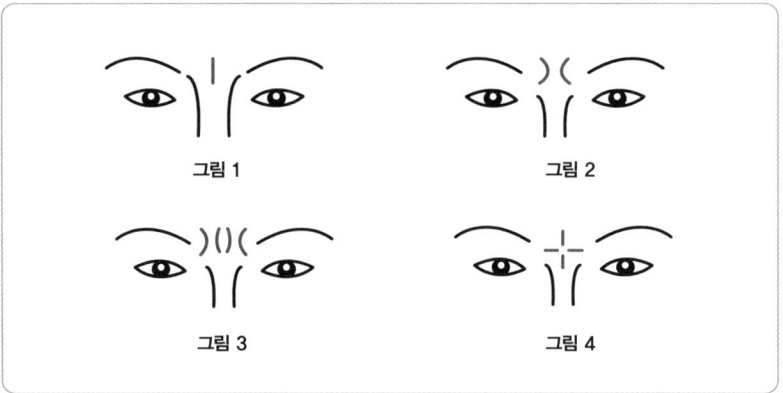

나게 된다.

　관상학에서는 명궁 부위에 주름이 많으면 많을수록 심적 갈등이 유발되고 부모 형제 덕이 박약하고 배우자와 이별 수가 있으며 재산이 흩어진다고 되어 있다. 고민이 있다고 얼굴을 찌푸리면 명궁에는 더 많은 주름살이 생긴다. 이 주름이 많을수록 바라는 일과 더욱 멀어지므로 고민이 있는 사람은 되도록 얼굴을 펴야겠다. 얼굴을 활짝 펴서 명궁에 주름이 생기지 않게 하면 바라는 일이 차차 해결될 것이다. 명궁은 소망을 보는 부위이기 때문이다. 그러면 이미 생겨버린 주름은 어떤 영향을 미칠까?

　〈그림 1〉에서처럼 명궁에 세로 주름이 한 개만 있는 경우는 의지가 굳은 노력형이며 완고한 성품에 헛돈을 쓰지 않는 저축형으로, 무슨 일이든 시작을 하면 반드시 끝을 보는 목적관철파이나 인색한 면이 종종 있다. 대체로 성공하기까지 고생을 많이 한다.

　〈그림 2〉에서처럼 두 개의 주름이 형성된 경우에는 판단력과 분석력이 뛰어난 반면에 성격이 까다롭다. 운세는 길하며 금전 운이 양호하고 투자, 투기하면 몇 배의 이득이 있으며 보람 있게 돈을 쓰는 타

입이다. 법조계나 사무직 종사자에게서 많이 볼 수 있다.

〈그림 3〉에서처럼 여러 개의 주름이나 〈그림 4〉처럼 열십자의 주름이 있으면 신경이 과민하고 소심하며 노력한 대가가 미진하고 운세가 여러 모로 산란하며 가정과 애정에 고통이 있다. 이런 경우는 테가 넓은 안경으로 명궁 부위를 되도록이면 가릴 것을 권하고 싶다.

02 _ 부모궁

좌우 눈썹 위로 이마의 좌우 중앙에 해당되는 부위다.

왼쪽 이마 중앙 부분을 관상 용어로 일각日角이라 하고 오른쪽 이마 중앙 부분을 월각月角이라 하는데, 각각 아버지궁과 어머니궁에 해당한다(여자는 이와 반대).

모름지기 이마는 높고 둥그스름해야 부모 운이 길하다. 특히 부모궁 부위가 티 하나 없이 맑고 깨끗하며 살집이 풍만하면 부모덕과 정이 좋으며 유산 상속이 이루어진다. 또 부모가 수복강녕壽福康寧하여 사회적 지위가 견고하다. 그러나 부모궁 부위가 낮고 이마가 울퉁불

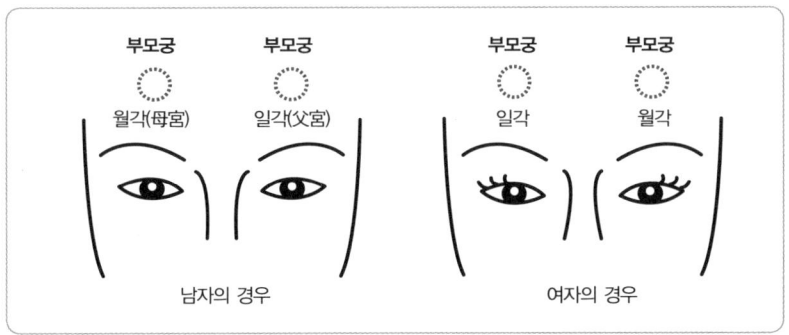

통하면 조실부모하거나 부모에게 항시 우환이 떠나지 않는다. 부모의 도움은 전혀 기대하지 못하는 자수성가의 짐을 지게 된다.

　일각과 월각이 같은 높이로 둥글게 원만히 솟아오르고 빛깔이 영롱해야 부모와 조상의 음덕을 받고 사회적 위치도 발전한다. 그러나 부모궁에 점이나 상처가 있고 이마 뼈가 움푹 죽어 있으면 부모와의 인연과 덕이 부족하고 부모로 인한 근심이 있다. 일각이 월각보다 낮으면 아버지가 먼저 죽고 월각이 일각보다 낮으면 어머니가 먼저 죽는다.

　이마가 깎인 듯 좁고 작으며 두 눈썹이 서로 맞닿은 듯한 관상을 격각살隔角殺이라 하는데, 이런 사람은 부자간에 의견 대립이 많고 가정이 항시 불화하거나 조실부모하게 된다. 필자가 조사한 바로는 일찍 부모와 이별한 아이들은 부모궁에 요철이 있고 모가 나 있으며 이마가 부실하고, 재벌 부모에게서 태어나 그 유산을 받은 경영인은 일·월각에 빛이 나고 이마가 둥글고 윤택함을 지니고 있는 경우가 많았다.

03 _ 형제궁

얼굴의 두 눈썹이 형제궁인데, 이것으로 형제 관계를 알 수 있다. 눈썹은 마치 건물의 지붕과 같아 비바람을 막아주는 것처럼 눈을 보호하며 두 눈의 안녕을 맡아보는 관계로 그 사람의 능력, 의지, 지능을 판단할 수 있고 부동산 관계, 직장 관계, 그리고 애정 운세에도 영향을 미친다.

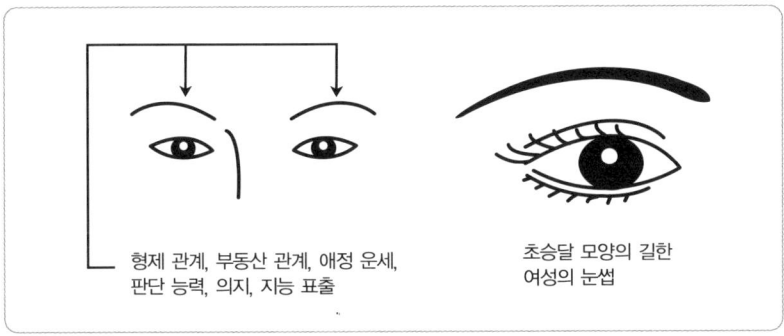

형제 관계, 부동산 관계, 애정 운세,
판단 능력, 의지, 지능 표출

초승달 모양의 길한
여성의 눈썹

　남성의 눈썹은 활이나 반달처럼 휘고 모질(눈썹 털의 질감)이 뻣뻣하지도 그렇다고 바람에 나부끼듯 연약하지도 않아 적당히 유연해야 하며 색깔은 흑색이어야 한다.

　여성은 가늘고 길어 마치 초승달과 같고 윤기가 있어야 길한 눈썹인데, 특히 그림에서 보듯 눈의 길이보다 눈썹 쪽의 길이가 길어야 형제간의 우애도 좋고 아울러 경제적 안정을 도모할 수 있다. 또한 그런 눈썹을 가진 사람은 비단 형제간의 우애뿐만 아니라 사회적 처세도 바르고 가정도 화목하다. 눈썹이 짧고 거칠며 빛깔이 황색이면 형제 수가 적다. 혹시 많더라도 형제 덕이 없으며 종종 업무에 장애가 생긴다. 눈썹이 뒤엉켜 있거나 드문드문 난 눈썹 털은 형제간이 불화하거나 사회생활에 구설이 따른다. 또한 눈썹으로 그 사람의 마음을 알 수 있는데, 눈썹이 곱고 수려하면 인간 됨됨이가 바르고 선량하나, 눈썹이 매우 거칠거나 흩어져 있으면 과격하고 성품이 급하며 마음에 안정감이 부족하다.

　눈썹은 애정 운세에도 커다란 영향력을 미친다. 몇 년 전 필자의 고객 중 유명 연예인 Q 양이 있었다. 그때는 한창 여성들 사이에 눈썹을 면도로 밀고 화장 연필로 눈썹을 새로이 그리는 게 유행이었다.

Q 양이 자기도 눈썹을 밀고 화장 연필로 그리면 어떻겠느냐고 물어오기에 극구 말렸으나 결국 그녀는 유행에 따라 눈썹을 밀고 말았다. 그 후 단란했던 부부 사이에 이별이 왔고 인기도 떨어져 지금은 잊힌 스타가 됐다. 이처럼 눈썹은 애정 운에 크게 관련되니 가급적이면 여성들은 눈썹에 함부로 손대지 않는 게 좋겠다.

형제궁을 볼 때 왼쪽 눈썹은 남자 형제를, 오른쪽 눈썹은 여자 형제를 나타낸다(여자는 반대).

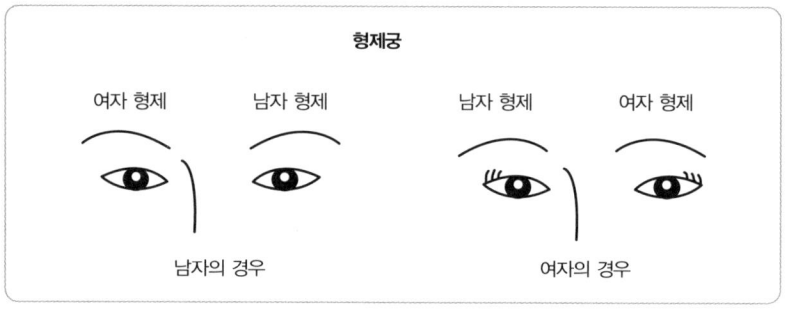

이에 따라 한쪽 눈썹이 곱고 수려한데 다른 한쪽의 눈썹이 거칠거나 산란하면 그 해당 부위의 형제자매와 인연이 박하고 수數도 적다. 또 그림에서 보듯 눈과 눈썹과의 간격이 넓어야 길상으로, 인격이 고상하고 관대하며 운신의 폭이 넓어져 발전적 운세를 맞이한다. 눈과 눈썹 사이의 거리가 거의 붙은 듯한 사람은 위트가 있으나 감정 변화가 심하고 업무도 시작은 있으나 끝이 없는 경우가 많다.

필자가 조사한 바로는 신문의 사회면을 종종 장식하는 흉악범이나 가정파괴범들은 눈썹이 헝클어져 있거나 듬성듬성하며 눈이 눈썹에 붙은 것 같은 상이 많았다. 이는 눈썹이 형제 관계를 판단하는 부위이기도 하지만 운명학적으로는 가정과 사회의 테두리로도 볼 수 있기 때문에, 결손이 있는 눈썹은 사회생활에 적응하지 못하는 점이 내포되어 있어 범죄 심리가 유발된다고 판단할 수 있다.

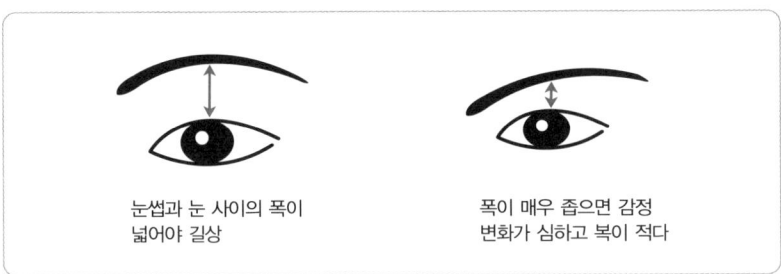

눈썹과 눈 사이의 폭이 넓어야 길상

폭이 매우 좁으면 감정 변화가 심하고 복이 적다

한마디로 눈썹 부위가 불길하면 육친六親의 덕이 없으므로 매사를 혼자의 힘으로 성취해야 하는 것이다. 하지만 눈썹이 가지런하고 수려하며 검은 윤기 속에 빛을 발한다면 리더십이 있고 부하 관리에 능력을 발휘한다. 또 사회적 인기가 좋고 부동산 등 가토家土를 많이 지니게 된다.

1980년대에 일본 수상을 지낸 나카소네의 눈썹을 생각하면 알 수 있을 것이다. 특히 정치인은 눈썹이 좋아야 조직력, 자금 동원력이 풍부해진다. 참고로 볼일이 있어 외출했을 때 눈썹이 가려우면 집에서 본인을 찾는 일이 있거나 손님이 와 있을 징조이니 집으로 연락해 보는 것이 좋다.

그림에서 보듯 눈썹 중간이 끊긴 눈썹은 이복형제가 있을 상이다. 말할 때 눈썹이 움직이는 사람은 부모나 윗사람과 의견 대립이 많고 재산이 모였다 흩어짐이 많다. 눈썹 속에 보일 듯 말 듯한 크기의 점이나 사마귀가 있으면 총명하고 이상과 뜻이 고매하며 형제애도 좋

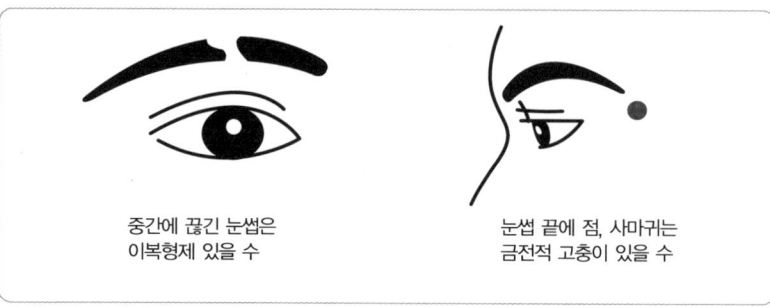

중간에 끊긴 눈썹은
이복형제 있을 수

눈썹 끝에 점, 사마귀는
금전적 고충이 있을 수

고 사회적 기반도 왕성하다. 그러나 그림처럼 눈썹 끝에 점이나 사마귀가 있으면 사업가는 금전 순환이 잘 안 되고 부하 직원과의 마찰이 종종 있게 된다.

또 눈썹이 팔八자형인 사람은 재능과 재예가 뛰어난 반면에 늦게 재산이 모여 졸부 소리를 듣는다. 일찍 결혼하면 반드시 이별 수가 있으니 늦게 결혼하는 것이 좋다. 눈썹 뼈가 발달된 사람은 의지력이 뛰어나고 불굴의 기상으로 난관을 극복하는 강한 정신력을 가지고 있으며 추진력이 강하다. 군·경직이나 스포츠 계통에서 두각을 나타낼 수 있다.

여자는 눈썹 부위가 가정 운과 정조 관념의 강약을 나타낸다. 눈썹이 가지런하고 빛이 곱고 수려하면 품행이 방정하고 지조가 강하며 어진 남편을 만나 부귀를 누린다. 눈썹이 빽빽하게 숱이 많은 데다 엉켜 있거나, 듬성듬성하고 거칠면서 산란하면 남편 덕이 부족하고 삶에 풍파가 많다. 또 재산이 흩어지고 주위 환경이 쓸쓸하다.

이외에 엷은 눈썹의 소유자는 영리하지만 너무 엷으면 가정적 고민이 있고, 반대로 남성보다 더 짙고 굵은 눈썹의 소유자는 매사에 진취적이고 능동적이나 기가 너무 세 배우자에게 부담을 주어 불행해지기 쉽다. 여성에게 있어서는 화장으로 변화를 주기가 쉬운 부위이니 길이, 농도 등을 조절하여 길한 눈썹으로 만들면 흉이 길로 변화될 수도 있다.

형제궁으로 부모 관계도 파악할 수 있다. 두 눈썹의 높낮이에 차이가 있거나 짝눈썹이면 형제 덕이 없음은 물론이고 다른 어머니를 섬길 상이며 금전적 풍파도 많다. 눈썹은 건물의 지붕과 같기 때문에 부동산 관계를 판단하는 데 이용된다. 눈썹이 눈보다 길며 눈썹 털이 고르고 수려하면 많은 전토田土를 소유할 수 있으나, 눈보다 눈썹이 짧으면 고생이 많고 특히 여성은 배우자 덕이 미약해 생계를 위한 사회활동, 즉 돈벌이를 해야 된다. 무주택자가 주택 마련의 기회가 조성될 때에는 눈썹이 짧든 길든 눈썹 털에 유난히 윤기가 난다. 눈썹으로 애정 관계도 판단할 수 있는데, 그림처럼 직선적이고 눈썹 끝이 올라간 일자 눈썹의 소유자는 직선적 성품으로 솔직 담백하며 대담한 행동을 하지만 타인과 융화 타협이 어렵고 고집이 있으며 인연을 놓치기 쉽고 배우잣감이 늦게 나타나는 특징이 있다.

또 그림처럼 눈썹이 엷고 가늘면 정에 약하고 사랑의 건수는 많아도 결실을 맺기가 힘든 경우가 많다. 눈썹으로 현재의 운세 상태를

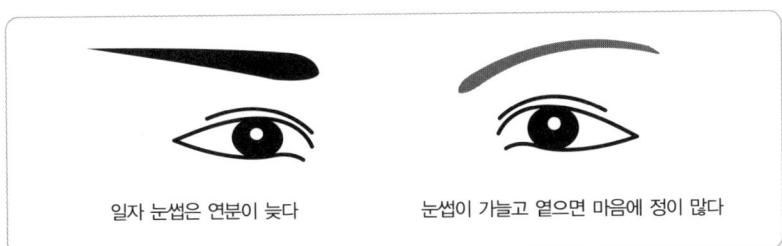

일자 눈썹은 연분이 늦다   눈썹이 가늘고 엷으면 마음에 정이 많다

알 수 있는데 눈썹이 가늘던 사람이 어느 시기에 눈썹이 굵어지면 그때부터 운이 좋아져 금전 운이 길하게 된다.

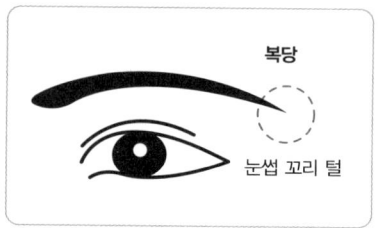

눈썹 꼬리를 관상 용어로 복당福堂이라고 한다. 눈썹 꼬리 털이 뻗쳐 있고 윤기를 발하면 뜻과 소망이 원활히 진행되지만 오그라들거나 지저분하면 주위 환경이 산란하고 운세가 위축되어 소망이 좌절된다. 흔히 연세 많은 노인들을 보면 눈썹 중 한두 개가 길게 나온 것을 볼 수 있는데, 이런 경우 매우 장수한다.

눈썹으로 상대방의 기분을 파악할 수도 있다. 기분이 상하거나 초조할 땐 눈썹이 솟구치고, 기분이 좋고 여유가 있을 땐 눈썹도 안정되어 있다. 대인 관계에 활용해보자.

04 _ 애정궁

애정궁은 부부궁이라고도 하며 얼굴에서의 위치는 그림에서 보듯 양쪽 눈초리 부위다. 이를 관상 용어로 간문奸門이라고 한다. 이 애정궁으로는 남녀를 막론하고 애정 생활의 행·불행, 부부간의 백년해로 여부와 혼담의 성사 여부, 혼전의 연애 관계 등을 판단할 수 있다. 따라서 이성 운 전체를 판단하는 데 핵심적인 부위라고 할 수 있다. 이 애정궁, 즉 눈초리 부분이 깨끗하고 살이 두둑하고 윤택하면서 흉터, 점, 주름 등 흠집이 없으면 남녀 간에 사랑 운이 좋다. 남자는 덕이 있고 정숙한 아내를 얻고 여자는 명예와 재력을 겸비한 복 있는 남편을 맞이하게 된다.

특히 애정궁이 길하며 광대뼈가 불거져 나와 있지 않으면 남녀 모두 재물 복이 많은 배우자를 만나게 된다. 그러나 애정궁 부위가 오목하거나 불쑥 튀어나와 있고 사마귀, 주름, 흉터, 푸른 힘줄 등이 있으면 애정 생활에 굴곡이 많다. 심하면 부부간에 생별, 사별의 변고가 있다.

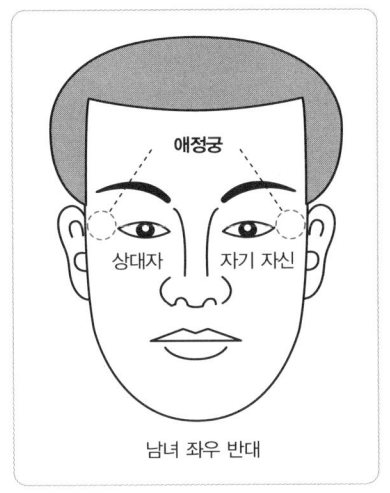

이 애정궁 자리에서 남자는 왼쪽 눈초리 부위를 자신, 오른쪽을 부인 자리(처궁)로 본다. 여자는 반대로 왼쪽 눈초리 부위를 남편 자리(부궁), 오른쪽을 자신으로 본다. 오른쪽, 왼쪽 모두 길한 애정궁엔 별문제가 없지만 만일 애정궁이 불길하면 오른쪽이냐 왼쪽이냐에 따라 애정의 문제가 당사자에게 있느냐 아니면 상대방에게 있느냐를 판단할 수 있다. 물론 좌우 모두가 불길한 애정궁이라면 모두에게 문제점이 있는 것이다. 미혼인 청춘 남녀의 경우, 이 애정궁 부위가 유난히 빛이 나고 옅은 황색 빛이 감돌면 혼담이 있거나 결혼할 징조로 볼 수 있다.

기혼자의 경우 애정궁 자리에 여자는 푸른빛, 남자는 검푸른 빛이 감돌면 상대 배우자가 바람을 피울 징조다.

애정궁은 〈그림 1〉에서 보듯 눈초리 부위(점선 부위)로 그 넓이가 손

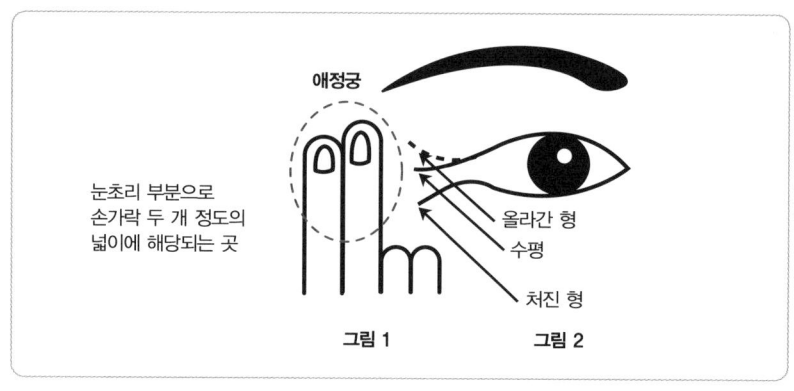

가락 두 개 정도에 해당되는 곳이다. 살빛이 티 하나 없이 맑고 윤택하면 애정 생활이 순탄하고, 요철이 있거나 잡티(주름, 흉터, 점, 사마귀 등)가 있으면 애정에 번민이 많게 된다.

원래 눈초리에는 〈그림 2〉처럼 미세한 주름이 그어지는데, 한 개뿐인 주름의 소유자는 남녀 모두 이성관이 바르고 투철해 건전한 애정 생활 속에 정숙한 삶을 영위한다. 단 눈초리가 위를 향해 치솟아 있으면 남자는 성격이 날카롭고 여자는 고집이 강하며 대가 세서 배우자를 얕보려는 특징이 있다. 반대로 눈초리가 아래로 처져 있으면 남자는 권좌權座와 인연이 많으나 여자는 고독한 경향이 짙다. 그러나 〈그림 3〉에서 보듯 눈초리에 주름이 여러 개 있으면 다정다감한 반면에 남녀를 불문하고 유혹하기도, 유혹당하기도 좋아해 이성적 스캔들이 많으며 부부간 해로偕老에 장애가 많다.

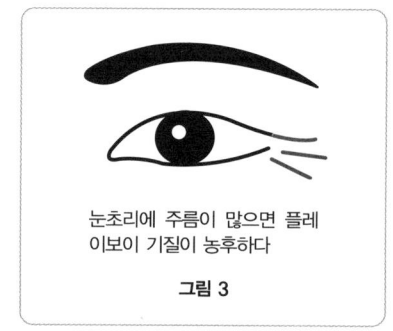

어느 날 갑자기 눈초리 부위

에 많은 잔주름이 생길 경우엔 애정의 이상 신호이므로 각별히 신경을 써야 한다. 해외 토픽에서 흔히 정치가나 성직자가 섹스 스캔들을 일으켜 곤혹을 치르는 경우를 보게 되는데 그 인물들의 사진을 관찰해보면 눈초리 부위, 즉 애정궁에 반드시 결함(요철, 점, 주름, 상처 등)이 있음을 알 수 있다. 애정궁 부위에 갑자기 붉은빛이 감돌면 부부간에 불화가 있을 수 있다. 흰색이나 검은빛이 나타나면 공방 수空房數라 해 부부 이별이 있게 된다.

신라시대부터 전해 온 『마의상법麻衣相法』이란 책자에는 애정궁 부위가 불길하고 특히 눈에 살기殺氣가 있으면 남녀 모두 부부간에 사별한다고 돼 있다. 가급적이면 배우잣감으로 선택하지 않는 게 길하겠다.

애정궁, 즉 좌우 눈초리 끝 부분은 모든 애정사愛情事의 길흉을 판단할 수 있는 곳이다. 특히 부부간의 해로 유무의 키포인트가 되는 곳이기도 하다. 애정궁이 오목하게 들어가 있으면 이성 운이 불길하다. 남성은 여러 번 장가를 들거나 독신 생활을 하게 되고 여성은 후처로 가는 경향이 많다. 반대로 애정궁이 불쑥 솟아올라 있으면 남녀 모두 사랑에 우여곡절이 많고 이별 수가 있으며 마음속 가득히 배우자에게 불만이 내포돼 뜻과 이상의 차이로 정이 멀어진다.

또 그림처럼 눈초리 부위에 검은 사마귀나 점이 있으면 남녀 모두 혼전에 이성 교제가 복잡하고 결혼 후에도 바람기가 있어 사련邪戀에 빠지는 등 해서는 안 될 사랑을 하게 된다. 즉, 정숙함이 결여되기 쉽다. 아울

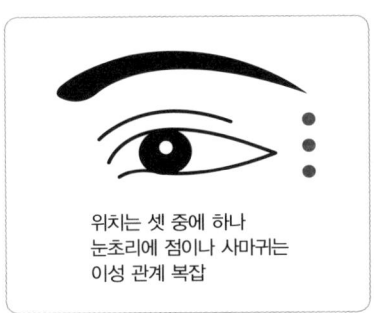

위치는 셋 중에 하나
눈초리에 점이나 사마귀는
이성 관계 복잡

러 눈초리 부위에 열십자형 주름이 있으면 남성은 배우자에게 포악한 행동을 잘하고 여성은 이별 수를 당하는 경우가 많다. 눈초리 부위에 우물 정井 자 주름이 있으면 남녀를 막론하고 색정色情으로 인해 몸을 망친다.

또 눈초리 부위에 갑자기 푸른 힘줄이 나타나면 배우자로 인해 근심 걱정이 생기고 가정에 구설이 있게 된다.

필자가 조사한 바로는 가정법원에 이혼소송이 계류된 사람의 90퍼센트 이상이 애정궁 부위에 결함이 있었다.

나이 약 50세 이상의 남녀는 애정궁 부위가 나빠도 부부간에 우여곡절을 겪으면서 이별 없이 해로하는 경우가 많은데, 지금의 젊은이들은 애정궁 부위가 조금만 나빠도 이별을 하는 일이 필자의 상담 사례 가운데 가장 많았다.

이는 서양의 나쁜 애정 관습의 유입, 무질서한 정조 관념, 책임감 결여 등 시대적 조류의 불가피한 현상인지 모르나 심상이 자꾸만 이기화하는 것이 주요 원인으로 짐작된다. 애정궁이 나빠도 백년해로하겠다는 본인의 강한 의지만 있다면 흉도 길로 변할 것이다.

05 _ 자식궁

얼굴에서의 위치는 그림에서 보듯 두 눈 아래 부위, 즉 아래 눈꺼풀 바로 밑 부분을 가리키며 관상 용어로 누당淚堂이라고 한다. 자녀의 덕행 유무와 숫자, 생식 능력 관계, 태어날 자식의 성별 등을 판단할 수 있는 곳이다.

자식궁에 살이 풍만하고 윤택하며 약간 솟아오른 듯한 사람은 자식 덕이 있고 생식 능력이 좋으며 심성이 바르고 인정이 많아 타인을 위해 베풀기를 좋아한다.

반대로 자식궁이 움푹 들어갔거나 잔주름이 있고 혈색이 혼탁하면 자손과 인연

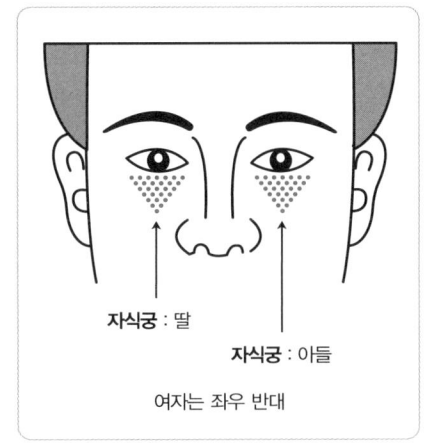

이 적고 부모에게 근심을 끼치는 자식을 두게 된다. 남자의 경우 왼쪽 자식궁은 아들이요, 오른쪽 자식궁은 딸로 판단하며 여자는 좌우가 반대다. 그래서 좌우 자식궁 중 어느 편이 더 양호하고 길하냐에 따라 아들 덕을 보느냐 딸 덕을 보느냐를 알 수 있다. 특히 이 자식궁으로 생식 능력, 질환, 그리고 임신 여부까지 알 수 있다. 자식궁의 살빛이 검푸르면 남성에게는 정력 쇠약이 오고 여성은 생리 불순 등 여성적 건강에 장애가 있게 된다.

기혼 여성이 자식궁, 즉 눈 밑이 밝고 곱게 부풀어 솟은 듯하며 속눈썹이 안으로 말려 들어가 있으면 임신을 한 징조다. 오른쪽 눈 밑이 더 부풀어 솟았으면 아들, 왼쪽이 더 부풀어 올랐으면 딸을 잉태한 것이다.

남자는 부인이 임신한 경우 눈 밑에 같은 현상이 나타나는데 더 부풀어 오른 부위가 왼쪽일 땐 아들, 오른쪽일 땐 딸이 된다.

자식궁은 운세에도 영향을 미쳐 불그스레한 앵두 빛을 띠면 업무가 잘 풀려나가고 행운이 찾아드나 자식궁 부위에 푸른빛, 또는 거무

스름한 잿빛이 감돌면 일이 꼬이고 생활상에 곤란이 오며 운세가 유동적이 된다.

중년 이후의 사람이 자식궁이 부풀어 오르면서 밝고 윤택해지면 생활이 안정되어 일신이 편안하게 된다.

이미 전편에 설명한 바와 같이 아래 눈꺼풀 밑이 마치 누에가 잠자는 모양처럼 적당히 부풀어 솟고 살빛이 밝고 깨끗하면 자식 덕이 좋고 또한 그 자식이 복록을 누리게 되며 사회생활에서 아랫사람의 덕을 보게 된다.

그러나 〈그림 1〉에서 보듯 자식궁에 우물 정井 자의 주름이나 바늘을 여러 개 세워 놓은 듯한 주름懸針紋이 있으면 자식이 없거나 있어도 애로가 많으며 고독하고 재물 복이 약한 경우가 대부분이다.

또 자식궁에 점이나 사마귀가 있으면 자식과의 사이에 극剋이 와 불길한데, 〈그림 2〉에서 보듯 점의 위치에 따라 장남과 극하느냐 차녀와 극하느냐가 결정된다.

혹자는 얼굴의 점 하나가 인생사에 얼마나 영향을 미치겠느냐고

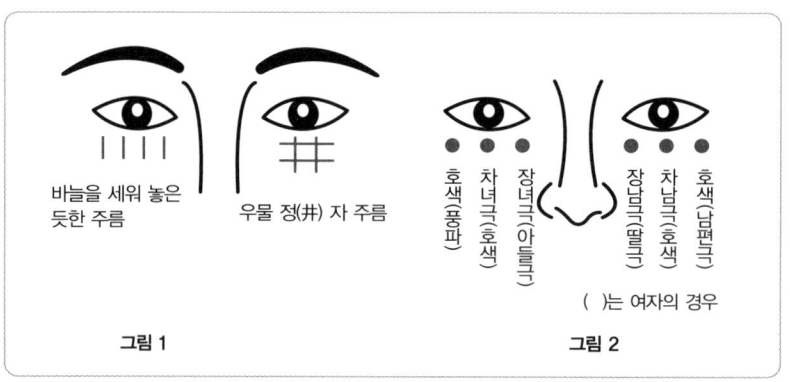

그림 1 — 바늘을 세워 놓은 듯한 주름 / 우물 정(井) 자 주름

그림 2 — 호색(흉파) / 차녀극(호색) / 장녀극(아들극) / 장남극(딸극) / 차녀극(호색) / 호색(남편극)

( )는 여자의 경우

얘기할지 모르나 얼굴을 인생사의 길로 비유할 때 점이나 사마귀는 바위 덩이에 해당한다. 운전하고 가는 아스팔트에 바위 덩어리가 있다고 가정하면 운전을 잘못했을 때 바위 덩어리에 부딪힐 수 있고 또 바위 덩어리를 치우고 다시 운전하기까지 시간이 지체되듯 얼굴에 있는 점, 사마귀도 이와 마찬가지다.

『달마상법』이란 관상학에 관한 고전 책자에는 "얼굴에 있는 점은 좋은 게 없고 몸에 있는 점은 나쁜 게 없다面無好點 身無惡點"라고 기록돼 있다. 특히 자식궁의 우물 정井 자 가운데에 점이 있으면 남자는 성공이 늦고 여자는 호색다음好色多淫하다. 불길한 점은 가급적 빼는 것이 좋겠다.

자식궁은 성 신경性神經과 밀접한 연관이 있다. 예컨대 처녀가 처녀성을 잃으면 눈 밑 부위에 변색이 오고 목이 굵어진다. 자식궁 부위가 맑고 깨끗해야 마음씨가 착하지 어두침침하고 잡티가 많으면 성격이 모가 나게 된다.

06 _ 재백궁

위치는 코로 재산 상태와 관리 능력, 그리고 금전 운세와 사업 운을 판단하는 데 핵심적 부위가 된다. 욕망 달성 여부 및 성격과 지적 능력, 문화생활의 척도를 나타내는 곳이기도 하다.

코는 얼굴의 중심에 있고 가장 높으며 관상의 구조학적으로 보아 길이는 얼굴 길이의 3분의 1에서 3.5분의 1이 되는 것이 가장 이상적이다.

콧대가 정면이나 측면에서 볼 때 한쪽으로 기울어짐이 없이 단정한 모양을 갖춰야 하며 콧대가 마치 대통을 쪼개 엎어놓은 것같이 둥글고 풍만해야 한다. 코끝은 쓸개를 달아맨 모양懸膽같이 생기고 콧구멍이 들여다보이지 않으면 최고의 길상으로 사회적·경제적으로 확고한 위치를 가질 수 있다. 또 생활 능력, 재능, 인덕의 3박자를 갖춰 일생을 물질에 구애됨이 없이 살게 된다. 그러나 코가 굽었거나 흑점이 있으며 콧날이 뾰족하거나 콧대가 비뚤어져 있으면 금전이 모였다 흩어지기 쉬우며 경제적인 굴곡이 많게 된다.

그림에서 보듯 관상학에서는 코를 세분해 왼쪽 콧방울을 난대蘭台라 해 동산動産 관계를 판단하고 오른쪽 콧방울을 정위廷尉라 해 부동산 관계, 부업 등의 성공 여부를 판단한다. 코끝은 준두準頭라 하며 현재의 금전 상태를 보여준다. 준두 위의 수상壽上과 콧대 중앙인 연상年上은

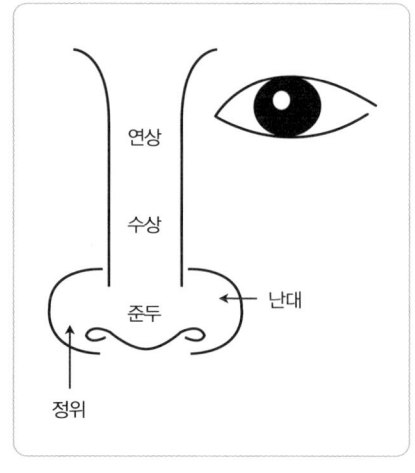

미래에 있을 금전 운세를 판단하는 곳이다. 그러므로 코끝, 즉 준두의 빛깔이 황색이면 현재 재수의 상태가 매우 양호하고 재물이 흥왕하나, 적색을 띠면 손재수가 있고 경제적으로 궁핍하며, 백색일 때는 금전에서 사기 수가 있게 된다. 특히 콧대에 점이나 흉이 있으면 부부간에 상극相剋을 이뤄 이별이 있고 가정에 풍파가 많다.

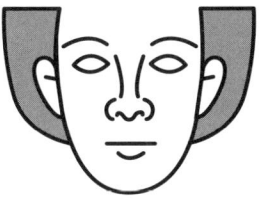
코와 얼굴의 비례가 1:3~1:3.5
정도인 표준형의 코로 길상

얼굴형에 비해 지나치게 코가 크면
용두사미격이고 투기심이 많다

얼굴에서 코, 즉 재백궁은 부귀영화의 기초가 되고 근본이 되는 재산, 금전의 타고난 복을 판단할 수 있는 부위로 크기는 얼굴과 균형을 이뤄야 하고 콧구멍이 훤히 보이거나 찌그러져 있지 않아야 한다.

빛깔은 윤택하고 선명해야 길격吉格으로 선천적 재물 복을 타고나 경제적 능력과 상태에 장애가 없다. 코는 얼굴의 약 3분의 1 내지 3.5분의 1 가량이 표준이며 4분의 1 이하의 극히 짧은 코의 소유자는 여성의 경우 남편 운이 적고 남성은 업무에 장애가 많고 배우자와 이별수가 있다. 아울러 남녀 모두 생활상에 경제적 곤란이 많고 돈을 모으기가 힘들다. 이와 반대로 얼굴에 비해 유별나게 코가 큰 경우에는 금전적 운세나 업무가 처음은 좋으나 뒤끝이 나빠 용두사미 격이 되기 쉽고 투기성이 있어 일확천금을 노리는 경우가 많다. 따라서 벌 때는 수입이 최고조를 이루나 금전 관리에 서툴러 재물을 잃기 쉽기 때문에 결국 후에 궁핍하게 되는 수가 많다.

과여불급過如不及이란 지나친 것은 모자란 것과 같다는 뜻인데 관상학에서의 길상의 근본은 조화다.

코가 낮은 사람은 생각하는 수준이 낮고 포부가 적으며 가문이 풍족치 못한 집에서 태어난 경우가 많으나 사교성이 좋은 장점이 있다.

여자는 장래가 평탄해 원만한 가정을 갖게 된다. 여성이 코가 약간 낮으면 가정주부로서 남편을 잘 내조한다. 여자가 콧대가 높아 남편을 어쩐다는 둥, 클레오파트라의 코가 조금만 더 낮았어도 세계의 역사는 달라졌을 거라는 등의 말은 모두 관상과도 관계가 깊다고 할 수 있다.

코끝에 윤기가 없고 시든 것처럼 보일 때는 금전 운이 없고 업무에 복잡한 일이 생기거나 손재수가 있게 된다. 반대로 윤기가 반짝이고 살색이 좋으면 재수가 있어 수입이 증가하고 매사가 순조롭다. 아침에 일어나 거울로 코를 보자. 오늘의 재수가 어떠한지?

재백궁인 코로는 성품과 애정 관계도 파악할 수 있다. 〈그림 1〉에서 보듯 콧잔등이 곧아야 성품도 정직하고 재운도 평탄하며 사회적 위치를 단단히 다질 수 있게 된다.

〈그림 2〉처럼 콧대가 마치 서양인처럼 뼈가 솟아올라 층을 이루면 여성은 성질이 남성과 같이 강직하고 진취적이라 사회활동은 유리하나 가정주부로서는 고난이 많을 상이다. 미혼자는 혼기가 늦어지는 경향이 많고 남성은 고집이 너무 세 대내외적으로 융화가 힘들고 몸에 수술 수가 있게 된다.

〈그림 3〉처럼 코뼈가 솟아올라 층을 여러 개 이룬 계단형의 코는 콧대가 세고 의지가 강한 반면 까다로운 성격과 극도의 이기적인 성격으로 배우자를 극剋해 이별 수가 있고 금전 운세도 불균형을 이뤄 재산이 흩어지기 쉽다.

〈그림 4〉와 같이 코끝이 매의 부리처럼 꼬부라진 코는 천부적으로 금전을 축적하는 요령은 많으나 성격이 이기적이고 타산적이라 주위

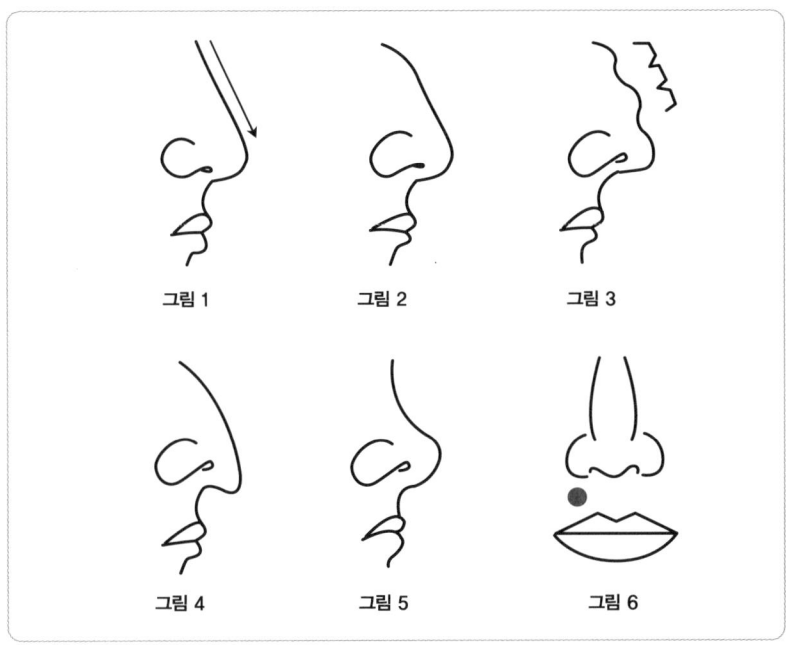

그림 1 그림 2 그림 3
그림 4 그림 5 그림 6

의 덕망을 얻지 못하며 매사에 인색하고 날카로워 배우자를 힘들게 하여 이별할 수가 있다.

〈그림 5〉처럼 콧구멍이 훤히 들여다보이는 들창코형은 돈벌이가 시원치 않거나 혹은 아무리 돈을 벌어도 모이질 않는 결점이 있다. 코가 재물이면 콧구멍은 창고의 문인데 콧구멍이 훤히 보인다 함은 재물을 쌓아놓은 창고의 문이 훤히 열려 있는 것과 같은 이치로 금전 지출이 속상하리만큼 많게 된다.

그러나 〈그림 6〉처럼 콧구멍 바로 밑에 점이 있으면 창고의 문을 지키는 수문장 구실을 해 재산 운과 금전 운이 좋다.

필자의 고객 중 〈그림 6〉처럼 콧구멍 밑에 점이 있는 분이 있었는데 빼서는 안 될 점을 미관상의 이유로 빼고 나서 수십 억의 부도를

내고 파산 직전에 이른 경우가 있었다. 그는 콧구멍 바로 밑의 점이 재물이 새어 나가는 것을 막아주는 점인 줄 몰랐던 것이다.

코는 또한 지적 능력과 성력性力, 그리고 금전 운을 판단하는 중요한 부위다. 태어나면서부터 코가 비뚤어진 경우에는 생활에 굴곡이 많고 안정성이 없으며 금전 운에 흥패가 수십 차례 교차하는 등 파란곡절이 심하다. 특히 여성은 배우자에게 불만이 생겨 애정 생활이 적막하고 남성은 이상 체위를 즐기는 경향으로 배우자와 성생활에 문제점이 생길 수 있다. 그러나 사고나 상처로 인해 비뚤어진 코는 예외다.

콧구멍이 큰 사람은 낭비벽이 있고 기분파적 기질로 돈을 헤프게 써 저축하는 습관이 요구되지만 반대로 아주 작은 사람은 매사에 스케일도 작고 인색하다. 코끝이 심히 뾰족하고 살집이 없는 남녀는 자신의 주장만 옳다고 생각하고 타인의 인격을 무시하는 경향이 있으며 연인이나 배우자를 배반하는 경우가 많다.

코 위에 사마귀나 점이 있으면 남모를 근심이나 병을 갖게 되고 콧등에 잔주름이 있으면 생활에 우환이 따른다. 콧등에 가로 주름이 있

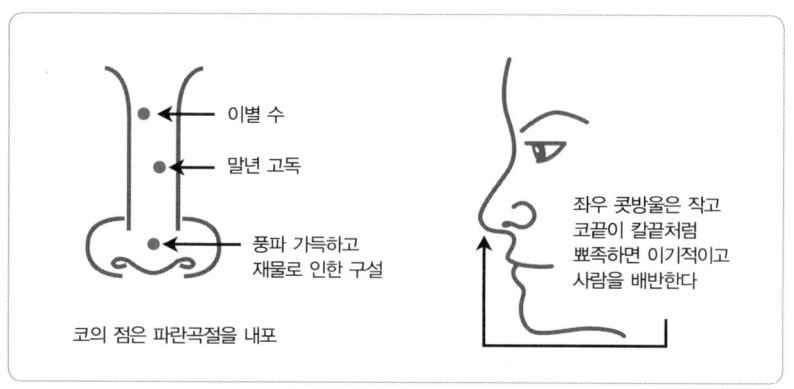

으면 교통사고 수가 있고, 세로 주름이 있으면 가정에 구설수가 따르며 금전 쪽에 고충이 많다. 특히 코는 여성에게 있어 애정 운에 지대한 영향을 미친다. 여자의 코가 휘거나 구부러지는 등 추하게 생겼으면 어진 남편과 인연이 없으며 결혼 후 생리사별生離死別을 하거나 아니면 남편이 바람을 피워 첩을 얻게 된다.

또 코 부위에 있는 점은 여성에게 있어 배우자와의 이별을 뜻하니 반드시 없애는 것이 좋다. 요즘 성형외과에서 콧대를 세우려는 여성이 많은데, 외관도 중요하지만 혹시 복 코에 손을 대 도리어 금전 운이나 기타의 운을 나쁘게 할 수도 있으니 전문가와 상의한 후 성형을 하는 게 바람직하겠다.

07 _ 관록궁

얼굴에서 이마의 전체를 말하나 특히 그림 1에서 보듯 이마 중앙 부위를 관록궁이라 하며 천정天庭, 사공司空, 중정中正의 세 부위가 관운官運을 보는 핵심적인 곳이다. 지력智力과 감정이 축적되는 부위이며 골상학骨相學에서는 기억성의 자리로 돼 있다.

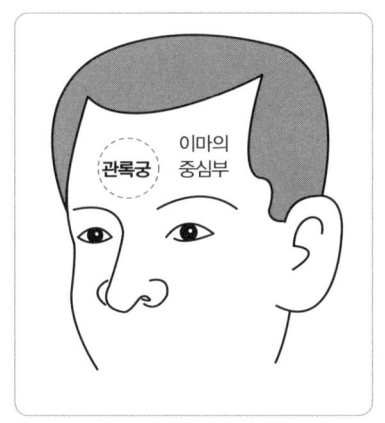

관록궁은 관계官界에 진출하는 관운을 판단할 뿐 아니라 그 사람의 사회적 지위, 출세 운, 그리고

직업상의 성패 등을 알 수 있는 곳이다. 여성의 경우는 애정 운과 금전 운세를 함께 볼 수 있는 부위이기도 한데, 이 관록궁이 살이 솟은 듯 볼록하고, 마치 돼지 간을 엎어놓은 듯한 모양에 살빛이 밝고 맑으면 여러 사람을 통솔하는 높은 지위에 올라 만인의 추앙을 받게 된다.

또 관록궁이 좋은 사람이 관계에 진출하지 않고 사업이나 다른 직업에 종사를 해도 그 분야에서 두각을 나타내고 성공의 진도가 매우 빠르다.

그러나 이마가 좁고 관록궁 부위가 꺼져 있거나 흠(요철, 점, 흉터 등)이 있으며 빛깔이 어둠침침하면 일생 벼슬 운이 없는 것은 말할 것도 없고 매사에 좌절이 많다. 특히 여성이 이마에 흠이 있으면 부부간에 구설, 풍파가 있게 되고 남성은 하는 일에 실패가 많으며 성공이 매우 더디다. 관록궁의 살색이 청색을 띠면 소송 및 관청의 일로 손재를 보게 되고, 적색을 띠면 공직자나 회사원의 경우 좌천을 당하고, 흑색을 띠면 질병이 있으나, 홍황색紅黃色이면 승진, 영전, 승급의 영광이 있다.

관록궁은 이마의 한복판이지만 이마 전체를 말하기도 한다. 그래서 이마가 죽지 않고 얼굴과 조화롭게 넓으며 티 없이 맑고 수려하면 벼슬과 인연이 깊고 사회적 지위와 명망이 높으며 맡은 분야에서 대성하게 된다.

흔히 이마를 보면 그 사람의 속을 알 수 있다는 말처럼 이마(관록궁)가 도도록하고 밝으면 마음 씀씀이가 사려 깊고 모나지 않으며 합리적 생활관을 갖게 된다. 하지만 이마가 좁고 죽었거나 쑥 들어가 요철이 있으면 마음에 산란함이 있게 되고 침착성이 적으며 직장을 다녀도 결실 부족이 오고 직업 변동이 잦거나 실업자 생활을 하기 쉽다.

공부하는 학생은 이 관록궁을 통해 두뇌 계통의 재지才智와 학문적 이해도를 판단할 수 있는데, 필자는 실제로 진학 시기에 이마 부위가 홍황색을 띤 학생이 합격의 기쁨을 맛보는 것을 많이 봤다.

여성의 경우 이마는 애정운에 커다란 영향을 미치는데, 이마가 매우 좁고 죽었으며 울퉁불퉁하면 남편 복이

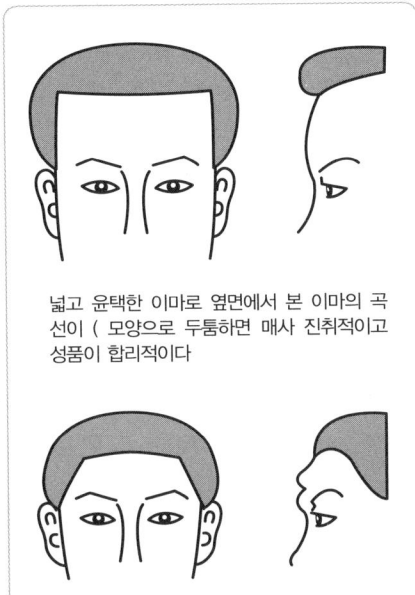

넓고 윤택한 이마로 옆면에서 본 이마의 곡선이 (모양으로 두툼하면 매사 진취적이고 성품이 합리적이다

좁고 죽은 이마로 옆면에서 본 이마의 곡선이 { 모양으로 요철이 있으면 좌절이 많다

없고 재취로 시집갈 운이다. 반대로 이마가 너무 넓으면 "시앗을 본다"라는 말처럼 자신의 배우자를 아는 여성에게 빼앗기거나 배우자가 바람을 피울 수 있다.

그림에서 보듯 머리 난 곳이 완만한 곡선을 그리는 둥그스름하고 평평한 이마는 연애 운과 결혼 운이 길하며 항시 마음이 안정돼 있어 밝은 가정생활과 사회생활을 하게 된다. 관록궁의 살빛이 윤기가 나고 반짝반짝 빛날 시기에는 업무의 진행 과정이 순탄하여, 사업가는 재수財數 상승으로 목돈을 쥐게 되고 공무원이나 회사원은 영전, 승급, 승진의 행운을 맞게 된다.

이마는 부모, 유산 상속과도 관계가 깊은데, 관록궁이 불길하면 부

모의 유산을 받더라도 탕진을 하거나 장남이라도 유산을 못 받게 된다. 한국 굴지의 모 그룹의 경우 장남이 아닌 동생이 기업을 상속받게 된 연유도 바로 이 관록궁의 길흉에 원인이 있으리라 추측된다.

고려 말엽에 혜증이란 유명한 관상가가 있었는데 그는 당시 이성계 장군의 관상을 보고 "장차 보위에 오르실 상이니 옥체를 보존하시고 이 말을 절대 누설하지 마십시오"라고 했다. 그 후 이성계는 혜증의 말대로 임금에 즉위했다는 야사가 있다.

역사 속의 공신이나 역대 임금의 초상화를 살펴보면 한결같이 이마 부위가 얼굴과 조화를 이루며 넓고 밝은 것을 알 수 있다. 현재 유통되고 있는 지폐에 있는 초상을 살펴보더라도 이마 중앙에서 코 부위까지의 선이 힘차고 굴곡이나 울퉁불퉁한 요철이 없음을 확인할 수 있다. 이처럼 이마, 특히 관록궁이 수려하면 자연적으로 지위가 향상되고 고관대작으로서의 출셋길이 열리게 된다.

오래전 대통령 선거가 있을 무렵, 대통령 후보의 관상평을 써 달라는 원고 청탁을 받은 적이 있었다. 당시에는 지역감정이나 사심을 배제하고 각 후보들의 장점만을 서술하여, 어느 후보가 더 좋은 관상의 소유자인지는 밝히지 않았다. 그러나 일국의 대통령 후보로 나온 분들이면 벌써 선천적으로 관록궁은 이미 최길상最吉相으로 타고난 것이며, 어느 후보가 당선되느냐 하는 것은 선거 시기에 관록궁의 빛깔이 누가 더 영롱하느냐에 따라 좌우된다고 할 수 있다.

흔히 건강한 사람도 고민거리가 있거나 운수가 불길할 때 안색이 나쁜 경우를 보게 된다. 이는 인체 내에 감추어진 기가 얼굴에 그대로 나타나기 때문이다. 그러므로 운이 좋을 때는 좋은 기가 흘러 얼굴에 밝은 색으로 나타나고 운이 불길할 때는 어두운 색으로 나타난다. 즉, 관상은 전체적으로 타고난 그릇을 보는 것이고 얼굴의 기색은 그때그때의 운세를 보는 것이다.

08 _ 전택궁

얼굴에서의 위치는 〈그림 1〉에서 보듯 눈과 눈썹 사이의 윗 눈꺼풀 부위를 말하며 주택 등 부동산 관계와 그 상속에 대한 운세를 판단하는 곳이다.

　길한 전택궁이라 함은 〈그림 2〉와 같이 눈과 눈썹 사이의 폭이 넓어야 하고 사마귀, 점 등 티 하나 없이 선명하며 아울러 눈빛이 화기애애하듯 온화롭게 빛나야 하는데, 그러면 마음가짐이 건전할 뿐 아니라 부모 유산 상속의 권한을 갖게 되고 주거, 주택이 안정되며 가정 운도 길하게 된다.

　반대로 전택궁이 오목하게 들어갔거나 흠집이 있으면 부모 유산은 아예 생각을 말아야 하며 또한 가정 운에서도 불행이 많게 된다. 전택궁은 주거, 주택 등과 특히 밀접한 관계를 갖고 있으며 가정 운에

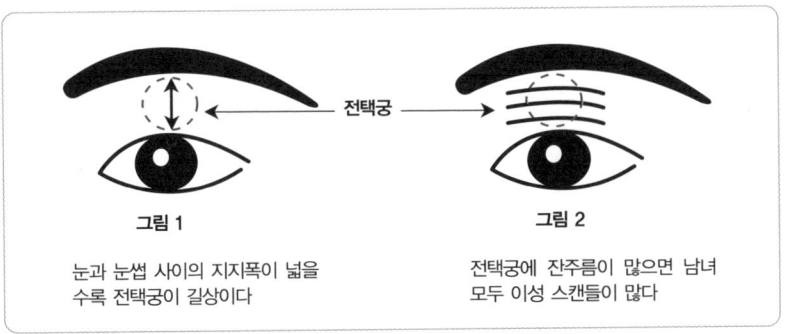

그림 1
눈과 눈썹 사이의 지지폭이 넓을 수록 전택궁이 길상이다

그림 2
전택궁에 잔주름이 많으면 남녀 모두 이성 스캔들이 많다

많은 영향을 미친다.

　전택궁이 두툼하면 부모덕은 약하나 의지가 굳고 정직하며 남녀 모두 조숙할 수이고, 남성은 사랑에 정열적이나 여성은 음란한 경향이 있다.

　전택궁이 푹 들어가 팬 경우에는 상속도 줄고 가정 운이 적막하거나 애정에 이별 수가 있다. 또 전택궁에 잔주름이 많으면 남녀 모두 젊은 시절에 이성 관계가 빠르고 복잡할 수 있으며 전택궁 부위에 점이 있으면 부모 사이에 불화가 있고 주택이 불안하게 된다. 전택궁의 살빛이 청색을 띠면 재산으로 인한 시비가 있고, 황색을 띠면 마음먹은 대로 업무가 진행되고 재산이 늘어나며, 백색이면 가정에 우환이나 실물 수가 있게 된다. 드문 경우지만 눈썹이 눈을 덮으면 성격이 깐깐하고 일에 실패가 많으며 조울증이 있게 된다.

　전택궁이 좋으면 특히 남성에게는 관록官祿으로 진출할 기회가 오고 여성은 가정적 기쁨이 많게 된다. 전택궁이 약간 불길해도 눈이 좋으면 흉이 감소될 수 있다.

　〈그림 1〉처럼 전택궁이 넓으면 선조의 후덕을 입게 되고 정직하고 대담한 성격에 신앙심도 강하다. 타인으로부터 호감을 받을 수 있는 성품으로 훌륭한 주택을 소유할 복이 있게 된다. 전택궁이 넓은 여성은 일반적으로 정숙하고 현모양처로서의 자격이 뛰어나다. 단, 아무리 전택궁이 넓고 좋아도 눈에 살기가 있으면 천하고 음란하다. 미혼녀가 눈빛이 수려하고 전택궁이 넓으면 인품이 좋고 덕망이 있으며 돈 많은 최상의 배우잣감을 만나게 된다. 전택궁이 넓고 두툼하면 남녀 모두 정력이 강하고 사랑 표현의 기교가 다채롭다.

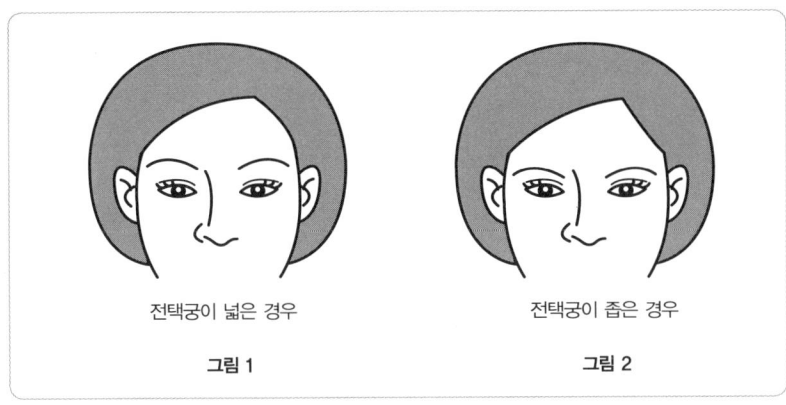

전택궁이 넓은 경우	전택궁이 좁은 경우
그림 1	그림 2

　그러나 〈그림 2〉처럼 전택궁이 매우 좁으면 자수성가해야 되고 주거가 자주 변하며 가정생활이 어둠침침하다. 특히 전택궁이 좁은 여성은 애정 운과 결혼 운이 좋지 않다. 연애를 일찍 하면 반드시 감언이설에 의해 정조를 잃거나 결혼 후에 이별 수가 있기 때문에 가능하면 젊은 시절 이성 교제를 피하는 게 좋다. 연애보다 중매가 안전하며 만혼晩婚이 길하다.

　전택궁이 오목하게 들어가 마치 외국인과 흡사한 눈꺼풀 모양이면 필히 부부간에 이별이 온다. 아마 서양인의 이혼율이 높은 것도 이 전택궁이 오목한 사람이 많아서일 것이다. 필자의 고객 중 약간 허스키한 목소리로 불후의 히트 곡을 남긴 K 양이 있었는데 그녀는 대단한 미인이었지만 선천적으로 전택궁이 옴폭 들어가 애석하게도 가정 운이 안 좋았다. 그녀는 끝내 남편과 이별을 하고 지금은 타국에서 살고 있다. 물론 K 양은 전택궁도 좁고 애정궁 부위도 산란했다. 그렇게도 신앙심 깊고 사리 분명하며 고운 여인이었건만……

09 _ 천이궁

얼굴에서의 위치는 이마 양쪽 가장자리로 관상 용어로는 천창天倉이라고 한다.

여행, 이사 등의 운세를 판단하는 부위이며 이곳이 깨끗하고 도톰하게 살이 붙어 풍만하고 뼈가 들어가 있지 않으면 근심 걱정이 적고 안락한 생활을 영위하게 된다.

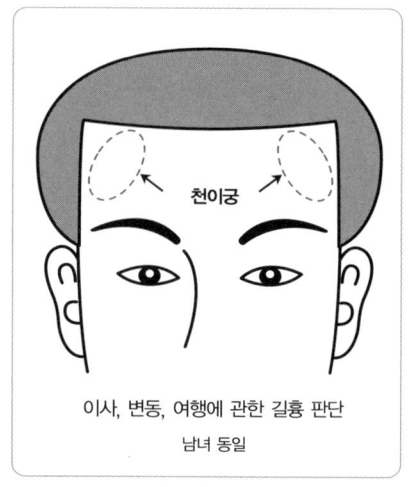

이사, 변동, 여행에 관한 길흉 판단
남녀 동일

그러나 살이 너무 많으면 비록 귀하게 되나 성공하기까지 사방을 바쁘게 돌아다녀야 하는 단점이 있다. 이와 반대로 천이궁이 움푹 들어간 사람은 인덕이 적어 일생 귀인의 도움을 받지 못하며 여러 번 이사를 하게 된다.

또 이 천이궁으로 장래의 흥망성쇠를 예지할 수도 있다. 이곳이 밝고 깨끗하면 미래가 발전하는 행운이 있고 흠이나 티가 있거나 움푹 들어가 있으면 주거에 안정이 적고 일생 분망하게 지내는 경우가 많다. 천이궁은 성품에도 영향을 미치는데, 이곳이 좋은 사람은 성격이 활달하고 외교 수완도 좋으며 생활력이 강하나 결함이 있는 사람은 흔히 주변머리가 없고 침울하며 내성적인 성품으로 대인 관계에 서투르다.

또 이곳이 윤기가 있고 빛깔이 맑을 때는 이사나 여행이 길하나 거무튀튀한 빛깔에 윤기가 나쁘면 이사, 여행에 돌발 사고가 있게 되고 구설수가 따르게 된다.

    천이궁의 살빛이 누렇게 밝으면 원행遠行 중 귀인을 만나 좋은 일이 생기고, 청색을 띠면 업무에 장애가 있다. 또 적색을 띠면 소송 관재가 있게 되고, 흑색을 띠면 객지에서 봉변 수가 있게 된다.

    무역업이나 기타 외국과 관련된 업무로 성공한 이를 보면 모두 이 천이궁이 발달됐음을 볼 수 있으나 여성은 천이궁이 발달되면 가정에 있지 못하고 돈벌이를 해야 하며 신역이 고된 면이 있다.

10 _ 질액궁

얼굴에서의 위치는 〈그림 1〉에서 보듯 눈과 눈 사이의 코가 시작되는 부위로 관상 용어로 산근山根이라고 한다.

    인생 여정에서 일어날 수 있는 재난, 질병 등을 측정, 판단하며 코(재백궁 : 금전 운을 보는 부위)와 연결되어 있기에 재수財數에도 영향을 미친다.

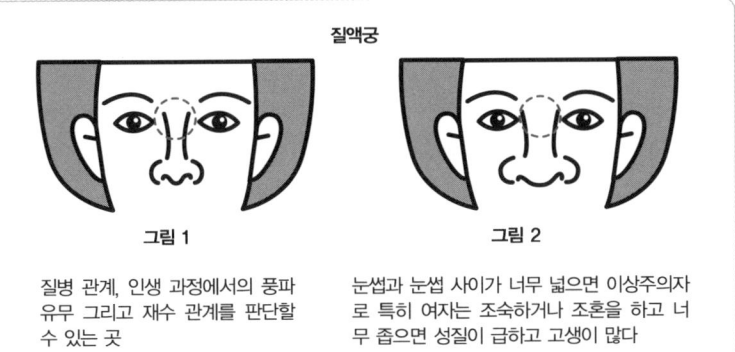

질액궁

그림 1
질병 관계, 인생 과정에서의 풍파 유무 그리고 재수 관계를 판단할 수 있는 곳

그림 2
눈썹과 눈썹 사이가 너무 넓으면 이상주의자로 특히 여자는 조숙하거나 조혼을 하고 너무 좁으면 성질이 급하고 고생이 많다

이곳이 둥글게 살이 있고 밝고 윤택해야 길상으로, 사는 동안 재난도 적고 건강하며 조상의 음덕陰德을 볼 수 있다. 반대로 오목하게 들어갔거나 검은 빛깔의 상처나 점 등 잡티가 있으면 인생 항로에 풍파가 많고 성공 과정이 힘들며 고독한 경향이 많게 된다.

눈과 눈 사이, 즉 질액궁이 〈그림 2〉에서 보듯 너무 넓으면 세상 물정에 아둔하고 현실을 무시한 이상주의로 흐르며 여성은 조숙하거나 빨리 남성을 알아 조혼早婚을 하는 수가 많다. 반대로 질액궁이 매우 좁은 사람은 부모 형제의 덕이 불충분하고 고생을 많이 하며 성질이 급하고 건강이 양호하지 못한 특징이 있다. 질액궁은 글자 그대로 질병의 유무나 건강 상태를 알 수 있는 곳이므로 이곳에 검푸른 빛이 있으면 운세도 약하지만 특히 위장 계통에 질환이 있게 되고 불그스레하면 몸에 열병을 앓을 수 있다. 백색을 띠면 처자에게 우환이 있거나 수족手足이 상처를 입게 되며 구설에 오르게 된다. 그러나 건강이 나빴던 사람이 건강을 회복하면 질액궁에 윤기가 나 밝게 빛나며 자주색을 띤다.

질액궁에 사마귀나 점이 있으면 액운이 많게 되고 가정이 적막하며 건강 장애를 겪게 된다. 우물 정井 자의 주름이나 어지러운 무늬가 있으면 배우자와 자식과의 인연이 희박하고 부평초 같은 인생을 살아 일생 고생이 많다. 질액궁이 옴폭 들어갔거나 흉터, 점 등이 있을 경우 안경으로 가리길 권장한다. 반드시 운세가 좋아지고 그 안경이야말로 백만 달러짜리 안경이 될 것이다.

11 _ 노복궁

얼굴에서의 위치는 그림에서 보듯 아래턱 좌우 양쪽 부위로 이를 관상 용어로 지각地閣이라 한다. 부하나 손아랫사람과의 길흉 관계를 알 수 있는 곳이다. 이곳이 두툼하고 둥그스름하며 좌우 광대뼈가 균형을 이루면 가문이 번영하고 통솔력이 뛰어나며 손아랫사람으로부터 신망과 덕을 얻게 돼 보좌를 받고 목적 달성이 순조로워 대성하

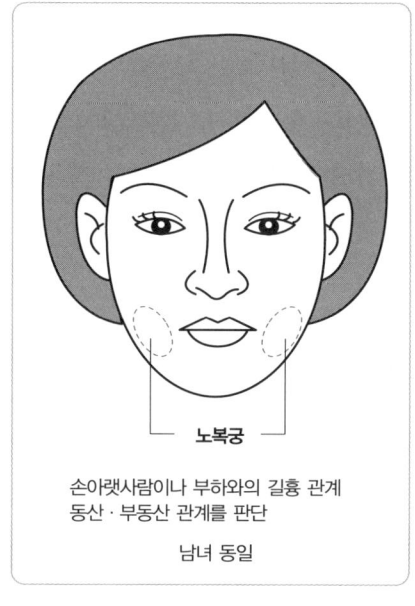

노복궁
손아랫사람이나 부하와의 길흉 관계
동산 · 부동산 관계를 판단
남녀 동일

게 된다. 그러나 이곳이 뾰족하고 살집이 없으며 턱이 비뚤어졌거나 잔주름이 많고 움푹하거나 사마귀와 같은 잡티가 있으면 손아랫사람이나 부하로부터 배은망덕한 피해를 입게 되는 경우가 많고 동산 · 부동산에 관한 구설 손재가 생기기 쉽다. 노복궁은 말년 운세를 지배하는 까닭에 이곳이 좋으면 말년 운도 영화로우나 반대로 길하지 못하면 말년 운이 쓸쓸하며 고뇌가 있게 된다.

단체의 간부급이나 사회 각 계층에 성공한 이들을 살펴보면 노복궁 부위가 매우 발달하였음을 알 수 있다. 현대 생활은 독불장군처럼 혼자의 노력만으로 되는 것이 아니라 주위 공신들의 뒷받침이 있어야 한다. 특히 국회의원이나 정치 지망생들은 이 노복궁이 조직력에

해당하므로 턱 부위가 좋아야 한다. 노복궁의 살빛이 황색을 띠면 충성스런 부하를 얻거나 아랫사람의 덕을 보며, 홍색을 띠고 윤기가 나면 재물이 왕성해진다. 그러나 청색을 띠면 질병이 오거나 손아랫사람으로부터 배반을 당하는 일이 있고, 백색을 띠면 동산·부동산으로 인한 손실이 있거나 부하와 언쟁 구설이 있게 된다. 노복궁이 풍만하고 둥그스름하면 사회 적응력도 좋고 원만한 성품을 가지나 심하게 뾰족해 살집이 얄팍하고 턱뼈 전체가 드러나 있는 사람은 인정미가 적고 이기적인 경향이 짙다.

아래턱 좌우 양쪽 부위인 노복궁은 얼굴과 균형을 이루어 둥글고 풍만하면 통솔력도 좋고 타인에게 권리와 주장이 잘 통하지만, 찌그러지거나 오목하고 주름이 많으며 상처가 있으면 인덕이 없고 운세에 굴곡이 있어 평탄치 못하다.

필자는 노복궁이 길한 기업의 소유자는 노사분규가 일어났을 때 원만하게 노사 간의 화합을 이루었으나 이곳이 매우 불길했던 업주는 장기간의 노사 간의 대립에 따른 고통과 손재를 당하는 것을 보았다.

또 현재 재벌 총수들을 보면 90% 이상이 노복궁이 좋아 턱 전체가 안정되어 있고 원만하며 훌륭한 노복궁을 지녔다고 할 수 있겠다.

그러나 노복궁에 점이 있으면 남자는 타인이나 손아랫사람에게 배신을 당하거나 주거지가 불안정하고, 여성은 고독하고 애정사에 기복이 심한 경우가 많다. 그래서 잘못된 미적 지식으로 자신의 운명을 한층 더 파란만장하게 하는 경우가 종종 있다. 1940년대 말에서 1950년대 초에 유명했던 기생들 사이에 턱(특히 노복궁 부위)이나 볼에 소위 '애교 점'이라고 하는 점을 찍는 것이 유행인 적이 있었다. 그러나 애교 점이라고 해서 찍었던 것이 고독과 구설수, 남편과의 부조화의 원인이 돼 오히려 스스로 불행을 불러들인 격이 될 줄은 몰랐을 것이다. 여성은 노복궁에 점이 있으면 길함보다는 흉함이 많고 애정 운에는 슬픔이 따른다. 또 살이 전혀 없어 뼈만 앙상하면 말년에 경제적 궁핍이나 고독이 오나 풍만한 이중 턱의 소유자는 재산 운도 좋고 말년에 부귀영화를 누린다.

12 _ 복덕궁

얼굴에서의 위치는 그림에서 보듯 눈썹 꼬리의 윗부분으로 그 사람의 덕량德量과 인덕人德을 판단하며 선천적 복록福祿의 많고 적음을 알 수 있는 곳이다. 흔히 우리가 얘기하는 다섯 가지 복이란 첫째가 건강 복이요, 둘째가 부귀영화의 기본이 되는 재물 복이고, 셋째가 성장 과정에 큰 영향을 미치는

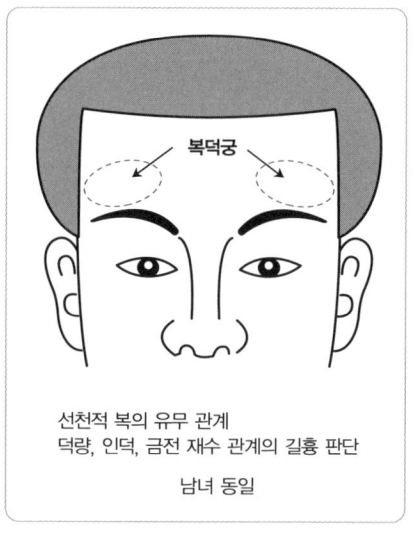

선천적 복의 유무 관계
덕량, 인덕, 금전 재수 관계의 길흉 판단
남녀 동일

부모 복, 넷째가 인생의 영원한 동반자가 되는 배우자 복, 그리고 다섯 번째가 사랑의 결실이며 혈통을 이어주는 자식 복이다. 그러나 옛 성현들은 요즘과는 달리 오래 살고壽, 재물이 있고富, 건강하며康

寧, 덕행이 높고攸好德, 명命대로 살다가 죽는 것考終命을 오복이라고 했다.

사실 복덕궁 하나로만 오복을 판단하는 것은 무리가 있다. 그래서 복덕궁은 얼굴 전체의 조화와 균형을 바탕으로 길흉 관계를 살펴야 하는데, 그 부위가 맑고 살집이 요철 없이 도톰하며 코를 중심으로 이마, 턱, 좌우 광대뼈, 두 귀 등이 안으로 오목하게 생겼으면 일생 복록이 창성하고 오복을 겸비하게 되며 선천적으로 만복을 타고난 상이 된다.

그러나 복덕궁이 툭 불거져 튀어나오고 좁으면 초년 고생이 심함은 물론이요, 성공하기까지 각고의 노력이 필요하며 결혼을 늦게 하는 것이 좋다.

또 이 복덕궁은 금전 재수에 영향을 끼쳐 색깔이 황색을 띠고 밝으면 재력이 생기고 경기가 활발해지며, 특히 동산動産 관계로 이재利財가 생기게 된다. 그러나 청색을 띠면 매사가 불완전하고 가정이 불안하며, 백색을 띠면 뜻하지 않은 재난으로 고통을 겪게 된다. 또 적색을 띠면 형제 친척 간에 시비 구설로 의리가 단절되며, 흑암색을 띠면 손재수를 겪게 되고 업무에 막힘이 많게 된다.

13 _ 상모궁

관상학에서 상모는 얼굴 전체의 상을 가리키는 말이다. 지금까지 금전 운세를 나타내는 재백궁이니, 사람의 길흉을 판단하는 애정궁이니 하며 얼굴에 나타난 운명적 길흉 관계를 열두 개로 나누어 설명한 십이궁을 살펴보았다. 그러나 각 궁宮의 세밀한 판단도 중요하지만 십이궁을 종합한 결론으로 자기 인생사의 길흉 관계를 판단해야지 어느 한 궁이 좋다고 만사가 길한 것은 아니다.

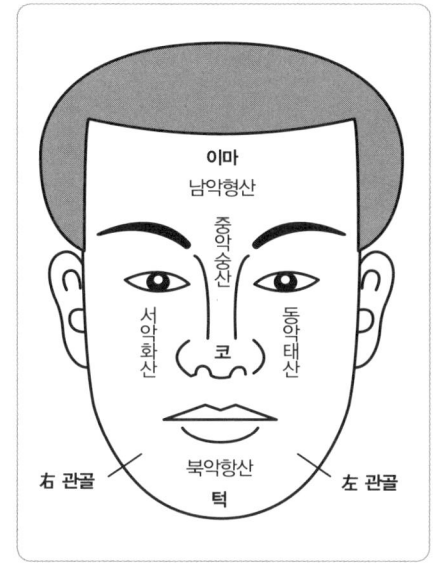

예를 들어 코는 금전 운을 나타내는 재백궁으로, 콧방울이 힘차고 두툼하며 콧대가 수려하면 금전 운세가 강하고 많은 재물을 소유한다지만 광대뼈와 코의 조화가 균형을 이루어야 좋은 상이지, 광대뼈가 낮고 불길하면 일시적인 부의 축재는 있으나 얼마 안 가서 그 재물이 흩어지게 된다.

이처럼 얼굴 전체의 상을 종합하여 판단해 결론을 내리는 것이 상모궁이다. 상모를 자세히 설명하면 이마로는 초년, 코로는 중년, 입과 턱으로는 말년의 길흉 운세를 판단하게 된다.

이마, 코, 입과 턱인 삼정三停의 골격과 살이 상응相應해 도톰하고 흠집이 없고 빛이 맑아야 행복한 운명적 조건을 갖췄다고 할 수 있다. 만일 어느 한 곳이라도 흠이 있고 고르지 못하면 운세에 길흉이 교차된다. 특히 상모궁의 핵심이 되는 오악五嶽(이마, 코, 턱, 좌우 광대뼈)이 두둑하고 빛이 좋으며 상처 난 곳이 없으면 부귀영화를 누릴 수 있는 일차적인 조건을 갖춘 상이라 하겠다.

몇 년 전 고 박정희 대통령과 똑같은 생년월일시로 태어난 사람을 상담했던 적이 있다.

1917년 음력 9월 30일 인시寅時가 고 박 대통령의 사주인데 그와 똑같은 분을 만나 상담을 하니 역학자로서 무척 호기심을 느꼈다. 한 분은 일국의 국부였고 다른 한 분은 일개 국민에 불과하니 태어난 날짜와 시마저 똑같은데 왜 운명적으로 가는 길이 다를까? 물론 이름, 혈통 등등의 많은 다른 점이 있겠으나 근본은 관상이 달라서가 아닐까 한다.

그래서 "사주는 관상만 못하고 관상은 심상만 못하다"라는 말이 생긴 것이다. 생년월일시가 같아도 관상이 다르기 때문에 운명적인 길이 달라지는 것처럼 관상이 아무리 좋아도 심상이 좋지 않으면 그 행운이 오래가지 않음을 알아야겠다. 최근 관상이 좀 나쁜 것 같다고 문의를 해 오는 독자가 많으나 그때마다 필자가 심상을 강조하는 이유도 바로 여기에 있는 것이다.

3장
이마와 운명

physiognomy

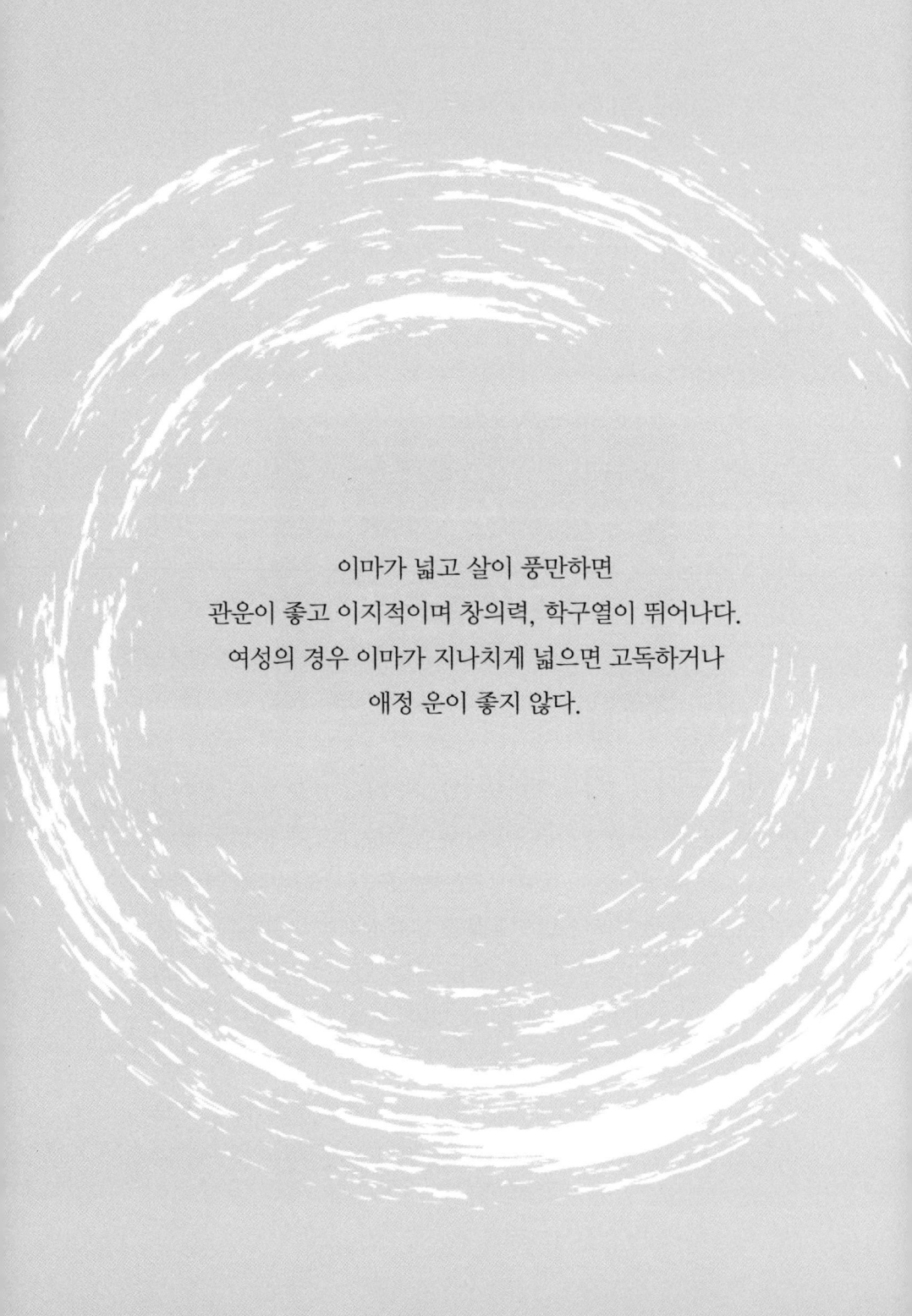

이마가 넓고 살이 풍만하면
관운이 좋고 이지적이며 창의력, 학구열이 뛰어나다.
여성의 경우 이마가 지나치게 넓으면 고독하거나
애정 운이 좋지 않다.

01 _ 안면각론

얼굴은 그 사람을 대표하는 부위로 천지 음양의 정기精氣와 사시 오행의 흐름, 즉 유행 현상流行現象이 모두 나타나 있어 이를 관찰하여 길흉화복을 판단할 수 있다. 이마를 먼저 세분화하여 본격적으로 분석해보자.

이마는 눈썹 위에서부터 머리털이 난 곳까지 상하 좌우 부분으로 그 사람의 귀함과 천함, 관운官運의 유무, 부모 관계, 그리고 운의 좋고 나쁨을 알 수 있다. 운세에 커다란 영향을 주며 대인 관계에서 손윗사람이나 상사와의 관계뿐 아니라 정신적 능력으로서 지각 기능, 기억 능력, 추리력, 분석력, IQ 등을 판단할 수 있는 부위다.

모름지기 이마는 넓고 높이 솟아 가지런하며 요철이나 흉터가 없어야 길상으로, 그런 이마를 가진 사람은 생각하는 면도 밝고 건전하며 편안함은 물론이요, 업무에 두각을 나타내고 성공 과정이 순탄하게 된다. 그러나 반대로 이마가 심히 좁고 상처나 요철이 심하며 살

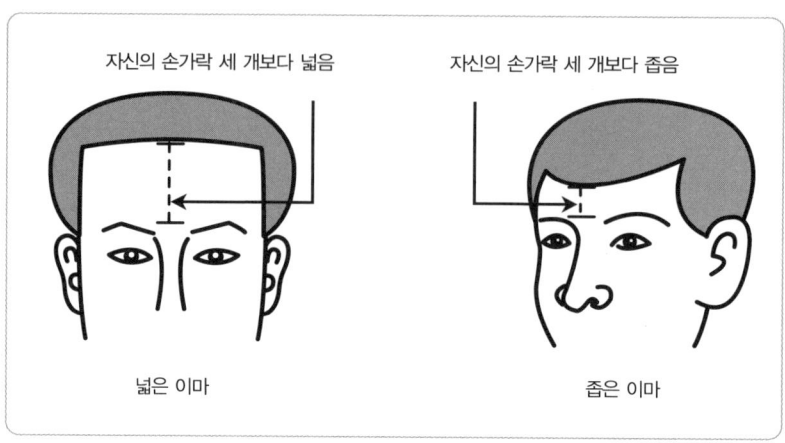

빛이 어둠침침하고 어지럽게 주름이 져 있으면 사람 됨됨이가 사려 깊지 못하고 매사에 시작과 끝이 같지 않다. 유년 시절이 불우하고 운세에 기복이 심해 고생이 많은 단점이 있다.

얼굴 전체를 놓고 볼 때 이마를 천天, 눈썹에서 코끝까지를 인人, 코끝에서 턱까지를 지地라 하여 이마는 선천적 복과 직결되는 부위로 보는데, 이마가 좋으면 복을 많이 타고났다고 할 수 있다. 이마가 좋지 않으면 후천적 복, 즉 자기 자신의 많은 노력으로 성공을 일구어야 한다.

사람의 이마의 크기와 모양은 천태만상이지만 대체로 손가락 세 개를 겹친 넓이가 표준이다.

이보다 이마가 넓고 도톰하며 살이 풍만하면 소년등과(청년기에 벼슬에 오름) 한다 하여 관운이 좋고 이지적이며 창의력, 학구열이 뛰어나다. 단, 넓은 이마이지만 요철이 있으면 중도에 실패가 많다. 이마가 넓고 크면 흔히 말하기를 속이 넓다고 하는데, 아마도 이런 이마를 가진 사람들이 대개 합리적인 사고방식을 추구하기 때문일 것이다.

여성의 경우 이마가 지나치게 넓으면 고독하거나 첩妾 꼴을 보는 등 가정적 애정 운이 좋지 않은 경향이 있다. 이것은 이마가 넓으면 이지적이고 똑똑해 곧잘 남편을 정신적으로 피곤하게 만들어 부부간의 정이 멀어지게 하기 때문인지도 모른다. 아니면 이마가 넓은 만큼 속도 넓어 남편이 바람을 피워도 그러다 말겠지 하며 관대히 대했기 때문일 게다. 아무튼 여성은 지나치게 이마가 넓으면 애정이 불길한데 가급적 머리카락으로 가리면 흉을 감소시킬 수 있다. 또 이마가 넓은 여성은 자연적으로 사회 활동을 하게 된다.

이마가 좁고 뾰족하면 어린 시절에 고생이 많고 지적인 면보다 감정에 치우치기 쉬우며 운세가 유동적이다. 좁은 이마는 비교 분석 능력엔 뛰어나지만 현실감각이 약하며 여자의 경우 이마가 매우 좁고 뾰족하며 깎인 듯한 사람은 흔히 팔자가 세 나이 많은 남편을 만나거나 늦게 결혼해야지 그러지 않으면 반드시 이별 수를 겪게 된다.

전반적으로 이마가 팽창하여 주름, 잡티가 없고 둥글면 맡은 분야에서 두각을 나타내고 말솜씨가 좋으며 귀하게 된다. 또 이마 좌우가 움푹 들어가면 어려서 부모와의 이별 수가 있고 고생이 많다.

이마는 그 사람의 성격과 사상을 담고 있고 또 지적 능력을 나타내기도 한다. 그래서 미개인의 이마는 평평하지 못하고 뒤로 젖혀져 있으나 문화인의 이마는 반듯하고 비교적 풍륭豊隆(도도록하고 살찐 것)하다. 이마를 세 부분으로 나누어 관찰해볼 때 상부가 발달되어 있으면 철학적 성품 속에 사고력이 뛰어나다. 중부가 발달되어 있으면 분석력과 기억력이 뛰어나며 하부의 발달은 진취력 및 강한 의지를 뜻한다. 특히 이마 하부가 발달돼 있고 눈썹 뼈가 두툼하면 난관에 대한 돌파력이 뛰어나 어떠한 시련도 극복하는 정신력이 대단하다.

이마는 관록 운과 매우 밀접한 관계가 있는데 이마 전체가 마치 돼지의 간을 엎어놓은 듯 둥글고 두툼하여 풍만하고 빛이 윤택하면 학운學運이 좋고 관계나 정계에 인연이 깊다.

필자가 조사한 바에 의하면 대통령이 임명하는 장·차관 등 고관들은 이마, 특히 관록궁(이마 한가운데)이 무척 발달돼 있었다. 지역구나 전국구 의원들의 관상을 살펴보면 관록궁보다 광대뼈가 더 발달되어 있음을 볼 수 있는데, 이는 대통령이 임명하는 것과 지역 주민이 뽑는 기준 차이에서 오는 관상학적 의미가 다르기 때문이다.

여성에게 있어 이마는 남편 덕의 유무와도 관련이 깊다. 이마가 좁고 살이 쭈글쭈글하거나 금亂紋이 많으면 몸이 고되고 운세가 순탄치 못하며 배우자의 복이 양호하지 않다. 특히 눈에 띌 정도의 상처가 있으면 극부剋夫한다 하여 애정 생활에 파란이 오기 쉽고 가정이 적막한 경향이 많다. 또 이마에 요철이 심하고 잡티가 많으며 깎인 듯하면 부모 덕이 부족하고 사리 판단이 부정확하며 아집으로 사는 경향이 있다. 흔히 홍등가에 있는 직업 여성의 70% 이상이 이마 부위가 부실하다는 얘기도 있다.

이마는 하늘에 비교되고 오행五行(木·火·土·金·水) 중에서 화에 해당되며 그 사람의 전반적인 운세와 손윗사람과의 관계 등을 판단하는 부위다.

〈그림 1〉에서 보듯 이마가 좁고 살이 얇은 사람은 손윗사람과의 의견 대립이 잦고 귀인의 덕이 없으며 운세가 고르지 못해 고생을

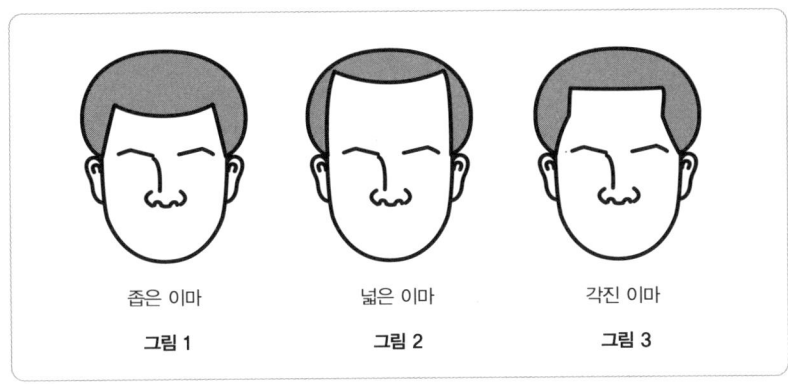

좁은 이마	넓은 이마	각진 이마
그림 1	그림 2	그림 3

많이 한다. 그러나 이마가 좁고 깎인 듯해도 살집이 풍만하면 노력한 만큼의 성과를 얻을 수 있으며 장애를 극복해나갈 수 있다.

〈그림 2〉처럼 넓고 평평하며 풍요로운 이마는 대인 관계가 원만하고 처세술이 합리적이라 자연히 상하의 협력을 얻어 운세도 순탄하다. 그러나 이마가 넓고 풍만해도 흉터나 요철이 있으면 복이 반감되고 하는 일에 구설이 많으며, 직업이 자주 변하는 단점이 있다.

〈그림 3〉처럼 이마가 네모진 사람은 행운이 늦게 찾아오는 특징이 있어 고생 끝에 성공할 수 있다. 손윗사람과 충돌하기 쉬운 상이므로 융화에 힘써야 한다. 대체로 장남 가운데 이마가 넓은 사람이 많은데, 차남이라면 부모를 모시게 되거나 상속을 받게 된다.

또 이마 전체의 색윤色潤으로 현재 운세를 판단할 수도 있다. 빛깔이 밝고 윤기가 있으면 현재 운세가 안정돼 업무에 하자가 없고 대내외 여건이 발전적으로 조성된다. 반대로 이마가 검푸르거나 회색빛을 띠면 부모 우환이나 업무 미진, 구설 등이 따르는 쇠운衰運의 시기를 맞게 된다.

필자의 고객 중 한 사람인 H 씨는 한창 부동산 투기 붐이 일었을 때, 땅 투기를 하면 어떻겠느냐는 상담을 해 왔는데 이마 부위를 보니 흑적색을 띠고 있어 극구 말렸다. 그러나 그는 남들도 다 투자해 큰 이득을 보았는데 자기라고 왜 실패하겠느냐며 거금을 투자했다가 그 땅이 그린벨트에 묶이는 바람에 큰 손해를 봤다. 이처럼 이마는 운세에 커다란 영향이 있는 부위이며 현재의 운세를 알 수 있는 곳이기도 하다.

십인십색十人十色이란 말이 있듯이 사람마다 개성이 다르고 이마의 모양도 가지각색이다. 모양별로 특징을 살펴보면 다음과 같다.

(1) 둥근 이마

머리털 난 곳이 완만한 커브를 그리고 있는 모양을 말한다. 남성은 업무 처리가 꼼꼼하고 맡은 일에 책임을 가지고 열심히 일하는 형으로 경제관념이 투철하다. 여성은 알뜰하고 남편 보필을 잘하며 생활관이 건전하다. 또한 가정생활 이외에 부업을 하면 금전적 수익을 많이 보게 된다. 둥근 이마를 소유한 남녀는 대체적으로 사교와 결혼 운이 양호하다.

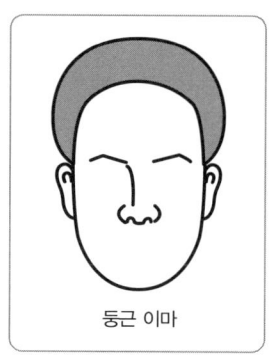

둥근 이마

(2) 네모진 이마

머리가 난 이마의 양쪽 끝이 각이 져 있는 모양이다. 남성은 사리가 분명하고 대체로 직선적이며 업무관리가 철두철미해

네모진 이마

직업에 전문적 영역을 구축한다. 결혼은 가급적 늦게 하는 것이 좋다. 여성은 자립심이 너무 강하고 강직하며 고집이 센데 대체로 연애에 실패하기 쉽다. 관상학에서 각이 진 네모형의 이마를 소유한 여성은 배우자와 이별 수가 있고 한집안에 산다고 하더라도 마치 타인처럼 지내는 경향이 많다. 그래서 연애보다 중매가 좋고 28세 이후에 결혼하는 것이 흉을 줄일 수 있다.

(3) 꼭지형 이마

머리가 난 가운데가 꼭지처럼 내려온 모양이다. 남성은 여성적인 성품에 부드러운 성격으로 애정 운이 원만하나 때론 우유부단한 단점과 손윗사람에게 반항하는 특징이 있다. 여성은 인정 많고 가정적이며 성장 과정도 순탄하나 질투가 강한 것이 흠이다. 애정 운도 상대방에게 전력을 다하는 타입이다.

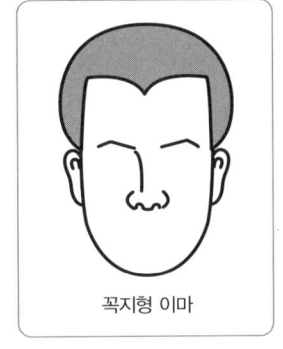

꼭지형 이마

(4) M 자형 이마

이마 상부 양측이 발달하고 양쪽 가장자리가 벗겨진 모양이다. 남성은 유머러스하고 임기응변의 재치가 번쩍이며 날카롭고 섬세한 감각에 창조력이 특출하다. 이런 이마의 소유자 가운데는 시인, 이상가, 예술가가 많다. 그 예로 세계적인 대음악가

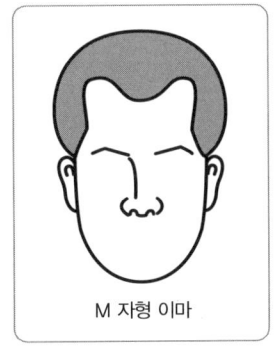

M 자형 이마

슈베르트나 한때 액션 배우로 명성을 날렸던 박노식 씨 등이 있다.

M 자형 이마의 여성은 섬세한 성격에 부드러우면서도 약간 신경질이 있으며 문학, 예술 분야에 소질이 있어 이 분야에서 뛰어난 활약을 할 수 있다. 애정 운에 고독이 내포되어 있는 것이 단점이다.

(5) 앞짱구형 이마

옆에서 볼 때 약간 앞으로 튀어나온 모양이다. 남녀 모두 재치가 있고 감수성과 감각이 예민하며 임기응변과 사교적 재능이 뛰어나다. 일반적으로 이런 이마를 가진 사람은 금전 운세가 좋은 편이다.

앞짱구형 이마

(6) 뒤로 젖혀진 이마

이마의 윗부분이 뒤로 젖혀져 있고 특히 코끝이 앞으로 돌출되어 나온 모양을 말한다. 주체성이 부족하고 감정에 따라 행동을 하며 지적 능력이 결여되어 전문적 분야에는 적성이 맞지 않는다. 또한 계획성과 도덕성이 부족하고 많은 인간적 수양으로 덕을 쌓아야 될 상이다. 남녀 모두 늦게 혼인하는 것이 애정 생활에 좋다.

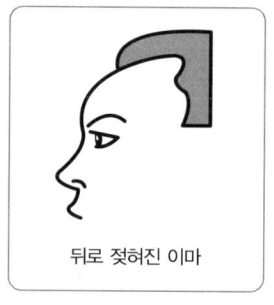

뒤로 젖혀진 이마

이외에도 이마 모양에는 여러 가지가 있다. 예를 들어 둥근 이마에 앞짱구형 이마를 가진 사람이라면 각 특성의 장단점을 혼합하여 관상평을 하면 신비스러울 정도의 높은 적중률을 실감할 수 있다. 이마는 선천운, 즉 하늘의 복을 보는 부위이니 가급적 상처를 입지 않도록 하는 것이 좋다.

02 _ 이마의 주름과 운명

이마에는 보통 세 줄의 주름이 있다. 이 주름을 삼문三紋이라고 한다. 그림에서 보듯 위의 주름을 천문天紋, 가운데 주름을 인문人紋, 그리고 아래 주름을 지문地紋이라고 부른다.

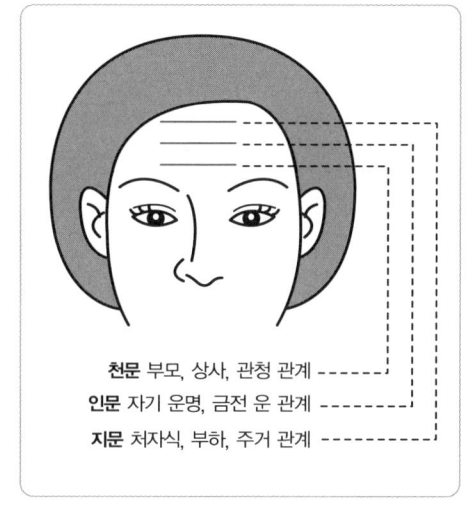

천문 부모, 상사, 관청 관계
인문 자기 운명, 금전 운 관계
지문 처자식, 부하, 주거 관계

천문은 부모, 손윗사람, 관청과의 좋고 나쁨의 관계를 판단하는 것으로 이 주름이 선명하고 중간에 끊긴 곳이 없으면 부모나 손윗사람의 총애를 받고 관청의 덕을 보며 좋은 운세를 만난다. 반면 이 주름이 엷거나 중간이 끊겨 있고 양 끝이 아래로 처져 있으면 부모나 손윗사람과 불화가 있고 업무 장애가 종종 있다.

중간 주름인 인문으로는 운명을 점칠 수 있으며 물질적인 운, 즉 금전 운세를 보기도 한다. 이 주름이 분명하고 깊게 새겨져 있으며 양 끝이 위로 올라가 있으면 자수성가하고 자금 회전력이 좋아 업무나 사업에 금전적 갈등이 없다. 그러나 꾸불꾸불하고 양 끝이 처져 있거나 중간이 끊겨 있으면 업무에 좌절이 많고 직업이 자주 변하여 주거가 안정되지 못하는 데다 건강에 장애가 있게 된다. 즉, 운명적 길이 순탄치 못하게 된다는 뜻이다.

마지막으로 지문은 처와 자식, 손아랫사람이나 부하, 그리고 주거 관계를 판단하는 곳이다. 이 주름이 바르고 끊긴 데가 없으며 선명하면 주거가 안정돼 젊은 나이에 내 집을 마련한다. 또 가문을 번영시키며 처자식 복이 많고 손아랫사람에게 명망과 인기를 얻게 된다. 그러나 이 주름이 토막토막 끊겨 있거나 양 끝이 아래로 처져 있으면 주거가 불안정하고 처자식과의 인연이 박약하며 인간관계에 구설이 많게 된다. 또 천문이나 인문, 지문이 옅고 끊겼었는데 어느 때부터 주름이 깊어지고 바르게 되며 끊긴 곳이 없어지면 그때부터 운세는 순풍에 돛을 단 배처럼 순탄해진다.

(1) 한일一자 주름

이마 한복판에 선명하게 한 줄로 그어진 주름을 말한다. 이 주름이 길면 통솔력이 있고 여러 사람을 지도 편달하는 위치에 있게 되며 운세도 좋다. 반대로 짧으면 형제 덕이 없고 아집이 강하며 운세도 평탄치 못하다. 특히 여성에게는 가정적으로 적막이 있다.

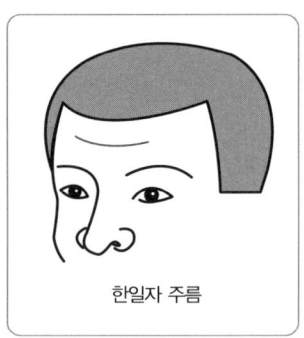

한일자 주름

(2) 임금 왕王 자 주름

가로로 세 개의 금이 쳐져 있고 그 중앙에 세로로 한 줄이 나 있어 마치 임금 왕王 자의 모양을 한 주름이다. 부귀 장수하고 번영 발전하는 운세를 타고났으나 심상이 나쁘면 뒷골목 건달패의 왕초가 될 상이다.

임금 왕 자 주름

(3) 난문亂紋

이마에 주름이 많으면서도 주름마다 토막이 나 있는 모양을 말한다. 직장과 주거 운이 나빠 자주 직업을 바꾸게 되고 이사가 잦으며 신체적으로 병약하다. 또한 항상 정신적 고통이 있고 잔걱정을 많이 하게 된다. 이마가 난문인 사람의 수상手相을 살펴보면 잔금이 무수히 많은 경우를 흔히 볼 수 있다. 가급적 허례허식을 지양하고 투철한 경제관념으로 살아야 한다. 여성은 필히 생활 전선에 뛰어들게 된다.

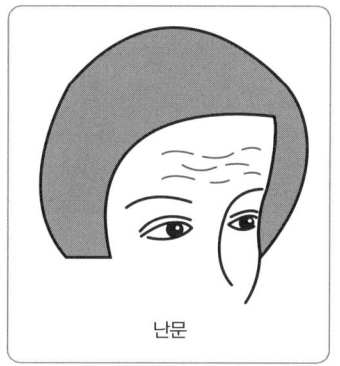
난문

(4) 곡선 주름

이마의 주름이 곡선 모양으로 굴

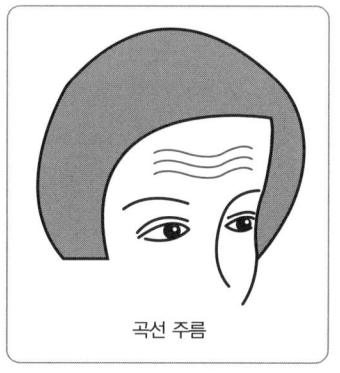
곡선 주름

곡이 심한 주름이다. 의지가 약하고 우유부단하며 소심한 성격으로 큰일을 못하고 매사에 시작도 끝도 없는 불분명한 주관을 갖고 있다. 또한 신체적으로도 몸이 약하며 대체로 수동적인 삶을 사는 경우가 많은 반면 잔꾀에 능할 수 있다. 여성은 전반적으로 일찍 이성에 눈을 뜨는 경우가 많으나 연애 운이 좋지 않고 마음에 고독이 많다.

4장
눈과 운명

physiognomy

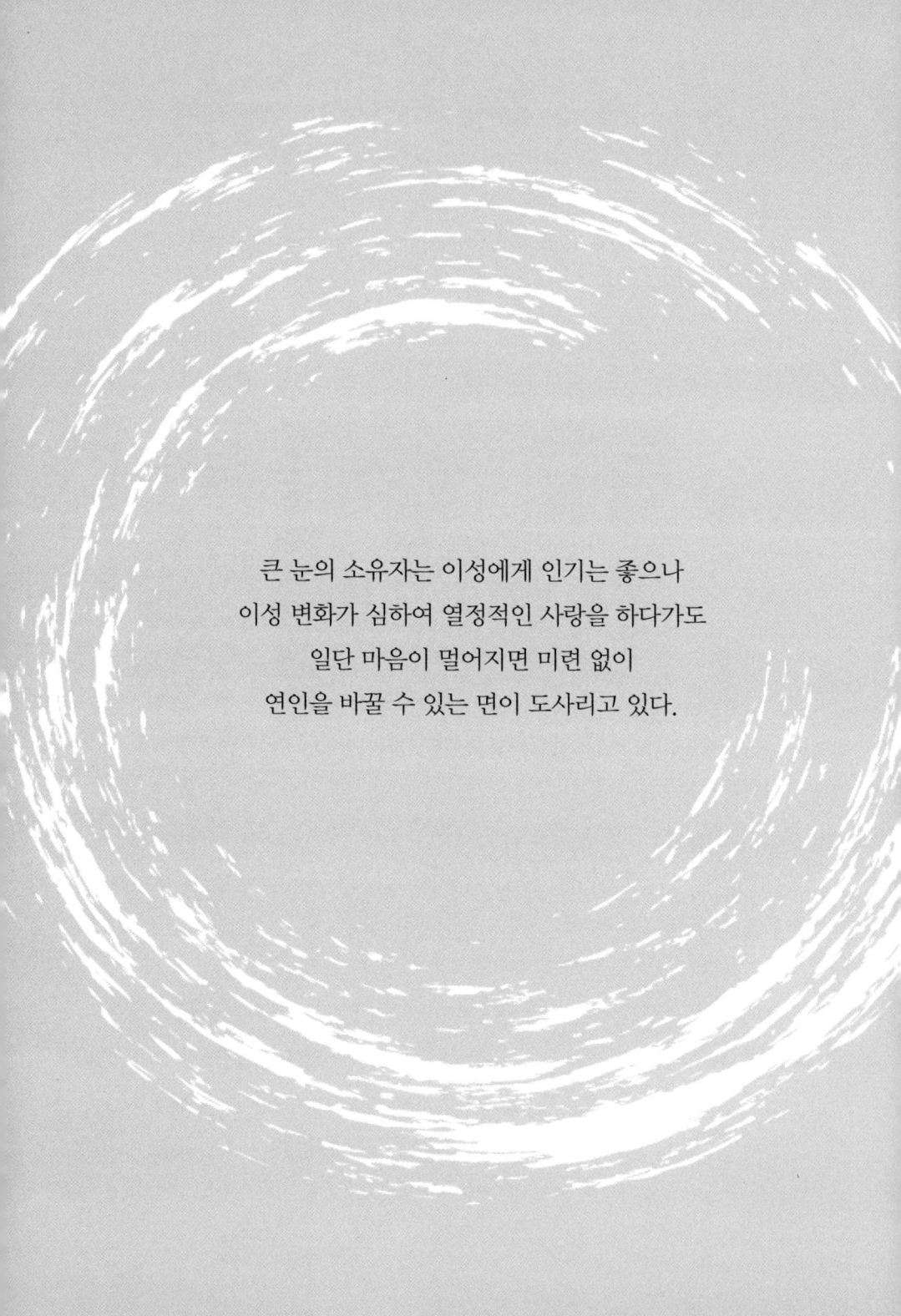

큰 눈의 소유자는 이성에게 인기는 좋으나
이성 변화가 심하여 열정적인 사랑을 하다가도
일단 마음이 멀어지면 미련 없이
연인을 바꿀 수 있는 면이 도사리고 있다.

인체 부위 중에 정신이 모이는 곳이 눈이다. 눈은 사물을 관찰하고 분별하는데, 정신과 눈이 일치해야 그 기능을 올바로 행사할 수 있다. 이 때문에 눈 그 자체가 그 사람의 정신과 일치된다고 해도 과언이 아니다. 사람이 잠을 잘 때는 정신이 심心에 잠겨있고 활동할 때에는 거의 모든 일을 눈에 의지하게 된다. 눈을 보면 그 사람의 정신 상태와 인격, 감성뿐 아니라 장래성 혜안慧眼, 성욕, 건강 등을 알 수 있다.

또 눈은 마음의 창이라는 말이 있듯이 선과 악을 나타내고 그 사람의 운세에 담겨 있는 희로애락의 심리 상태와 현재 상황이 그대로 표출되는 부위이기도 하다. 그래서 관상학에서 가장 큰 비중을 두어 살피는 곳이 눈이며 인생의 성패는 눈에 의해 30% 이상이 지배되기까지 한다. 아무리 상相(얼굴)이 잘생겼어도 눈이 관상학적으로 불길하면 대성하기 힘들고 어려움이 많아진다. 우리 주변에 사회적으로 명예나 부를 얻은, 즉 성공한 사람의 눈을 보면 눈빛이 유화함과 동시에 사물을 꿰뚫어 보는 예리한 빛이 감돈다. 반대로 정신 질환자나

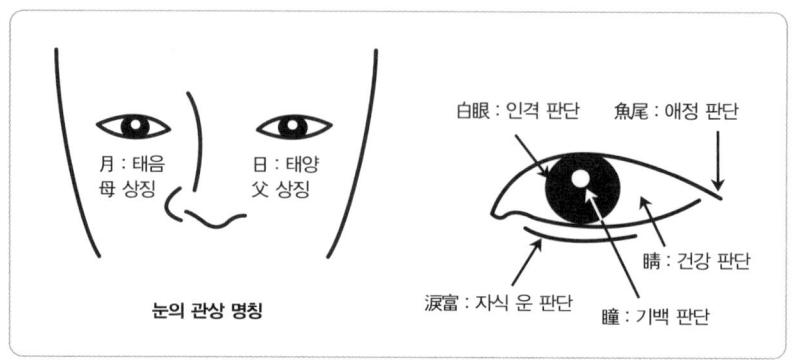

눈의 관상 명칭

범죄자의 눈은 초점이 불분명하고 항상 충혈돼 있거나 안정감이 결여되어 있음을 느낄 수 있다.

인체를 작은 우주라고 하면 눈은 해와 달을 상징해 왼쪽 눈을 태양, 오른쪽 눈은 태음이라고 한다. 맑고 흑백이 분명하며 상하 눈꺼풀도 티 없이 깨끗해야 길상이다. 혼탁하고 흰자위가 검은 자위보다 크며 살기殺氣가 서려 있으면 흉상이다.

눈을 보고 그 사람의 성격이나 운세를 보는 데는 형태뿐 아니라 눈으로부터 나오는 눈빛, 즉 안광眼光의 강도도 큰 영향을 미친다. 눈이 크고 아름다워도 눈빛에 힘이 없으면 운세가 약하고 성격도 치밀하지 못하다. 반대로 눈이 작아도 안광에 기가 살아 있고 빛나면 왕성한 생활력으로 희망찬 운세가 전개된다.

동양의 관상학에서 눈의 크기는 보통 가로 3cm 정도가 표준이며 그 이상을 큰 눈, 그 이하는 작은 눈으로 보면 된다. 여기에 세로 폭을 감안해 가로가 3cm 이상이 돼도 세로가 좁으면 큰 눈이라 할 수 없다. 이런 경우가 흔히 말하는 찢어진 눈이다.

모양에 따른 각 눈의 특징을 대략 살펴보면 큰 눈의 소유자는 감각이 예민하고 개방적인 성격이며 감수성이 발달돼 감정이 풍부하다. 애정 운은 성적 매력으로 이성에게 인기는 좋으나 이성 변화가 심하여 열정적인 사랑을 하다가도 일단 마음이 멀어지면 미련 없이 연인을 바꾸기도 한다. 특히 눈이 큰 여자는 이성 운이 좋지만 남편 운은 나쁘다. 이성 교제 때 인기는 높지만 현모양처감으로서는 가히 좋다고 할 수 없다. 아마 이는 눈이 크면 개방적인 성격에다 극단적인 감정을 갖기 때문일 것이다. 남녀 모두 눈이 크면 이성의 유혹에 쉽게 무너지는 결점이 있으며, 눈이 크고 항상 물기가 촉촉이 젖어 있는 여성은 마음이 여리고 인정에 약하며 악의가 전혀 없는 고운 성품이나 유혹에 따른 정조 관념이 강하지 못해 스캔들이 많고 가정에 불화가 끊이지 않는다. 흔히 남성들은 눈이 큰 여성에게 매력을 느끼곤 하는데, 부인감으로는 정조 관념도 강하고 모성애도 뛰어난 작은 눈의 여성이 적합함을 알아야겠다.

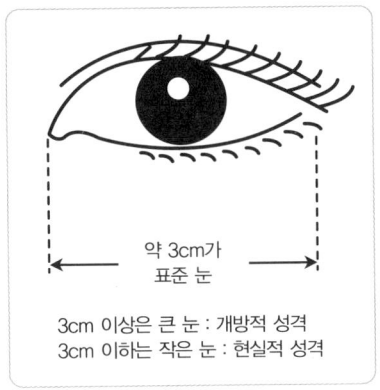

큰 눈의 소유자는 풍부한 감성과 개방적인 성격, 이성적 매력이 함축된 특징이 있는 반면, 작은 눈은 의지가 굳고 고집이 세며 내성적 성격이 많고 생활관이 수수하다. 특히 작은 눈의 여성은 분수에 맞는 생활관 속에 화려함보다는 내실을 추구하는 건실한 사고방식으로 정조 관념과 모성 본능이 투철한 편이다. 질투심이 매우 강하다는 단점이 있지만 가정에서는 내조를 잘하고 필요 이상으로 나서는 일 없이 생활에 매진하는 현모양처형이다. 그러나 작은 눈의 여성이라 할지라도 안광이 사납거나 독기가 보이면 천하게 되는 경향이 많다.

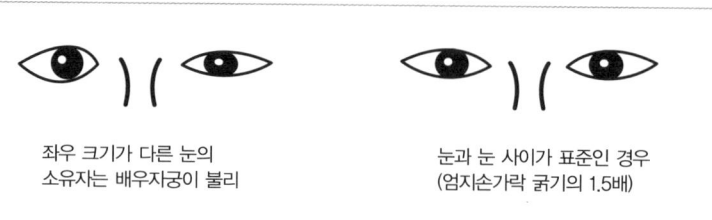

좌우 크기가 다른 눈의 소유자는 배우자궁이 불리

눈과 눈 사이가 표준인 경우 (엄지손가락 굵기의 1.5배)

간혹 좌우 눈의 크기가 현저하게 다른 사람이 있다. 남성의 경우 왼쪽 눈이 자신이 되는데, 이 왼쪽 눈이 크고 오른쪽 눈이 현저히 작으면 배우자를 천대하는 경향이 많다. 반대로 왼쪽 눈이 작고 오른쪽 눈이 크면 부인 때문에 속상한 일을 당하게 된다.

오른쪽 눈이 자신이 되는 여성의 경우, 이 오른쪽 눈이 크고 왼쪽 눈이 작으면 자신 때문에 남편이 수난을 당하고 이와 반대의 모양이면 남편 때문에 많은 고생을 하게 된다.

관상학에서 눈의 좌우 크기가 다른 눈을 음양안陰陽眼이라 하며 이런 눈을 가진 이는 성질이 까다롭거나 간사하지만 재물은 따른다고 돼 있다. 또 애정 운이 산란해 결혼 생활에 장애가 많다.

두 눈 사이의 폭이 좁은 사람은 앞일을 내다보는 예감이 뛰어나고

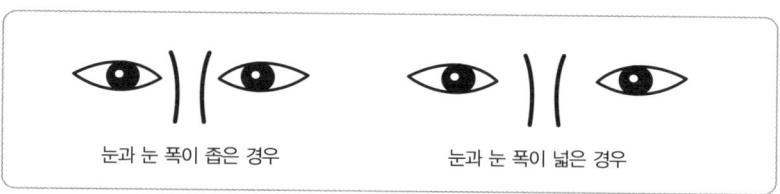

눈과 눈 폭이 좁은 경우

눈과 눈 폭이 넓은 경우

재주가 있으며 영리한 처세술로 빛을 보나 지구력이 부족하고 전업을 자주 하는 결점이 있다. 여성은 감상적으로 흐르기 쉽다.

반대로 두 눈 사이의 거리가 넓으면 부드러운 성격에 낭만을 즐기며 기분파의 기질이 많다. 여성은 정조 관념에 유의해야 한다. 눈과 눈 사이의 표준 거리는 자기 엄지손가락 굵기의 1.5배가 기준이다.

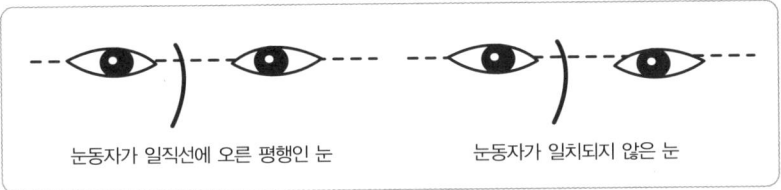

눈동자가 일직선에 오른 평행인 눈   눈동자가 일치되지 않은 눈

그림에서 보듯 두 눈이 크기에 관계없이 평행을 이뤄야 운세가 평탄하고 안정된 생활을 영위하게 돼 이런 눈이야말로 기본적인 관상 조건을 갖추었다고 할 수 있다.

한쪽 눈이 올라가고 다른 한쪽이 내려간 눈을 가진 경우에는 운세가 불규칙하고 사업이나 업무에 파란이 많으며 결혼에 있어서도 재혼을 하게 되는 수가 많다.

눈을 보호하는 눈꺼풀에 살이 붙어 마치 눈이 나와 있는 듯한 사람은 도량이 넓고 매사에 정열적이고 활동적이며 어떤 방면으로 나가더라도 정상에 오를 수 있다.

눈이 마치 물고기 눈처럼 툭 튀어나온 사람은 남의 비위를 잘 맞춰 사교성이 좋으나 경솔하기 쉽고 고독하며 남녀 모두 일찍 이성에 눈을 뜬다. 특히 여

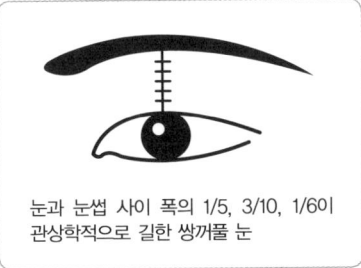

눈과 눈썹 사이 폭의 1/5, 3/10, 1/6이 관상학적으로 길한 쌍꺼풀 눈

성은 애정·결혼 운이 처음에는 좋으나 뒤끝이 나쁘다.

모름지기 눈은 맑게 빛나고 흑백이 분명하며 가늘고 길어야 귀한 상이다. 흐리고 누르거나 붉은 줄이 보이거나 또는 흰자위가 검은자위보다 크거나 하면 좋지 못한 상으로, 이런 눈의 소유자는 운세가 불안하다. 특히 눈은 남성에게 있어서 업무 성취도, 정력, 활동력에 영향을 주고 여성에게는 정숙도, 즉 정조 관념에 큰 영향을 준다. 곁눈질을 하는 버릇을 가진 데다 흐린 눈동자로 눈웃음치는 여성은 반드시 애정사에 문제가 있고 정숙과도 거리가 멀다고 『달마상법』에 기록되어 있다.

눈의 색깔에 따른 특징을 살펴보면 갈색 눈의 소유자는 치밀하지 못한 성격에 운이 늦게 트이고 흰자위가 푸른 기운을 띤 사람은 두뇌는 좋으나 신경질이 많고 감성이 예민하다. 특히 여성은 개방된 성격에 연애 편력이 다양할 수가 있다.

요즘 여성들 사이에 쌍꺼풀 수술이 유행인데 쌍꺼풀이 너무 심하면 남편 덕이 없다. 그림에서 보듯 눈과 눈썹 사이의 길이의 5분의 1이나 10분의 3 혹은 6분의 1 정도가 관상학적으로 길한 쌍꺼풀이다.

눈은 마음의 거울로서 선악을 나타내고 인생의 성패를 판단하는 부위다. 또 현재의 심정, 즉 삶에 있을 수 있는 오욕칠정五慾七情이 그대로 표현되는 곳이기도 하다.

관상학에서 볼 때 눈의 가장 이상적인 형상은 길고 깊으며 빛나고 윤택한 눈이다. 동자의 흑백이 뚜렷하고 안광이 빛나면 장래성이 밝으며 전도가 양양하다. 모양이 좋고 수려하며 움푹 들어가지도 툭 튀어나오지도 않았으면 부귀공명이 따르고 가늘고 길며 맑으면 자손이 영달하고 장수하는 것으로 풀이하고 있다. 눈을 형태별로 나눠 길흉 관계를 살펴보면 다음과 같다.

(1) 용 눈

검은 동공에 광채가 있으며 눈초리 부위가 살짝 올라간 듯한 형이다. 마음이 바르고 사리가 분명하며 의리와 신의를 지키고 사회적 명망을 얻을 수 있다.

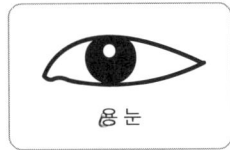

(2) 소 눈

모양이 크고 둥그스름한 형으로 정신과 기백이 넘쳐흐르고 거부巨富가 될 수 있다.

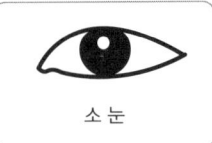

(3) 공작 눈

윤곽이 분명하고 동자가 검고 빛나는 눈으로 성품이 청렴결백하며 애정 생활에 보기 드문 사랑의 하모니를 이루어 가정의 행복을 만끽할 수 있다.

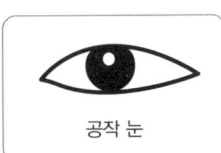

(4) 범 눈

크고 동자가 약간 누르스름한 빛을 띠는 모양에 둥글고 부리부리한 형이다. 성격이 강직하고 불의를 못 참으며 처신이 항상 바른 편으로 부귀와 명예를 누리나 말년에 자손 근심

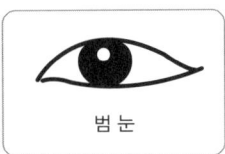

이 있는 게 흠이다. 여성은 남편 복이 적거나 고독하며 사회 활동을 하는 경우가 많다.

(5) 거북이 눈

눈동자가 둥글고 수려하며 윗 눈꺼풀에 가는 주름이 있는 모양으로 정이 많고 안정된 성품을 가졌으며 뜻과 이상이 원대하고 건강하게 발전한다.

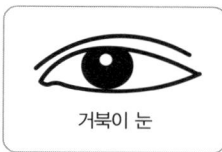

(6) 기러기 눈

눈동자가 먹처럼 검은 가운데 금빛 같은 색을 띠었으며 눈 위아래에 기러기 모양의 주름이 길게 있는 형이다. 사교 수완이 기발하고 누구에게나 호감을 주며 가정이 화합하고 낭만적 기질이 있다.

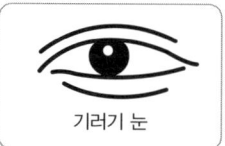

(7) 학 눈

흑백이 분명하고 눈빛이 청초한 형으로 평생 높고 깊은 이상으로 뜻을 관철한다.

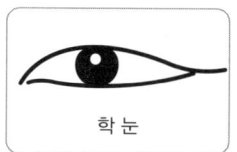

(8) 원숭이 눈

동자가 위로 붙은 듯하고 아래 눈꺼풀에 주름이 가지런히 잡혀 있으며 눈동자를 움직이는 동작이 매우 민첩한 형이다. 부귀가 따르

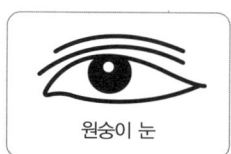

고 재치가 있으나 잔근심을 많이 하는 단점이 있다.

(9) 까치 눈

위 눈꺼풀에 주름이 있고 모양이 길며 수려한 형으로 신의가 있고 주관이 뚜렷하며 말년 운이 매우 길하다.

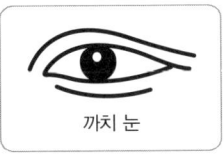

(10) 코끼리 눈

상하 꺼풀에 물결 진 주름이 있고 수려하며 눈꺼풀이 길고 눈이 가는, 인자스런 형이다. 복록이 많고 장수하며 안정된 가정과 사회적 지위를 얻을 수 있다.

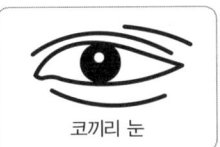

(11) 도화 눈

항상 물기가 촉촉이 젖어 있으며 사람을 보면 말보다 먼저 요염한 눈웃음을 치고 곁눈질을 잘하는 특징에 눈빛이 반짝거리는 형이다. 남녀 모두 음란하고 유혹을 받거나 당하는 것

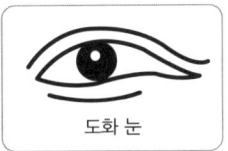

을 좋아하는 등 사치와 쾌락을 추구하는 형이다. 서양에는 이런 눈의 소유자가 대부분 영화계로 진출해 일시적인 성적 매력으로 인기를 얻지만 그 수명은 극히 짧고 스캔들 속에 자연도태되는 경우가 많다.

필자가 오랜 기간 관찰해본 결과와 상담한 사례를 보면 이런 눈의 소유자는 대부분 지위, 명예, 부, 학벌을 겸비했다 하더라도 그것을 지키지 못하고 순간의 환희에 빠져 복을 깨뜨리는 경우가 많았다. 특히 여성의 경우 차분한 생활보다는 약방의 감초처럼 나서기를 좋아하며 자신도 모르게 교태의 눈빛을 보여 이성의 주목을 받는 등 애정 사건을 자의 반 타의 반으로 만든다. 이런 눈의 남성은 정돈된 자아 가치관으로 수신修身에 힘써야 한다.

(12) 황새 눈

눈의 흑백이 분명하고 눈동자가 맑으며 수려한 데다 눈 위의 주름이 눈초리 부위奸門까지 뻗친 형으로 크게 귀하게 되며 명예와 영화를 누릴 수 있다.

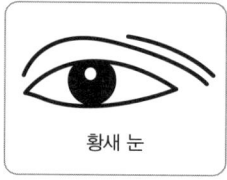
황새 눈

(13) 취한 눈醉眼

붉은빛과 푸른빛이 혼잡하게 섞여 있고 취한 듯 졸린 듯 몽롱한 눈빛에 흘겨보는 듯한 형으로 허황된 짓을 많이 한다. 남녀 모두 지조를 지키지 못하고 색정色情으로 고난이 있을 수 있다.

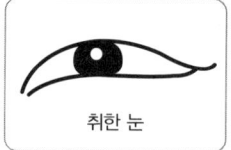
취한 눈

이상과 같이 관상학에서는 인간의 눈을 동물의 형으로 분류해서 약 서른아홉 가지로 나눈다. 이미 열거한 형태 이외에 뱀 눈, 고양이 눈, 이리 눈, 조는 듯한 눈 등은 불길한 상으로 마음의 기백이 약하고 성공과 실패가 수차례 반복된다. 욕심이 있어 상하의 위계질서가 어렵고 굴곡 있는 생활을 하며 가정적으로는 적막한 단점이 있다.

보통 사람의 눈은 검은 동자를 기준으로 좌우에 흰자위가 있는데

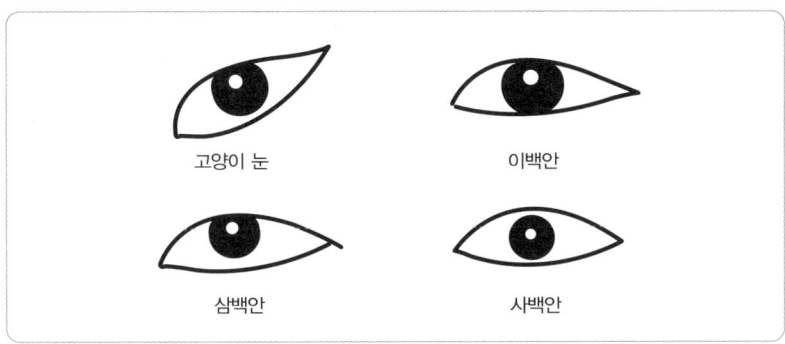

이를 관상 용어로 이백안二白眼이라고 한다.

그러나 눈동자 주위를 흰자위가 사방으로 포위한 사백안四白眼이나 흰자위가 좌우 아래로 검은 동자를 싸고 있는 삼백안三白眼의 소유자는 겉과 속이 다르고 마음이 잔혹하며 배우자로 맞는다면 훗날 배신을 당하는 아픔을 겪게 되니 결혼 상대자로 피하는 것이 좋다. 대신 이런 눈의 소유자는 예·체능계에 종사하면 빛을 볼 수 있다.

눈동자가 큰 사람은 인생에 파란도 적고 운세도 좋으며 온화한 성격과 감정으로 매사를 긍정적으로 받아들이며 적응력이 좋다. 반대로 눈동자가 작으면 독불장군의 성격에 반항심이 있고 잔인성이 내포된 특징이 있다. 세상을 떠들썩하게 한 흉악범들 중엔 눈에 살기가 있고 대체적으로 눈동자가 작은 경우를 많이 보게 된다.

애정의 행·불행을 알 수 있는 눈의 관상 부위는 바로 눈초리다. 이 부위에 검은 점이나 사마귀가 있으면 이성과의 스캔들이 많게 된다. 또 흉터가 있으면 이별 수가 있는 경향이 짙다. 눈초리 부위가 움푹 들어간 사람은 배우자에게 까다롭게 굴

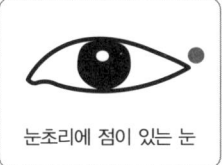

눈초리에 점이 있는 눈

눈 주위가 깨끗해야 길한 배우자를 만난다 | 눈초리 부분에 잔주름이 심하면 애정 운 산만 | 검은자의 아래위가 막혀 있는 정상적인 눈

기 때문에 잦은 언쟁으로 가정불화를 초래하기 쉽다. 젊은 여성 가운데 눈초리에 잔주름이 많으면 애정 운이 불길하여 부부 화합이 어렵고 남성은 부부간에 불만이 많게 된다.

눈초리의 끝이 긴 사람은 생활관이 매우 건실하고 인덕이 많다. 부부간의 정도 매우 두터우며 경제적으로도 윤택하고 가운家運이 번영, 발전한다.

눈초리는 원래 수평을 이루고 있는 것이 정상이며 이런 사람이 사고방식도 성격도 온화하다. 대신 눈초리가 올라간 사람은 용기가 있고 감각이 예민하며 두뇌 회전이 좋다. 특히 여성의 경우 눈초리가 올라가면 신경과민에 히스테릭한 면이 있고 불의를 보면 못 참는 성품에 질투가 많다. 필자의 경험으로는 노처녀 중에 눈초리가 올라간 사람을 많이 볼 수 있었다.

눈초리가 아래로 처져 있는 사람은 남자의 경우 권좌에 인연이 많고 마음이 느슨하며 선비풍의 성격을 지니고 있지만 자주성이 결여된 단점이 있다. 여성의 경우 애정 운이 산란하여 결혼을 해도 고독한 생활을 하는 수가 많다.

끝으로 눈이 아무리 좋은 상을 지녔다 하더라도 안정감 없이 자주 눈을 깜박이거나 곁눈질을 하는 습관이 있으면 운세가 불안정해지고 선천적으로 타고난 복도 잃게 된다. 타고난 좋은 관상도 중요하지만 나쁜 습관이 행운을 놓치게 한다는 것도 알아야겠다.

처진 눈꺼풀   직선적인 눈꺼풀

사람은 나이를 먹으면 위 눈꺼풀이 아래로 처지게 된다. 젊은 시절부터 눈꺼풀이 아래로 처져 있는 사람은 지나치게 현실적이라 정감이 적고 이재理財에 밝아 돈 버는 일엔 비상한 재주가 있으나 지극히 타산적인 인물로, 졸부는 될 수 있어도 재벌은 못 된다.

위 눈꺼풀이 처져서 가로로 직선을 이루고 있는 모양은 수사 계통에 있는 사람들에게서 흔히 볼 수 있는데, 계산이 빠르고 예리하며 독불장군의 성격을 가지고 있다.

관상적 측면에서 보면 우선 눈을 보고 그 사람의 정신이 맑거나 탁함을 알 수 있다. 대개 눈은 맑고도 가늘고 길며 흑백이 분명해야 자기의 욕망을 달성하는 과정이 수월하고 사회적으로나 가정적으로 기반이 확고하다. 눈이 흐리멍덩해 바른 빛이 안 보이고 눈 위아래 꺼풀에 지저분한 티가 많으면 성격도 침울할 뿐 아니라 생각하는 면도 짧고 운세가 고르지 못해 불안정한 생활을 하게 된다. 대개 평소 선행과 음덕陰德을 많이 쌓으면 눈도 맑아지고 동자에 화기和氣가 넘쳐 흐르지만, 타인을 속이거나 거짓된 행동 등 불량한 행위를 많이 하면 눈에 살기殺氣가 돌고 눈동자가 빛을 잃게 된다. 이는 눈이 곧 심상의 바로미터이기 때문이다.

비록 불길한 눈을 가졌다 해도 자신의 일에 충실하며 덕행을 많이 쌓으면 눈동자에 영롱한 빛이 감돌게 되고 눈 부위가 윤택하게 됨을 필자는 많이 보아왔다. 이는 바로 눈이란 인간의 잠재의식에까지 영향을 미치기 때문이다.

"눈이 불량하면 마음도 음험하고 눈이 선하면 마음도 선하다"라는 흔한 말을 명심하기 바란다.

5장
눈썹과 운명

physiognomy

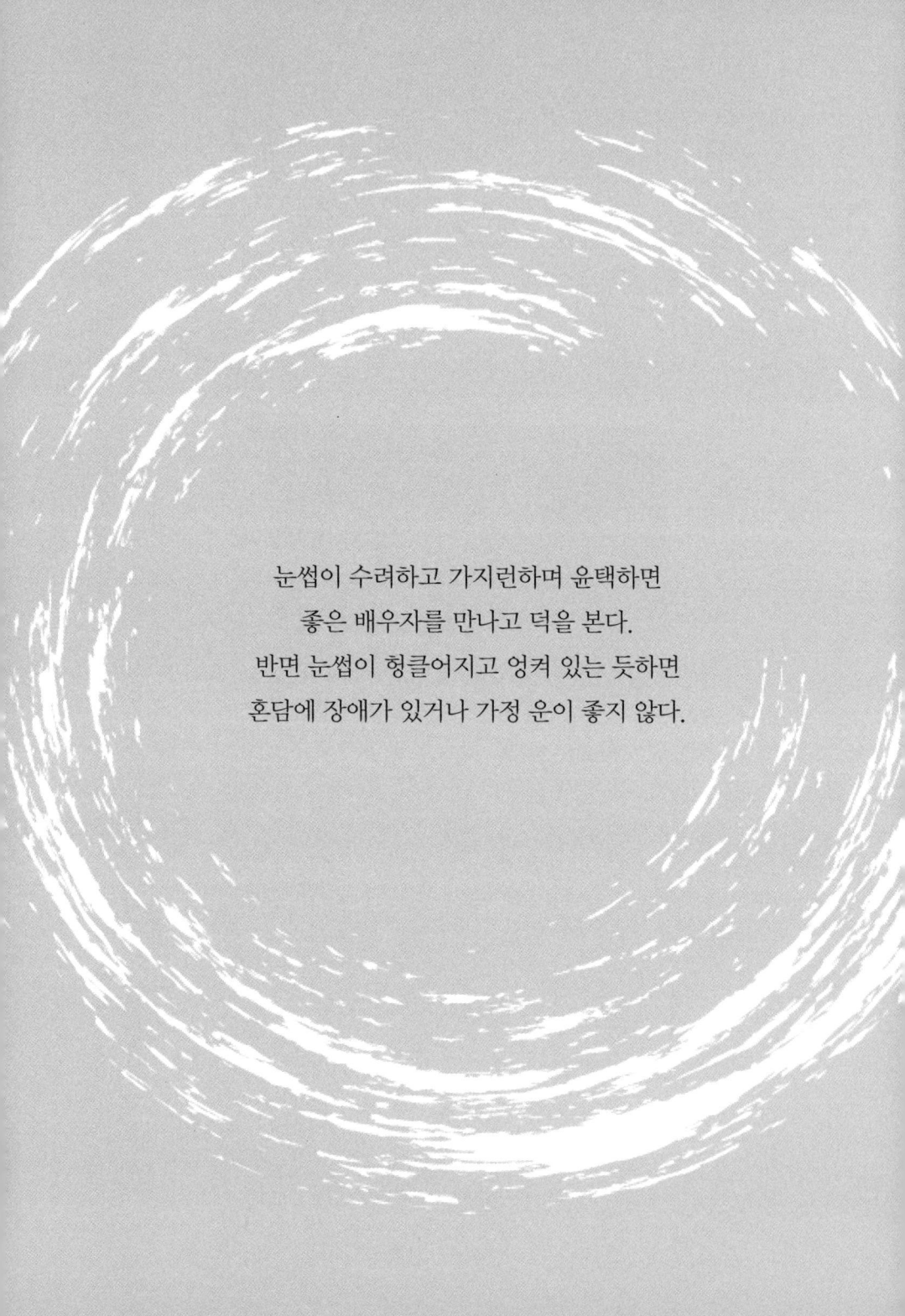

눈썹이 수려하고 가지런하며 윤택하면
좋은 배우자를 만나고 덕을 본다.
반면 눈썹이 헝클어지고 엉켜 있는 듯하면
혼담에 장애가 있거나 가정 운이 좋지 않다.

눈썹은 인체학상으로 두 눈을 보호하는 것으로 얼굴을 아름답게 장식하는 의표儀表다. 이와 함께 눈썹은 마치 건물의 지붕이 비바람을 막아주는 것처럼 눈에 이물질이 침입하는 것을 막아주는 역할도 한다.

관상학적으로는 그 사람의 지능, 의지, 능력을 나타내며 털은 혈액과 관계가 깊어 눈썹으로 형제 관계, 즉 형제궁을 판단하기도 한다. 눈썹은 흔히 그 사람의 총명함과 어리석음을 알 수 있는 것으로 맑고 가늘고 길며 〈그림 1〉에서 보듯 눈과의 거리가 넓은 사람은 두뇌가 명석하고 자손 복도 길하다. 반대로 거칠고 빽빽하거나 엉클어진 눈썹, 짧게 갈라진 눈썹의 소유자는 성격이 흉포하거나 어리석으며 융통성이 부족하고 자손 복도 약하다.

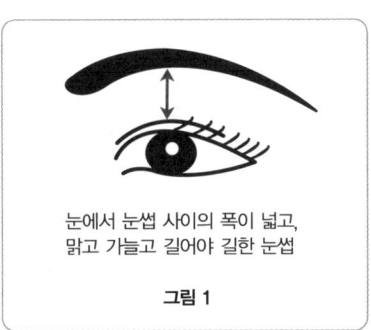

눈에서 눈썹 사이의 폭이 넓고, 맑고 가늘고 길어야 길한 눈썹

그림 1

눈썹의 관상학적 조건에서 가

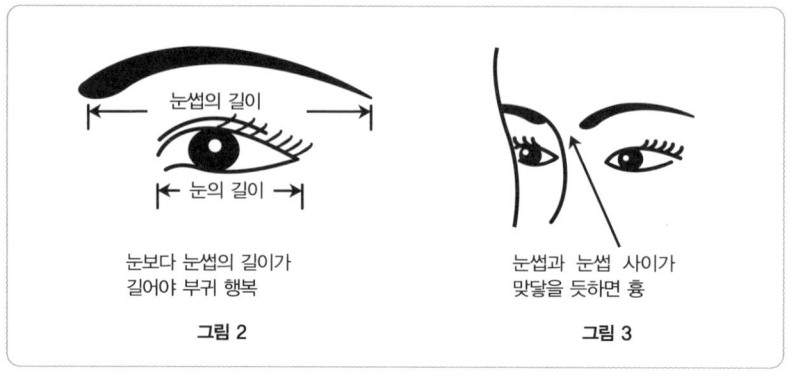

그림 2 — 눈보다 눈썹의 길이가 길어야 부귀 행복

그림 3 — 눈썹과 눈썹 사이가 맞닿을 듯하면 흉

장 중요한 것은 〈그림 2〉에서 보듯 눈보다 눈썹이 길어야 한다는 것이다. 그래야 부귀가 따르고 형제 관계도 양호하며 성품이 온화하고 합리적인 데다 애정 운도 길다. 그러나 여성의 경우, 극단적으로 눈썹이 긴 사람은 친정 일로 인해 남편과 불화하기 쉽다. 눈썹이 눈보다 짧으면 빈궁하기 쉽고 부모 형제 덕이 적으며 대인 관계가 서투르다. 눈썹 가운데에 검은 점이나 사마귀가 있으면 총명하고 맡은 업무나 직업에 두각을 나타내며 귀하게 된다. 그러나 물로 인한 사고의 위험이 있으니 강이나 바다를 가까이하지 말아야 하는 운명적 특징이 있다.

〈그림 3〉에서 보듯 두 눈썹 머리가 서로 닿을 듯해 마치 미간까지 털이 나 있는 것처럼 보이는 좁은 미간의 소유자는 동기간의 덕이 없고 학식과 재예가 뛰어나다 하더라도 빈곤하며 성격상 겉과 속이 다를 수 있다. 눈썹에 결함이 있으면 합리적 사고방식이 결여되고 눈썹이 드문드문 드물게 나면 교활하고 아주 없으면 고독한 경향이 많다. 필자의 경험에 비춰 볼 때 눈썹이 길하면 심상도 맑으나 눈썹이 불량하면 심상도 건전하지 않고 생각하는 면이 비천하다.

눈썹은 눈의 모양을 돋보이게 하는 채화彩華다. 활이나 반달처럼 휘고 털이 유연해 모질이 고운 데다 흑감색의 윤기가 있으며 눈보다 길어야 관상학적으로 길한 눈썹이다.

또 짙은 눈썹의 소유자는 보스 기질이 강하고 매사에 대범하면서도 한편으로 섬세한 면이 있다. 그리하여 장남이 아니더라도 부모를 모시거나 맏아들 역할을 하게 된다. 반대로 옅은 눈썹의 소유자는 의지가 약하고 치밀하지 못하며 계획성이 부족하다. 특히 부모 형제 덕이 부족하나 설득력이 강해 상대방을 끌어들이는 재치가 풍부하다. 눈썹 털이 길게 나 있으면 장수하고 윤택하면 금전 운이 좋다. 눈썹 위에 세로 주름縱紋이 있으면 부귀하며 가로 주름橫紋이 있으면 빈천하게 된다.

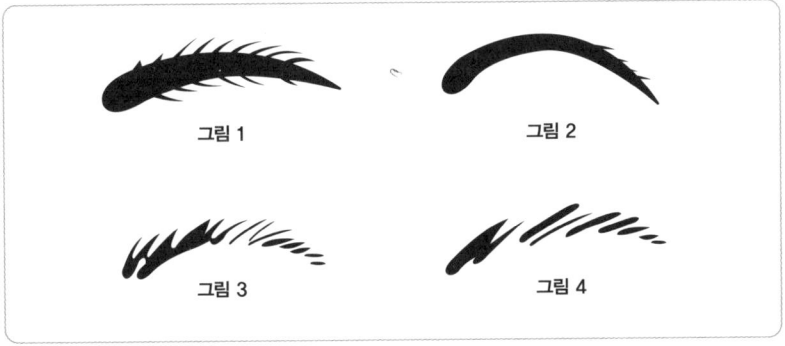

그림 1   그림 2
그림 3   그림 4

〈그림 1〉에서처럼 눈썹이 어지럽게 나고 털이 이리저리 분산된 모양이면 마음에 고통이 뒤따르고 풍파가 많다.

〈그림 2〉처럼 눈썹 꼬리가 축 처진 듯한 사람은 인정이 많고 자비심과 원만한 성격을 가졌으며 자기 직분에 충실하다.

〈그림 3〉처럼 가지런하지 못하고 서 있는 듯한 모양의 눈썹은 마

음이 분산되고 안정감이 없으며 직업이 자주 변하는 데다 가정도 원만하지 못하다. 여성에게 있어 눈썹은 애정 운에 커다란 영향을 미치는데 끝으로 갈수록 두꺼워지는 눈썹은 사랑보다는 일을 향해 힘차게 치닫는 경향이 있어 가정에 소홀함이 많고 배우자의 불만을 사게 된다.

〈그림 4〉와 같이 눈썹 숱이 흐트러지고 갈라진 틈이 있으면 사람을 믿는 마음이 결여돼 있고 이성에게 본심을 안 주며 야누스적 사랑을 하는 경향이 많다.

길고 둥근 초승달형의 눈썹이 여성에게 있어서 가장 이상적인 눈썹으로, 온화하고 자상한 성품 속에 재산 복이 있고 배우자 덕이 있어 행복한 생활을 하게 된다.

눈썹을 모양에 따라 구분해 운명적 특징과 길흉 관계를 살펴보면 다음과 같다.

(1) 초승달 눈썹

초승달과 같이 둥근 모양의 눈썹으로 가운데 부분이 두둑하고 털에 윤기가 흐르는 형이다. 마음씨가 곱고 모든 면에 지혜가 뛰어나다. 뜻이 고상하며 감성이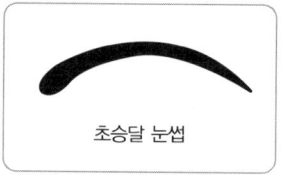

초승달 눈썹

풍부하고 청렴도淸廉度가 높다. 이 눈썹의 소유자는 윤택한 집안 출신이 많고 애정 운 또한 길하다.

(2) 일자 눈썹

눈썹이 머리부터 꼬리까지 일직선으로 생긴 모양으로서 털빛이 맑고 눈썹 전체가 굵다. 고집이 강한 외곬 성격이나 마음이 단정하고 관록과 재물운이 좋다. 부부의 화합으로 가정이 태평하고 안락하나 형제궁은 고독한 면이 있

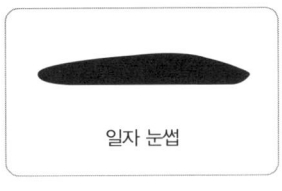
일자 눈썹

다. 단, 여성은 남편을 극(剋)한다고 해 부부 운이 불길하니 늦게 결혼함이 좋다. 결혼 후 직업을 갖는 등 생활 전선에 뛰어들면 흉이 감소돼 원만한 가정생활을 할 수 있게 된다.

(3) 엉킨 눈썹

눈썹 털이 단정치 못하고 이리저리 헝클어져 있으며 눈과 눈썹 머리가 서로 맞닿은 것 같은 모양이다. 부모 형제와 인연이 박약하고 직업 이동이 많으며 뜻과 소망이 좌절됨이 커 고생이 많다.

엉킨 눈썹

(4) 용 눈썹

숱이 적어 눈썹의 살이 보일 듯 약간 드물게 눈썹 털이 있으나 모양이 수려하고 당당해 위엄이 있어 보이는 형의 눈썹이다. 마음이 강직하고 업무에 충실도가

용 눈썹

높아 윗사람의 신임이 두터우며 사회적으로 지위, 명예, 덕이 높다. 가정적으로 부모덕이 많으며 집안이 태평하고 자손이 창성하게 된다. 특히 관직 생활에 인연이 많다. 필자의 경험에 따르면 이 눈썹의 소유자는 상당히 대귀하게 된다.

(5) 범 눈썹

눈썹 털이 길고 두꺼우며 거치나 위엄이 있어 범의 눈썹과 같은 모양으로 매사에 사리가 분명하고 냉정하다. 간교함을 모르며 정직한 성품에 지위와 부를 겸비

범 눈썹

했다. 또 맡은 바 직분에 반드시 성공이 따르고 특히 명예가 높다. 단, 여성은 남편 덕이 부족한 게 단점이다.

(6) 나한 눈썹

눈썹 털이 짙고 굵게 말려 있으며 눈썹 머리와 눈썹 꼬리가 거의 같은 굵기에 꼬리가 아래로 처진 모양이다. 마음이 모질지 못해 인정은 많으나 이상이 고매하지

나한 눈썹

못하고 결단력이 부족하다. 특히 애정 운이 좋지 못한데 필자는 독신 생활을 하는 남녀에게서 많이 보았다. 혹 가정을 꾸렸어도 자식을 늦게 두거나 아들이 없는 특징이 있다. 배우자가 있어도 고독한 생활을 하는 경향이 많다.

(7) 칼 눈썹

눈썹이 마치 삼각 검三角劍처럼 생겨 가지런하고 털이 곧으며 짙다. 지모智謀가 뛰어나며 권세를 누릴 수 있고 자손도 번창한다. 특히 장상將相(장군이나 재상)에게

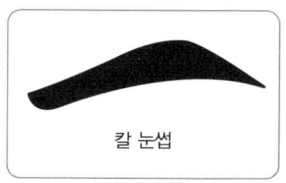
칼 눈썹

서 많이 볼 수 있는 눈썹이다. 여성은 강직한 성격으로 배우자를 다

소 무시하는 경향이 있다.

(8) 달팽이旋螺 눈썹

눈썹 끝이 달팽이의 모양과 같이 말려 있으며 눈썹 숱이 살이 보일 정도로 나 있는 모양이다. 성격이 강직하고 지혜도 뛰어나 문무를 겸비한 재주를 지녔으며

달팽이 눈썹

권위와 복록이 많다. 단 형제 덕이 없고 여성은 가정이 고독한 단점이 있다. 흔히 생활하다 보면 어느 날 눈썹이 빠지는 경우가 있는데 그럴 때엔 구설수나 예기치 않은 불행이 닥칠 수 있으니 가급적 주변이나 생활을 점검할 필요가 있다.

(9) 사자 눈썹

눈썹 털이 거칠고 숱이 많아 탁하며 모질毛質이 굵은 모양이다. 성공 운이 늦은 단점이 있으나 부귀가 따르고 말년에는 권세도 얻는다. 사자 눈썹의 소유자끼리

사자 눈썹

결혼하면 평생토록 부귀영화가 있고 굴곡 없는 가정생활을 한다.

(10) 빗자루 눈썹

눈썹 머리가 좁고 끝으로 나가면서 넓어져 눈썹 꼬리가 흩어져 있는 모양으로 형제간에 정이 없고 복이 분산되어 생활에 고생이 많다. 주거가 항시 불안정하나

빗자루 눈썹

조혼早婚을 해 일찍 자식을 두면 그 자식 복으로 말년을 안정하게 보내는 특징이 있다. 단, 결혼을 늦게 하면 후사를 두기 어렵다.

(11) 도깨비 눈썹

눈썹 털이 거칠고 눈을 덮은 듯한 모양으로, 겉은 인자하며 의리가 있는 듯하지만 속은 음침하고 독한 면이 있다. 정신이 건전치 못하고 표리부동하며 가정에 불화가 많고 항상 운세가 불안정하나 수양으로 덕을 쌓으면 복이 찾아오고 안정이 된다.

도깨비 눈썹

(12) 여덟팔 자 눈썹

좌우 눈썹이 머리는 높고 꼬리는 낮아 마치 두 눈썹의 모양이 여덟팔 자의 모양을 하고 있다. 두뇌가 명석하고 재예才藝가 있으며 성품이 원만하다. 일생에 금전적 고통 없이 재산은 풍족하나 고독한 경향이 있고 부부간에 이별 수가 있으며 아들이 없는 경우가 많다.

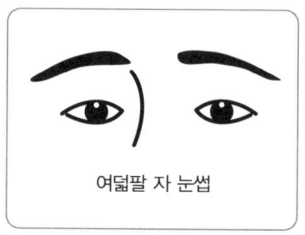
여덟팔 자 눈썹

(13) 고리 눈썹

반원처럼 휘어져 있고 눈썹의 두 끝이 눈과 닿은 듯한 모양이다. 성품이 음침하고 소극적이며 운세가 좋지 않아

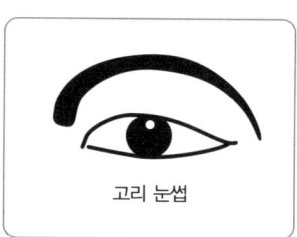
고리 눈썹

일에 막힘이 많고 여성은 이별 수가 있다. 여성들의 경우 눈썹을 다듬는다고 뽑거나 면도를 하는 경우가 많은데 관상학적으로는 음란하고 고독해지거나 경제적 손실을 가져올 수 있다는 것을 알아야겠다.

(14) 버들 눈썹

모양이 버들잎같이 생긴 눈썹으로 눈썹 털이 거칠고 숱이 많다. 성격이 대범하고 친우 간에 신의가 두터우며 정의감도 강하다. 사회적으로 명성도 얻지만 부

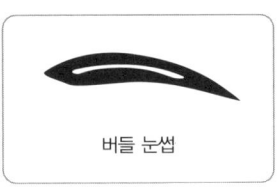

버들 눈썹

모와 동기간의 덕과 정이 부족하고 자식을 늦게 두는 단점이 있다.

(15) 청수淸秀 눈썹

눈썹이 수려하고 가볍게 굽은 듯한 모양이며 눈썹 끝이 단정한 것이 특징이다. 전체적으로 눈썹 길이가 긴 편이다. 지혜가 뛰어나 여러 면에 재능이 있고 처와

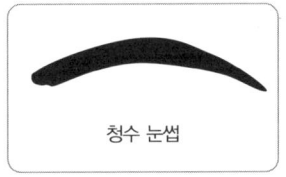

청수 눈썹

자손이 안락함을 누리며 관직에 인연이 깊다. 옛 관상시觀相詩 편에는 청수 눈썹이면 소년등과 한다고 기록되어 있다. 필자도 젊은 나이에 일찍 고시에 합격한 인물 가운데 청수 눈썹의 소유자가 많았음을 보았다. 특히 여성은 지모가 뛰어나며 배우자 복이 많다.

(16) 끊긴 눈썹

눈썹 중간이 끊긴 것 같으며 빛이 누렇거나 붉은 모양이다. 재물의 성공과 실패

끊긴 눈썹

가 빈번하고 동분서주하나 결과가 미진하며 항상 시비 구설이 많고 편모를 섬기거나 이복형제가 있는 것이 특징이다. 대체로 남녀 모두 부부 애정 운이 약해 늦게 결혼하는 것이 좋다.

(17) 누에 눈썹

눈썹의 머리가 굽은 듯하여 마치 누에가 잠자는 것같이 생겼다. 성품이 침착, 방정하고 학문과 예술성이 뛰어나며 임기응변이 탁월하다. 재물 복도 많고 대체로 관료나 예술 계통의 종사자에게서 많이 볼 수 있다.

누에 눈썹

흔히 근심 걱정이 있을 때 눈살을 찌푸리는 경우가 많다. 관상시편에 수심이 있는 얼굴에 눈썹이 찌그러져 있으면 재물이 흩어지거나 적은 사람이 된다고 했다. 근심 걱정이 있어도 눈살을 밝게 펴자. 그러면 반드시 걱정거리는 사라지게 될 것이다.

눈썹이 갖고 있는 운명적 특징을 종합해보면 근친, 특히 형제간의 인연, 형제 수, 그 사람의 능력, 의지, 부동산 관계 등을 판단할 수 있다.

눈썹이 눈보다 짧고 눈을 덮어버린 듯한 느낌을 주는 사람은 의지가 박약할 뿐 아니라 설령 능력이 월등해도 주위에서 인정받지 못하거나 제대로 실력 발휘를 못하며 재산 운이 좋지 않다.

눈썹 끝이 위로 올라간 사람은 끈기가 있고 최후까지 목적을 관철하는 굳센 의지가 있다. 여성의 경우 애교와 무드는 없으나 맡은 바 직무나 집안일에 소홀함이 없이 노력하고 정진하는 타입이다. 특히 눈썹은 애정 운에 지대한 영향을 주기도 한다. 눈썹이 수려하고 가지런하며 윤택하면 좋은 배우자를 만나고 덕을 본다. 반면 눈썹이 헝클어지고 엉켜 있는 듯하면 혼담에 장애가 있거나 가정 운이 좋지 않다.

필자가 상담한 바에 따르면 여성으로서 한일자 눈썹의 소유자는 여자다운 상냥함과 애교가 심히 부족하고 부부간의 애정에 보이지 않는 알력으로 가정이 적막하고 배우자 때문에 고생을 하는 경우가 많았 한다. 그러나 맞벌이를 하거나 사회적 활동을 하면 흉이 감소될 수 있다.

젊어서 눈썹에 흰 털이 나는 사람은 건강에 주의해야 한다. 특히 관절 계통이나 혈압성 질환에 신경 써야 한다. 눈썹 털을 보고 수명의 길고 짧음을 알 수 있는데 눈썹 꼬리에 유난히 긴 털이 몇 가닥 뻗어 있는 사람은 장수할 수 있다. 반대로 눈썹 머리에서 위를 향해 치켜 올라간 사람은 성급한 성격의 소유자로 수명이 짧을 수 있으니 마음의 여유를 갖고 적당한 건강법으로 자신을 돌보는 것이 좋다. "인명은 재천"이라 하지만 자기 노력 여하에 따라 달라질 수 있는 것이 운명이요, 후천 운이다.

6장

코와 운명

physiognomy

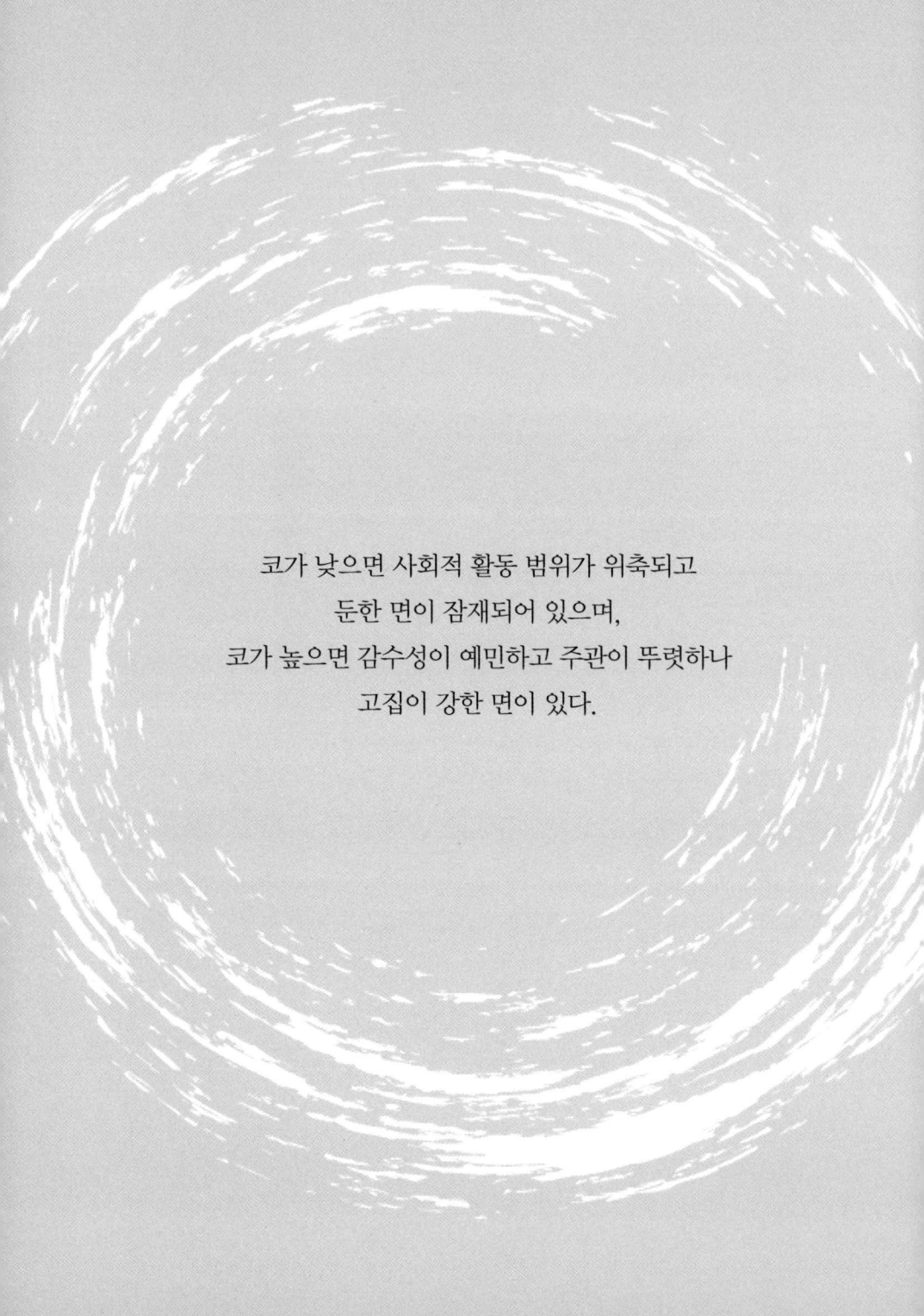

코가 낮으면 사회적 활동 범위가 위축되고
둔한 면이 잠재되어 있으며,
코가 높으면 감수성이 예민하고 주관이 뚜렷하나
고집이 강한 면이 있다.

코는 얼굴의 중심이며 오행상으로 토土에 속한다. 금전 운세, 재수財數 등을 판단하는 재백궁財帛宮이고 또한 그 사람의 운세와 생활 능력, 문화의 척도, 섹스 능력을 알 수 있는 부위다.

코는 얼굴의 중앙에 위치한 까닭에 인생의 중심인 중년의 운세를 판단할 수 있는 곳이며, 인체 구조상 폐와 연결되어 있으므로, 폐에 열熱이 있으면 코가 막히고 폐가 맑으면 코가 통하여 호흡이 잘되고 후각도 민감하듯, 건강 운도 볼 수 있는 부위다.

코의 길이는 얼굴 길이의 3분의 1이나 3.5분의 1이 되는 것이 표준이며 코끝(관상 용어로 준두)이 둥글고 콧구멍이 훤히 보이지 않으며 양쪽 콧방울(관상 용어로 정위, 난대)이 가지런하고 두둑하면서 콧대가 반듯해야 길한 상이다.

관상학에서 코의 길이는 사고력과 절도節度의 상징으로 미개인의 코는 얼굴 길이에 대한 코 길이의 비율이 4분의 1 이하인데, 코의 길이가 짧으면 짧을수록 생각하는 면이 협소, 부족하고 생활 능력의 발휘력이 부족한 특징이 있다. 모름지기 코는 콧방울이 풍만하고 콧대가 곧으며 빛이 윤택하고 두둑해야 부富와 귀貴가 따르고 수명도 길며 특히 중년엔 매우 안정된 생활로 맡은 분야에 두각을 나타낼 수 있게 된다. 특히 콧대가 높고 풍륭하며 인중 선人中線이 분명하면 매우 장수하게 되고, 코가 마치 쓸개를 거꾸로 달아맨 모양懸膽으로 곧게 뻗으면 명예와 재산 복이 따르고 매사에 왕성한 활동력을 갖게 된다.

코의 높이는 활동 반경과 감수성을 나타내는데 코가 낮으면 사회적 활동 범위가 위축되고 둔한 면이 잠재되어 있으며, 코가 높으면 감수성이 예민하고 주관이 뚜렷하나 고집이 강한 면이 있다.

관상학적으로 코의 길이는 얼굴 길이의 약 3분의 1이나 3.5분의 1을 표준으로 하는데, 표준보다 긴 코의 소유자는 성격이 보수적이고 자존심이 강하며 매사에 치밀하다. 또 융통성이 부족하고 자기 생각을 지나치게 고집으로 밀고 나가려 하는 경향이 있으며 대인 관계에 서투르다. 이런 긴 코의 소유자는 자기 주관을 펼쳐나갈 수 있는 직업을 갖는 게 좋은데 학자, 예술 계통, 연구직이 적성에 맞는다. 또한 너무 지나치게 긴 코의 소유자는 형이하학적인 면보다는 형이상학적인 면만을 추구하여 사회인으로서 정상적으로 생활하기가 힘들고 독신으로 지내는 경향이 많으나 종교직에 종사하면 큰 인물이 될 수 있다.

이와 반대로 짧은 코의 소유자는 타인과 융화력이 풍부하고 주위 상황에 임기응변으로 처신하는 재능이 뛰어나며 흔히 하는 말로 눈치가 빠르다. 그러나 주관이 흐리고 남의 뜻을 잘 받아들이는, 개성이 약한 흠이 있다. 그래서 짧은 코의 소유자는 많은 손님을 상대로 하는 장사가 적성에 맞는다.

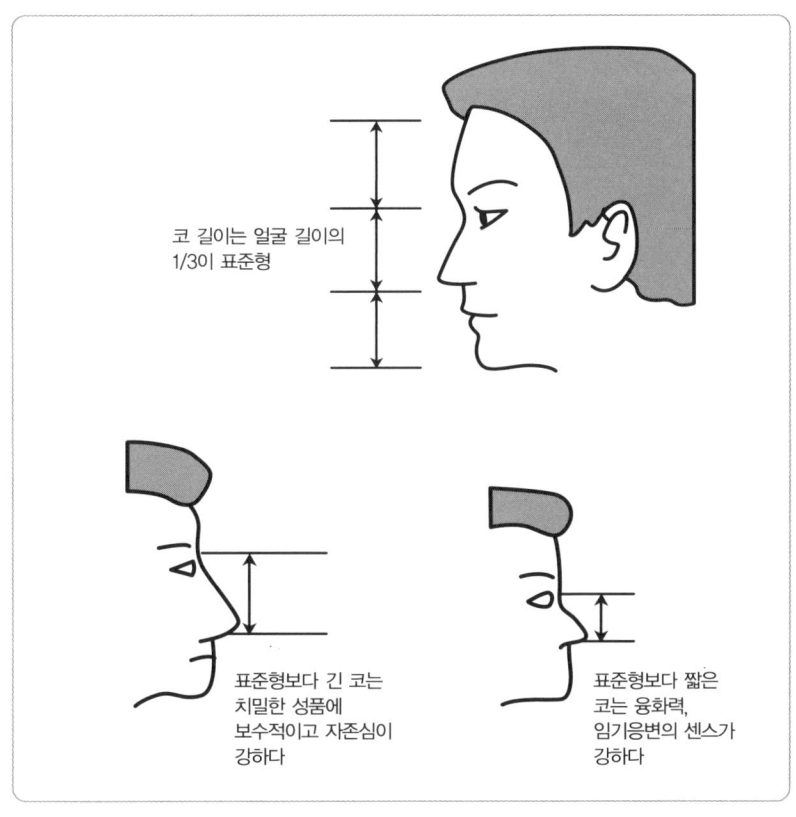

필자의 오랜 상담 결과에 따르면 코가 얇거나 짧은 데다 눈살이 흐리면 곤궁하고 처복이 없다. 소크라테스의 코를 보면 무척 못생긴 데다 짧은데 그래서 그의 부인이 악처였던 것이 아닐까 싶다.

여성도 코가 얼굴 길이의 4분의 1 이하로 짧으면 남편 복이 매우 약하고 한집안 식구의 생활을 혼자 책임져야 하는 등 신역身役이 고되다. 코끝이 도톰하고 둥그스름해야 금전 운세도 좋고 인덕이 많다. 코끝이 뾰족하고 날카로우면 성격이 간특하고 이기적이며 물욕物慾이 강하다.

코는 얼굴의 왕좌로서 생활의 동력원動力源이 되는 금전 운세를 판단하고 인품도 알 수 있는 부위다.

관상학적으로 코의 길한 상을 설명하라면 코는 알맞게 높고 보기 좋게 살이 도톰하며 콧대가 굴곡 없이 반듯하게 수미秀美해야 인격 됨됨이가 고상하고 우아하며 매사 합리적 생활관으로 운세와 금전운에 굴곡이 없게 된다. 그러나 코가 살갗이 엷고 뼈가 앙상하게 드러나 보이는 데다 빛깔마저 윤택하지 못하고 검푸르면 마음속에 번뇌가 많고 삶의 뒤안길이 적막하며 금전 운세가 안정되지 못하는 결점이 있게 된다.

코는 삶의 운세에 많은 영향을 주는데 콧대가 둥그스름하게 인당印堂(양쪽 눈썹 사이)까지 뻗치면 아름답고 지성적인 아내를 맞이하게 되나 코에 사마귀가 많으면 운에 막힘이 많고 가로 주름이 있으면 교통사고 수나 낙상落傷 수가 있게 되며 세로 주름이 있으면 남의 부모를 섬기게 된다.

관상학에서 코 전체가 금전 운세와 매우 깊은 연관이 있지만 필자의 독창적이고 독특한 관상 비법으로 볼 때 코끝의 전체가 도독하고 안정되어 있어도 콧대가 울퉁불퉁하여 요철이 있으면 금전을 모으는 과정이 험준하여 고생 끝에 돈을 모으게 되고, 반대로 콧대는 곧고 반듯해도 코끝이 힘이 없고 윤택하지 못하면 금전을 쉽게 벌어들이나 모아지지가 않고 흔히 하는 말로 벌어도 나갈 곳이 많게 된다. 물론 코끝도 좋고 콧대도 곧으면 돈 버는 과정도 쉽고 모아지기도 잘 모아져 부富가 축적됨은 말할 필요도 없다. 특히 콧대가 곧고 도톰하

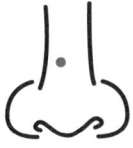
코에 사마귀나 점이 있으면 운세에 막힘이 많다

코에 세로 주름이 있으면 부모덕이 약하고 양자로 갈 인연이 많다

코에 기로 주름이 있으면 교통사고나 낙상을 해 몸에 흉이 있게 된다

면 대내외적 지위가 안정되나 콧대가 비뚤어지거나 찌그러지는 등 결함이 있으면 고독하고 금전에 풍파가 많으며 중년 운세가 매우 불안하게 된다.

코는 얼굴을 대표하는 곳으로 미관상 미모의 결정적 포인트이며 관상학적으로 부귀, 빈천, 성격에 많은 운명적 의미가 담겨져 있다. 코끝에 살이 동그라니 풍만하고 피부색이 맑아 윤기가 흐르면 매사에 융통성이 많고 대인 관계에 친밀감을 주며, 호감을 받고 남을 위해 덕을 베풀며 재산도 모으고 일생 안정된 생활을 영위하게 된다. 반대로 코끝이 뾰족하고 가늘면 잔꾀에 능하여 간교할 수 있고 융통성이 부족하며 아집이 강한 면이 많다. 애정 운에도 영향을 미쳐 코끝이 둥그스름하면 가정이 풍요롭고 원만한 부부 생활을 하나, 코끝이 뾰족하면 가정이 고독하거나 배우자와 이별하는 경향이 있으며 부부간에 의견 대립이 잦다.

필자의 느낌과 관상학적 경험으로 비춰 볼 때, 서양 사람들의 이혼율이 높은 것도 뾰족한 코의 소유자가 많아서일 것이다.

한때 TV에 방영되어 인기를 끌었던 '6백만 불의 사나이'의 주인

코끝이 둥그스름하면 의식이 풍부하고 가정 운이 좋으며 성품이 원만하다

코끝이 날카롭고 뾰족하면 금전 운이 유동적이고 가정 운이 적막하며 부부 간에 이별 수가 있다

공 리 메이저스는 영화배우로 개성 있는 얼굴을 만든다고 도톰한 코를 뾰족한 코로 성형수술 한 후 그렇게 부부애가 좋던 부인 파라 파세트와 이혼을 했는데, 이는 뾰족해진 코끝이 관상학적으로 애정 운세에 영향을 미쳤다고 할 수 있겠다. 아무튼 코끝은 둥그스름해야 의식도 풍요롭고 성품도 원만하지만 코끝이 날카롭거나 뾰족하면 이기적이기 쉽고 고독하며 부부애에 좋지 않은 영향을 주게 된다.

코가 치우쳐서 왼쪽으로 기운 듯하면 아버지가 먼저 죽고 오른쪽으로 기운 듯하면 어머니가 먼저 죽게 된다. 코를 보고 현재의 운세도 알 수 있는데 코 전체에 윤기가 흐르고 맑은 빛이 감돌면 재수도 있고 건강 운도 좋으며 금전 복과 명예 운이 따르나, 코끝에 윤기도 없고 검푸른 빛이 감돌아 시든 것처럼 보이면 금전 운이 약해 수입도 적고 업무도 침체되며 매사에 안정이 결여된다.

인간이 살아가는 데 기초적이며 반드시 필요한 것이 금전인데, 관상학에서 돈과 관련된 모든 운세를 판단하는 곳이 바로 코 부위다. 코 전체는 수입 능력, 재산 상태, 현재의 재수財數 등을 알 수 있는 곳

콧구멍이 보이는 코는 낙천적이고 개방적이나 저축 관념이 부족

콧구멍이 보이지 않는 코는 금전 관리에 세밀하고 여자는 알뜰형

이고 콧구멍은 벌어둔 금전과 재물을 지켜주고 보관하는 창고 구실을 하는 특징이 있다. 그래서 코 전체가 아무리 수려하고 길해도 콧구멍이 훤히 보이면 금은보화가 가득한 창고의 문을 열어두는 격이 되어, 금전 수입이 아무리 좋아도 지출이 많아 그 재산을 지키기가 어렵게 되는 특징이 있다. 그래서 콧구멍이 정면으로 드러나 보이는 사람은 저축 관념이 결여되어 있고 계획적인 가계를 운영하지 못하나 성품은 개방적이고 낙천적이며 매사에 스케일이 크다. 남자의 경우 콧구멍이 클수록 좋다는 것이 관상학의 원칙인데, 단 콧구멍이 보이면 금전복이 감소되는 단점이 있다. 콧구멍이 작은 경우 마치 작은 창고에 많은 물건을 쌓아둘 수 없듯 한정된 금전만 갖게 된다. 이런 작은 콧구멍의 소유자는 샐러리맨이 적성에 맞고 사업을 하면 실패가 많게 된다. 단, 여성은 알뜰한 가계 운영을 하는 장점이 있다.

정면에서 볼 때 코가 좌우 어느 한쪽으로 몹시 기울어져 있는 사람은 삶에 많은 파란곡절을 겪으며 매사에 시작은 있어 소리는 크나 끝이 흐지부지 끝나는 경우가 많다. 성생활에서는 이상 체위를 즐기는 경향으로 배우자를 피곤케 하고 심하면 이별 수를 겪게 된다. 여성의 경우는 특히 결혼 상대자 선택에 신중을 기해야 하는데 자칫 실수하면 속아서 결혼하거나 무능력한 사람을 만나기 쉽다. 늦은 혼인과 중매결혼이 적당하며 결혼해서 생활 전선에 뛰어들면 흉이 감소될 수 있다.

그림에서 보듯 코끝을 관상 용어로 준두準頭라 하고 왼쪽 콧방울을 난대蘭臺, 오른쪽 콧방울을 정위廷尉라 하는데 좌우 콧방울을 통칭하여 콧날개라 한다.

콧날개는 인간의 재물 획득 능력을 판단하는 주요 포인트이며 성적 에너지의 강약을 보는 부위이기도 하다. 양쪽 콧날개가 도톰하게 살찌고 코끝이 동그스름한 사람은 금전 운이 따라 일생을 통해서 의식주에 구애됨이 없이 살고 사랑에도 지속성이 있어 애정 생활이 원만하고 가정이 단란하며 성 능력도 보통 이상이 된다.

그림에서처럼 콧날개가 좌우로 크게 뻗친 코를 일명 사자코라 하는데, 배짱이 두둑하고 추진력이 강하며 무에서 유를 창조하듯 맨손으로 자수성가하여 부귀와 영예를 쌓아 성공하는 타입이다. 정력은 막강하나 치밀한 계산이나 두뇌 플레이가 서툰 것이 단점이며 토목, 건축, 기계 산업 분야에 적성이 맞고 또 필자의 임상 상담 결과에 따르면 그 분야에 뛰어들어 상당한 재물을 쌓은 사람이 많이 있었다.

이와는 반대로 콧날개에 살이 붙지 않아 콧날개가 보이지 않을 정도로 작은 코의 소유자는 금전 운이 따르지 않고 소심한 경향이 짙으며 고지식한 면이 많다. 예술, 학문 등의 방면에서 자질을 발휘할 수 있고 그에 따른 명성도 얻을 수 있으나, 사업을 하는 데는 부적합하다. 성 능력 면에서는 남녀 모두 담백한 면이 있으나 심히 콧날개가 발달되지 않은 사람은 한 사람에게 오랫동안 사랑을 쏟을 수 없는 타

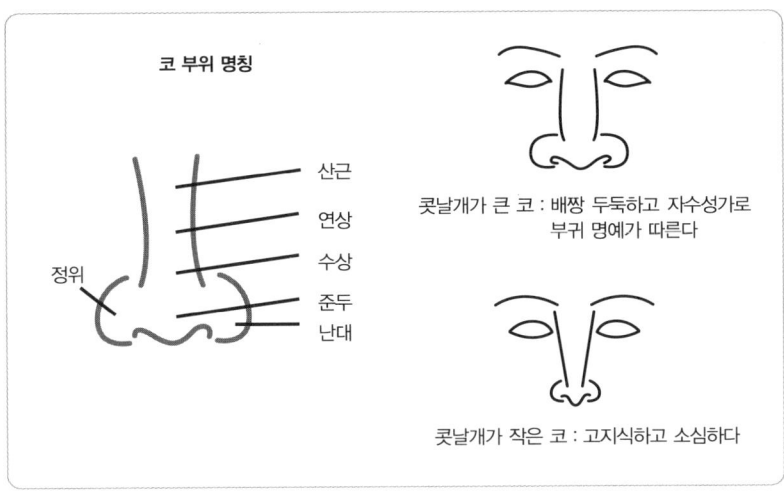

입이라 애정 상대자로나 배필감으로는 바람직하지 못하다. 또한 좌우 콧날개의 모양이나 크기가 다른 사람은 맡은 바 업무에 파란곡절이 많아 흥興과 패敗가 수차례 교차된 후 50세 이후에 가서야 안정된 생활을 하게 된다.

〈그림 1〉에서처럼 콧대가 반듯하고 수려하면 정직한 성품에 재운財運도 평탄하며 주관도 확실하고 문학, 예술 등에 이해가 깊으며 사

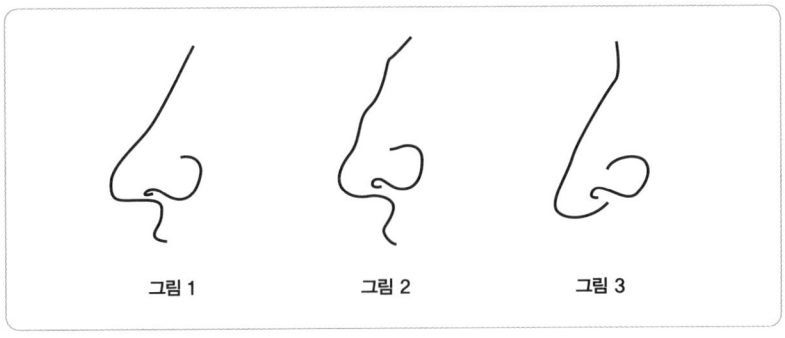

회적 위치가 안정되어 굴곡 없는 생활을 하게 된다.

〈그림 2〉에서처럼 콧대가 뼈가 솟아서 층을 이루면 남성의 경우 투지가 있고 아집이 강하며 융화력이 부족하다. 군·경직이나 스포츠 계통에 종사하면 빛을 볼 수 있으나 인기를 필요로 하는 연예계 계통에는 부적당하다. 여성의 경우, 이러한 코의 소유자는 성격이 남성과 같이 강직하고 진취적이며 또한 도전적인 면이 있어 애정 운에 고난이 많은데, 미혼자는 혼기가 늦어지고 기혼자는 배우자와 의견 대립이 잦다. 혼전·혼후를 막론하고 사회 전선에 뛰어들어야 운명적인 흉이 감소하는 특징이 있다.

〈그림 3〉에서처럼 코 모양이 갈고리釣처럼 살이 두둑이 붙어 있는 코는 이기적이고 타산적이며 목적을 위해서는 수단과 방법을 가리지 않는 처세술로 매사에 빈틈이 없고 금전을 축적하는 요령이 탁월해 부유하게 산다. 그러나 덕망이 부족하고 인색하며 배우자를 힘들게 하는 경향이 있다.

코끝에 깊은 세로줄이 패어 한가운데가 갈라진 것처럼 보이는 코의 소유자는 겁이 많아 소심하고 경계심과 의구심이 남달리 강한 면이 있어 일상생활에서 발전이 더디다.

코끝이 빨갛고 알맹이 같은 것이 도톨도톨하게 돋은 이른바 딸기코의 소유자는 주색酒色에 자제력을 잃고 빠져버리는 경향이 많아 술과 이성적 유혹을 경계해야 하며 특히 말년에 신경통, 혈압성 질환 등의 만성병으로 고생하기 쉽다. 이러한 코의 소유자는 주색을 멀리 하고 무슨 일이든 간에 열심히 정진하며 건강관리에 힘쓰면 차츰 인상이 변화되고 코의 색깔도 정상으로 돌아와 불운이 행운으로 전환될 수 있다.

01 _ 코의 넓이에 따른 분류

그림에서 보듯 양 눈의 안쪽 가장자리에 가상의 수직선을 그어 양쪽 눈의 간격과 코의 크기가 거의 같으면 '표준 코'이고 코가 그 간격 밖에 있으면 '넓은 코', 그 간격 안에 있으면 '좁은 코'라 칭하는데, 그 특징을 살펴보면 다음과 같다.

(1) 넓은 코

대개 남성에게서 많이 볼 수 있다. 콧날개, 즉 양쪽 콧방울이 살이 도톰하고 넓으며 콧구멍이 큰데 운명에 지배당하는 타입이 아니고 운명을 지배하려는 형으로 생활욕이 강하고 경제 능력도 우수하며 매사에 스케일이

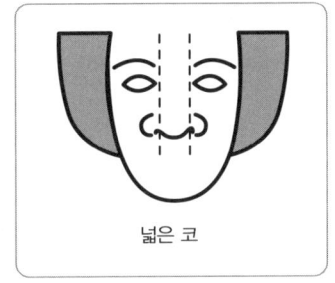

넓은 코

크다. 정치가, 실업가로서 성공률이 높고 여성은 남성적인 기질로 기가 센 편이나 흔히 농어촌의 촌부村婦에게서 많이 볼 수 있는 형이다.

(2) 좁은 코

인정에 약하고 동정심이 많으며 감수성이 뛰어난 반면 타인에게 선심을 베풀다 이용당하기 쉬워 인덕이 없는 경향이 많다. 한 가지 재미있는 특징은 좁은 코의 소유자가 넓은 코의 소유자보다 염복艶福이 더 많다는 점이

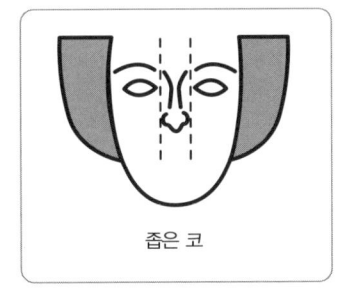

좁은 코

다. 이는 좁은 코가 넓은 코보다는 성격 면에서 친밀감과 감수성이 더 있기 때문이라 하겠다. 성적 능력 면에서 대체로 강하다.

(3) 표준 코

원만한 성품에 매사에 적응력이 강해 주어진 업무를 충실히 해내는 성격으로 애정 운도 순탄하며 여성은 가정에 충실한 이상적인 현모양처가 된다. 코의 길이와 넓이와의 비율은 인종에 따라 다르지만 코가 넓을수록 외향적이고 스태미나도 강하며 좁을수록 여성적인 성품에 신경이 예민한 특징이 있다. 코는 문화의 척도를 나타내므로 너무 낮고 작은 코는 교양이 부족하고 사회 활동의 능력이 약하며 금전 운이 좋지 않다.

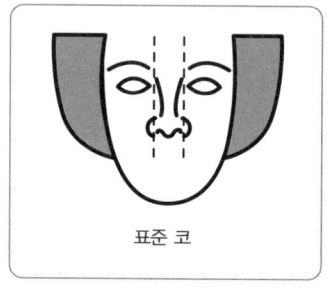

표준 코

02 _ 코의 모양에 따른 분류

코의 형태나 모양, 크기는 생활환경에 따라 변화한다는 학설이 인류학적 연구로서 밝혀졌다. 코의 형태로 지적 능력, 행동력, 지도력, 그리고 성적 능력까지 판단할 수 있다. 관상학에서 코의 모양을 물형物形으로 분류했는데 각 특징을 살펴보면 다음과 같다.

(1) 용 코龍鼻

코끝(준두)이 높고 가지런하고 콧대가 곧고 바르며 특히 복서골伏犀

鼻(두 눈 사이에 있는 코뼈에서 이마까지 솟은 뼈 부위)이 푹 꺼지지 않고 솟아 있는 형이다. 관공직에 인연이 깊고 지위와 명예 덕이 많으며 매사에 정열적이다. 그 지위가 옛날엔 정승 급에까지 오른다는 부귀지상富貴之相의 코다.

용 코

(2) 범 코虎鼻

코가 둥글고 살이 두둑하며 콧구멍이 크지도 훤히 보이지도 않고 양쪽 콧방울(콧날개)이 거의 없는 것같이 작은 모양이다. 귀하게 되고 특히 명예와 이름을 사방에 날리는 공명지상功名之相의 코다. 성품이 온화하면서도 강직하다.

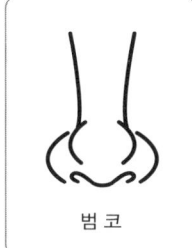

범 코

(3) 마늘 코蒜鼻

콧대(연상, 수상 부위)가 그림과 같이 평평하고 작으며 좌우 콧방울과 코끝이 가지런해 그 모양이 마치 마늘과 같은 형이다. 마음이 유순하고 정이 많으며 형제와 우애가 좋고 초년에는 고생이 있으나 중년부터 발복發福하여 부귀를 누릴 수 있는 코다.

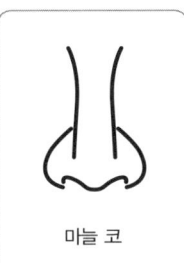

마늘 코

(4) 주머니코盛囊鼻

코의 모양이 주머니에 물건을 가득 담아서 오그려놓은 것 같은 형으로 양쪽 콧방울이 작고

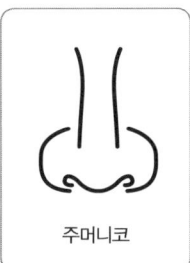

주머니코

콧구멍 옆이 가지런하고 둥근 모양이다. 일생을 통해 금전 운이 왕성하고 초년에서 말년까지 굴곡 없는 순탄한 생활 속에 부귀공명을 누릴 상이다. 성품이 호탕하고 추진력이 강한 특징이 있다.

(5) 염소 코胡羊鼻

코가 크고 코끝이 풍만하며 콧대가 복스럽게 둥글고 콧날개(정위, 난대 부위)가 가지런하고 수려한 형으로 귀貴히 됨은 물론이요, 재록이 풍요로워 일신에 영화가 가득하고 성품이 섬세하고 도량이 높으나 고집이 세다.

염소 코

(6) 사자코獅子鼻

코끝이 큼직하고 콧대는 약간 낮은 듯하며 콧방울이 넓고 풍만한 형으로 강건하고 과단한 성품에 운세가 맑게 진행된다. 필자의 임상 상담 결과와 연구에 따르면 사자코의 소유자는 약 90% 정도에 이를 만큼 성공하는 사람이 많고 용기와 실천력이 뛰어나 성공이 빠르고 부와 귀를 겸할 수 있게 된다. 단, 코끝은 크나 콧방울이 작으면 사자코로서의 하품下品에 해당되어 명성은 얻지만 금전 운이 좋지 않아 일에 허망함이 많다. 사자코의 소유자는 성적 능력이 뛰어나다.

사자코

(7) 쓸개 코懸膽鼻

달아맨 돼지의 쓸개처럼 생긴 코로 코끝이 둥근 듯 가지런하고 콧대가 울퉁불퉁하지 않고 선이 부드러우며 콧방울이 작은 듯한 형이다. 장년壯年에서부터 부귀영화를 누릴 수 있고 관계官界나 정계政界에 인연이 깊으며 맡은 직분에 우수한 기량을 발휘할 수 있는, 코 중에서 가장 이상적인 코다. 합리적이고 처세 매너가 깨끗하며 건강이 좋다.

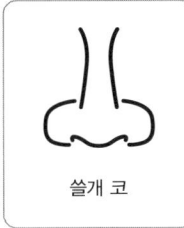

쓸개 코

(8) 물소 코伏犀鼻

코 모양이 엎드린 물소와 같고 콧대가 이마까지 솟은 듯하며 살과 뼈가 적당히 도톰하고 콧방울이 힘차고 안정감이 있는 형이다. 정신이 맑고 기백이 넘치며 도량이 크다. 필자가 조사한 바로는 옛날 정승의 벼슬직에 오른 사람이나 역대 장관에게서 많이 볼 수 있는 코다.

물소 코

(9) 원숭이 코猴鼻

콧대가 크고 평평하며 양쪽 콧방울이 분명하고 코끝이 도톰하며 불그스레한 빛을 띠는 형이다. 의심이 많고 인색한 면이 있으나 부富를 축적한다. 단, 일생을 통해 몇 차례 색란色亂의 조짐이 있고 원숭이 코라도 콧구멍이 훤히 보이면 잔꾀에만 능하고 재산을 모으지 못하며 빈궁하게 지낸다.

원숭이 코

(10) 매부리코 鷹嘴鼻

매의 부리 모양으로 코끝이 뾰족하고 굽었으며 콧대가 튀어나오고 살이 없다. 콧방울이 짧게 오그라져 있으며 코끝이 입술을 향한 모양의 코로 욕심이 많고 간교한 지혜를 사용하여 남을 이용하는 면이 있다. 애정 운세가 산란하여 이기적인 마음으로 가정이 적막하고 이별 수를 겪는 경향이 많으며 운세도 매우 유동적이고 불안하다.

매부리코

(11) 개 코 狗鼻

콧대에 뼈가 솟고 콧방울이 빈약하며 콧구멍이 빠끔히 보이는 형으로 의리는 있으나 도벽이 있고 궁핍한 생활을 한다. 필자가 6년 전 관상 자료 수집 때문에 벽보에 붙은 수배자들의 사진을 조사한 바 개 코를 가진 사람들이 거의 절도죄로 인해 수배된 것을 보고 관상의 오묘함을 새삼 절실히 느꼈던 기억이 난다.

개 코

(12) 붕어 코 卽魚鼻

콧대(특히 산근 부분)가 가늘고 작으며 코끝이 아래로 숙여져 있고 코 전체가 마치 물고기 등마루같이 생긴 모양으로 코에 뼈와 살이 알맞게 조화를 이루지 못한 특징이 있다. 성격에 우유부단한 면이 있고 부모 형제의 덕이 전혀 없으

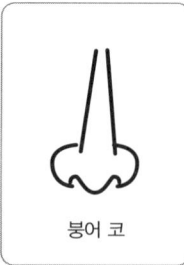

붕어 코

며 일생 역경이 많다. 특히 여성은 배우자 덕이 없어 생활 전선에 뛰어들어 가족을 부양해야 하는 고단함이 있다.

(13) 소코牛鼻

콧등에서 코끝까지 두둑하고 풍만하며 콧방울 모양이 분명한 형이다. 관대하고 어진 성품에 부지런하나 한번 노하면 상당히 무서운 면이 잠재해 있다. 복록이 무궁하고 가업家業을 크게 이루며 여러 사람에게 덕을 베푸는 관계로 사회사업가에게서 많이 볼 수 있다.

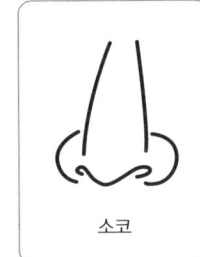
소코

(14) 절통 코截筒鼻

둥글고 긴 대롱을 일직선으로 쪼개 엎어놓은 모양의 코로 코끝이 가지런하고 콧대가 곧고 바르며 산근이 약간 연약하고 연상, 수상이 풍만하다. 성품이 곧고 온화하며 중년부터 재산을 모아 크게 성공하여 일생 안락한 생활을 하는 중화지덕中和之德의 코다.

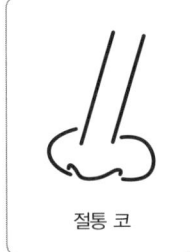
절통 코

(15) 오목한 코偏凹鼻

콧대가 낮고 가늘며 코와 얼굴이 균형을 잃고 코끝이 얇고 뾰족하며 콧방울이 협소한 형이다. 소극적이고 단순한 성격으로 큰일을 하지 못하며 궁핍하거나 그렇지 않으면 잔병으로 심신에

오목한 코

고통이 많다.

(16) 봉우리 코 孤峯鼻

코에 살집이 없고 콧등이 산봉우리처럼 외롭게 솟았으며 콧구멍이 훤히 들여다보이고 좌우 광대뼈가 낮아 코만 홀로 뾰족이 높아 보이는 형으로 마음에 번민이 많고 고독하며 재물이 흩어지나 종교에 기탁寄託하면 액厄을 면할 수 있다.

봉우리 코

(17) 굽은 코 彎曲鼻

옆에서 보아 코가 세 번 휘어진 모양이다. 관상학에서 세 번 휘어진 것을 반음살牛吟煞이라 하고, 세 번 굽은 것을 복음살伏吟煞이라 하는데 코가 반음살이면 대代를 이을 자손이 없고 복음살이면 일생 눈물 흘릴 일이 많으며, 남자는 홀아비로 여자는 과부로 보내는 등 부부 운이 적막하다.

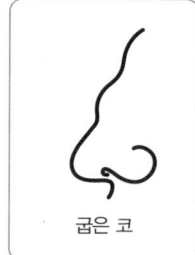

굽은 코

(18) 검봉 코 劍鋒鼻

콧대가 칼등刀背과 같고 코끝에 살이 없어 콧구멍만 크게 보이는 형으로 육친六親의 덕이 없고 자손을 극剋하며 남을 속이는 것에 능하다. 성질이 흉포하며 일신이 고독하고 운세가 불안

검봉 코

정하여 빈궁함이 많다.

(19) 노루 코獐鼻

코 전체가 작고 코끝이 뾰족하며 콧구멍이 훤히 보이고 양쪽 콧구멍 주위에 잔주름이 많은 형이다. 의리가 없고 시기심이 많은 성품에 매사에 유시무종有始無終하고 무슨 일을 하려 해도 풍파 속에 좌절이 많아 직업 변동이 잦으며 운세가 고단한 경우가 많다.

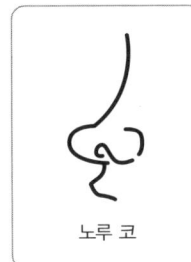

노루 코

(20) 성성이 코猩鼻

코끝이 높고 듬직하며 콧방울이 작다. 눈과 눈썹 사이가 가깝게 있고 머리털이 거친 듯하며 얼굴이 넓은 특징이 있는데, 덕이 많아 너그러운 성격에 의義가 있는 고귀한 성품으로 호쾌한 기상 속에 운세가 편안하고 부귀쌍전富貴雙全하는 코다.

성성이 코

(21) 사슴 코鹿鼻

콧대가 풍만하고 코끝이 둥그스름하며 콧방울이 수려한 형이다. 천성이 소박하고 인자하며 너그러운 반면에 성질이 급한 면이 있으나 복록이 많아 가산家産이 증진되고 매사에 발전하는 코다.

사슴 코

(22) 노척 코露脊鼻

코에 살집이 없고 코뼈만 날카롭게 솟아 콧구멍이 보이며 전체 모양이 거칠고 빈약한 형이다. 눈빛이 맑지 않은 특징이 있는데 주관이 약하고 복이 적어 고독하고 경제적 고통이 있다.

노척 코

이상과 같이 스물 두 종류의 코의 특징을 종합하면, 코끝이 둥글고 도톰하고 콧대가 바르고 곧아야 길상吉相, 콧대가 굽거나 가늘며 코끝이 뾰족하고 빈약하면 흉상凶相이 된다.

사람의 얼굴을 보면 코와 입 사이의 길이가 긴 사람과 짧은 사람이 있는데, 그 길이에 따른 특징이 있다. 코와 입 사이의 길이가 긴 사람은 어질고 착하여 남의 일에 발 벗고 나서는 일이 많고 성격이 대체로 느슨하며 이성적 유혹에 약한 단점이 있다. 그리고 그 길이가 짧은 사람은 완고한 성격에 고집이 세고 이기적이며 조급한 면이 있으나 신념과 의지가 강하다. 또한 이기적인 고집으로 인해 세상을 부정적으로 보는 면이 많고 밖을 내다보는 시야도 좁아 불평불만이 많은 형이므로 단체 생활에 적합하지 않고 독립해서 자영自營하는 일이 적성에 맞는다.

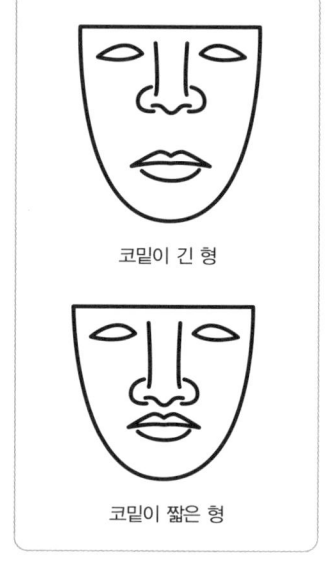

코밑이 긴 형

코밑이 짧은 형

관상학에서 코는 윤기가 있고 빛이 좋으며 도톰해야 길하다. 상처나 점, 주근깨 등이 있으면 불길한 운세가 찾아든다. 코의 상처나 기타 흠이 평생을 좌우하지는 않더라도 일생에 한 번은 큰 풍파나 죽을 고비, 파산破産 등의 고초를 겪게 된다. 특히 세로로 생긴 상처보다 가로로 생긴 코의 상처는 그 고통의 정도가 크며 질병으로 한때 고생을 심하게 하게 된다. 또한 콧방울에 검은 사마귀나 점이 있으면 파재살破財煞이라 하여 아무리 많은 수입이 있거나 유산을 받아도 그 재산을 지키지 못하고 새어 나가게 한다.

콧대 중앙 부위(연상 부위)에 점이나 사마귀가 있으면 형제간이나 가까운 인척 간에 충돌이 많고, 친인척과 금전 관계를 가지면 반드시 후회할 일이 발생하므로 주의해야 한다. 그러나 콧구멍 바로 밑에 있는 점은 재산을 지켜주는 복점福點이다.

코털이 있느냐 없느냐도 운세에 큰 영향을 미치는데 어른이 되어서도 코털이 없으면 생활이 궁핍하게 된다. 그러나 코털이 너무 길어 밖에까지 나와 있으면 미관상 추하기도 하지만 재물이 새어 나간다.

7장
입과 운명

physiognomy

관상학에 있어 입은 가정이며 입의 윤곽이 뚜렷한 사람,
윗입술 선이 뚜렷하고 고운 사람은
중류 이상의 가정생활을 하게 되고
경제적으로 윤택하게 된다.

입은 말하는 문言語之門이며 음식을 먹는 기관이고 오행상 수水에 해당한다. 성격 판단의 요체이고 생활력, 성욕, 애정 운, 자손 운까지 판단할 수 있는 부위다.

입은 단지 말을 할 뿐 아니라 심중心中을 표현하는 곳이기에 상벌賞罰과 시비是非를 일으키는 기관이므로 만물 조화萬物造化의 관문이라고도 한다. 그러므로 입은 단정하고 무거워야 하며 함부로 생각 없이 말하지 말아야 하는데, 이를 구덕口德이라 한다. 반면에 말이 많고 남을 비방하기 좋아하며 비상식적으로 고집만을 추구하는 말을 구적口賊이라 한다. 구덕은 행운을 불러들이고 구적은 불운을 야기함은 두말할 필요가 없겠다.

입술 선이 뚜렷하고 입술이 두꺼우며 입술 양쪽 끝(관상 용어로 口角)이 위를 향해 있고 입 전체가 모질고 넓은 형이 길한 입 모양으로, 이런 입을 가진 사람에게는 복록이 따라 귀貴히 된다. 관상학에 있어 입은 가정이며 입의 윤곽이 뚜렷한 사람, 윗입술 선이 뚜렷하고 고운 사람은 중류 이상의 가정생활을 하게 되고 경제적으로 윤택하게 된

입술 모서리가 아래로
처지면 운이 나쁘다

입술 모서리가 올라간 사람은
잔걱정이 없이 안정된 생활을 한다

다. 입술에 검은 점이 있으면 주식酒食을 잘하고 특히 귀자貴子를 낳으며 성욕이 강한 특징이 있다.

입술은 도톰하고 붉그스레해야 하는데 입술이 붉으면 일생 의식에 구애됨이 없이 안정된 생활을 한다. 그러나 남녀를 불문하고 입술이 검은 사람은 음란하여 정숙한 애정 생활을 하지 못하는 경향이 많다. 또한 입가가 자색紫色을 띠면 재물 욕심이 많고 이성욕이 강하며 말하기 전에 입술이 움직이는 사람은 항시 마음에 음욕이 많아 무슨 일이든 간에 만족을 모른다. 또한 말하기 전에 눈가와 입가에 웃음부터 띄우는 사람은 남녀를 막론하고 바람기가 다분하다.

01 _ 입의 크기에 따른 특징

입의 크기에 따른 운명적 특징을 살펴보면 다음과 같다. 그림에서 보듯 입의 크기는 좌우 눈동자에서 가상의 수직선을 그어 그 폭을 '표준형'으로 삼고 그 폭을 넘으면 '큰 입', 그에 못 미치면 '작은 입'이 된다.

(1) 큰 입

큰 입의 소유자는 큰일도 쉽게 밀고 나가는 실천력이 있고 포용력과 도량이 넓으며 사람을 매료하는 매력을 가졌다.

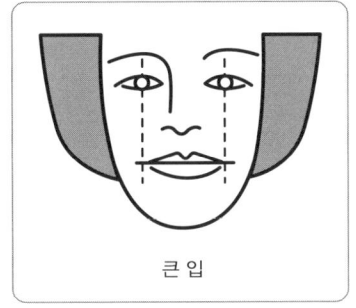

큰 입

옛날 중국에서는 "주먹이 들어갈 만큼 큰 남자의 입은 천하를 얻을 상이다"라고 과장할 정도로 입이 큰 것을 길상으로 여겨왔다. 그러나 아무리 입이 크더라도 탄력이 없고 추하게 생기면 남에게 속기 쉽고, 하는 일에서도 중도에 실패, 좌절을 많이 겪는다. 입이 크고 입술 선이 분명하며 불그스레한 빛을 띠고 야무지면 언변도 좋고 부와 명예를 얻는다.

필자의 조사 상담 결과에 따르면 큰 입의 소유자는 결단력이 있고 금전 운이 좋으며 성공할 수 있는 성격 조건을 갖추고 있어 정치가, 실업가, 체육인으로 적성을 발휘할 수 있다. 그간 정계에 진출한 사람을 보면 큰 입의 소유자가 많은데 탄력성과 신축성이 좋고 야무진 형이 대부분이다. 한편 여성이 큰 입을 가지면 여걸女傑 타입으로 가정에 있지 못하고 사회 활동을 하며 결혼 운과 남편 운이 좋지 않다.

(2) 작은 입

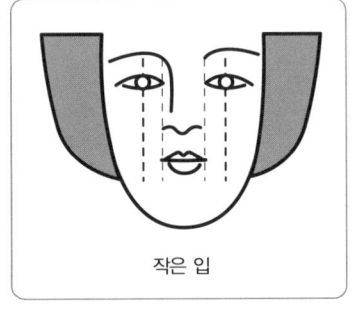

작은 입

입이 작은 남성은 여성에게 모성애를 느끼게 하고 여성은 남성에게 부성애를 느끼게 하는데, 다시 말하면 이성으로서의 매력보다 귀여움을 느끼게 한다는 의미다. 그래서 유혹당하기 쉬운 흠이 있다. 남성으로서 작은 입의 소유자는 남의 위에서 남을 지배하는 일이 드물어 사무직, 기술직이 적성에 맞으며 성실하고 안정된 생활을 하고, 여성의 경우는 결혼 후에 가정을 굳게 지키는 정숙한 형이 많다. 그러나 입이 작고 너무 야무지면 질투심이 강하다.

입의 모양이 남자는 강함을, 여자는 부드러움을 나타내야 길상이라 하겠다. 입에서 강하고 야무짐이 잘 나타나는 부분이 입술의 양 끝 모서리口角다. 이 부분이 야무지게 입이 양 볼에 파고든 것처럼 보이는 사람은 강건하고 과단한 성격의 소유자로 어떤 어려움도 능히 극복해 나아가 성공을 할 수 있게 된다.

그림에서처럼 입을 다물면 마치 산봉우리처럼 양쪽 입 모서리가 내려가고 입 중앙 부위가 상향된 모양의 입을 가진 사람은 기백이 충만한 길상으로 의리가 있고 남을 돕기를 좋아하며 과묵하다. 자신의 일을 제쳐놓고 남의 일에만 앞장서는 성격이라서인지 결혼 운과 가정 운이 별로 양호하지 못하다. 여성이 이런 봉우리 입 모양을 가지면 고독한 상으로 기술을 익혀 자립하는 것이 현명하며 배우자 복이 없다.

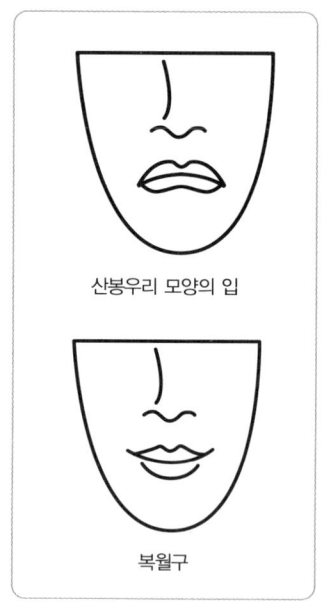

산봉우리 모양의 입

복월구

그림에서 보듯 여자의 가장 이상적인 입 모양을 복월구覆月口라 하는데, 입술 양쪽 끝 모서리가 약간 올라가 평상시에도 살짝 미소를 머금은 것처럼 보이는 입으로 반달이 되기 전의 달을 엎어놓은 모양이라고 생각하면 옳다. 이런 복월구의 입을 소유한 여성은 외유내강하고 확고한 생활 신념이 있으며 인내심이 있고 환경 변화에 적응을 잘해 주위 사람들로부터 인기를 받으며 일생 원만한 애정 생활을 누릴 수 있다. 즉, 현모양처의 이상적 타입이다.

남자로서 복월구의 입을 가진 사람은 여성적 기질이 있고 부드러우나 통솔력이 없고 때론 우유부단한 면이 있다. 그러나 인기를 필요로 하는 예술, 예능, 그리고 세일즈 계통이 적성에 맞아 크게 실력 발휘를 할 수 있다. 우리나라 국보 금동 미륵반가상의 입이나 레오나르도 다빈치의 〈모나리자〉가 대표적인 복월구의 예다.

관상학에서 입은 모지고 붉고 크고 두껍고 비뚤지 않고 깨끗하며 입술 양 모서리가 위로 올라간 형이라야 대길하고 입이 몹시 작고 입술이 얇고 빛이 검푸르거나 검붉고 뾰족하며 흠집이 있는 것은 모두 좋지 않다. 입은 좌우의 기세가 균형을 이루어야 하는데 왼쪽으로 기울어진 입은 부부간에 이별을 하고 며느리를 잃는다. 또한 입이 일그러진 형은 비정상적일 정도로 신경질적이고 항시 마음에 불평불만이 많으며 독선적인 경우가 많다. 남녀 모두 부부 운이 불길하다. 그러나 마음의 평화를 갖고 매사를 긍정적으로 받아들이며 선행과 덕행을 쌓으면 일그러진 입 모양도 사라지고 밝은 인상으로 전환될 수 있다. 이는 심상이 곧 행·불행의 근원이 되며 밝은 마음은 곧 맑은 얼굴을 만들 수 있기 때문이다.

측면에서 볼 때 입이 앞으로 나온 돌출형이냐 뒤로 물러난 후진형이냐에 따라 그 사람의 성격이 외향적이냐 내성적이냐를 알 수 있는

데, 코끝에서 턱 끝까지 가상의 직선을 그어 입술 끝이 이 선상에 있는 것을 표준으로 하여 입이 선 밖으로 나간 사람은 외향적, 선 안에 있는 사람은 내향적인 성격이다.

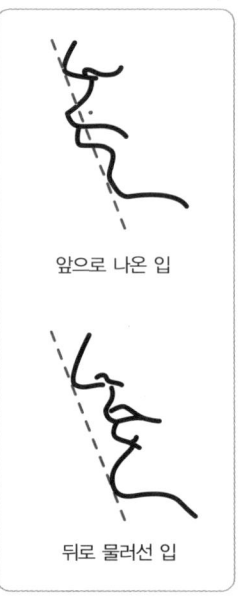

앞으로 나온 입

뒤로 물러선 입

인류학적으로 미개인일수록 입이 앞으로 돌출되어 있는데 입의 돌출형은 본능적 지배가 강하고 입의 후진형은 이성적 지배가 강하다. 특히 입의 돌출형은 투쟁력과 승부욕이 강해 육체적 운동을 생활 기본으로 하는 프로 스포츠맨들에게서 많이 발견되며 여자의 경우 이런 입의 소유자는 수다스럽고 비밀을 지키지 못하며 가정에 소홀함이 있어 애정 운이 불길하다. 입이 뒤로 물러난 후진형은 내성적이고 말솜씨가 서투른 것이 일반적이다. 추진력과 인내력이 부족하지만 정직하고 맡은 바 임무를 충실히 해내는 장점도 있다. 여성의 경우 내성적이라 자진해서 애정 표현을 하지 못하고 속으로 앓기 때문에 자칫 노처녀가 되기 쉬우나 연애보다는 중매가 애정 운세에 좋고 헌신적인 현모양처가 될 수 있다. 결혼 전후를 막론하고 바람을 피우는 경우는 절대 없다.

02 _ 입술형에 따른 특징

동양 『상서相書』에는 아랫입술이 뒤집힌 듯 두꺼운 여성은 음란하다고 쓰여 있다. 이는 입술이 애정 운과 성욕을 판단할 수 있는 부위로 입술의 두께가 체력과 정력을 암시하기 때문이다. 윗입술은 애정의 지적 활동으로 보아 정욕의 절제와 관련되어 있고 아랫입술은 본능적인, 그리고 육욕적인 활동과 관련되어 있어 위아래의 비율로 그 사람의 애정 운이 본능과 이성 중 어느 것에 먼저 지배받는지를 알 수 있다.

각 입술형에 따른 특징을 살펴보면 다음과 같다.

(1) 상하공박형 上下共薄型

상하 입술이 모두 얇은 형으로 냉정하고 금전에 애착이 강하며 자기 주관이 확실해 남의 말에 흔들리지 않고 당찬 면이 많다. 남녀 모두 애정 운이 그리 좋지 않으며 남성의 경우에는 군인, 경찰직, 검사직에 적성을 발휘할 수 있다.

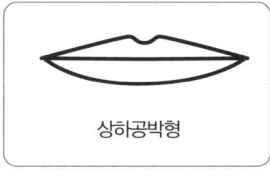

(2) 상후하박형 上厚下薄型

윗입술은 도톰하고 아랫입술이 얇은 형으로 남성은 의지가 약하고 이상에만 치우치기 쉬우나 순수한 면이 많고, 여성은 모성 본능이 강하고 이상적인 애정 운을 갖고 있다.

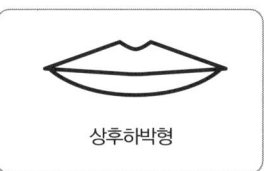

(3) 상하공후형 上下共厚型

위아래 입술이 모두 풍만하고 도톰한 형으로 남성은 목적을 위해 끈기 있게 밀고 나가는 추진력이 강하고 맡은 업무에 두각을 나타낼 수 있으며 정열적이다. 여성은 의식주에 구애됨이 없이 평탄한 생활을 하나 애정 운에 다소 조숙한 면이 있어 스캔들이 있을 수 있다.

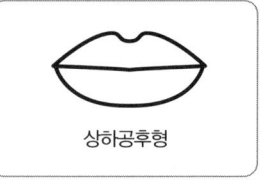

(4) 상박하후형 上薄下厚型

윗입술과 아랫입술의 비율이 1 대 1.5인 형이 가장 이상적인 입술형으로 남녀 모두 명랑하고 생각하는 면도 건전하며 애정 운도 길하다. 그러나 윗입술과 아랫입술의 비율이 1 대 3인 경우 남녀 공히 본능적이고 충동적이며 애정 운에 이별과 추문이 많다.

윗입술과 아랫입술은 가지런히 포개져 있는 것이 길상인데 아랫입술이 앞으로 나온 형은 남녀 모두 부부의 애정 운이 나쁘다. 자아가 강해서 자기만 좋다면 다른 사람은 상관없다는 상당히 이기적인 생활 태도가 부부 생활에서도 적용돼 자기 생각은 절대 옳고 상대 생각은 틀리다는 강한 아집으로 의견 대립 속에 부부 사이가 소원해질 수 있다. 그러나 이재理財에 밝고 찬스에 민감하여 성공 운이 좋다. 단, 조직 생활보다는 자영업이 적성에 맞는다. 특히 이런 입술의 여성은 대체로 배우자를 무시하는 경향이 있고 독단적인 사고방식으로 배우자와 마찰이 있을 수 있으니 융화에 힘써야 되겠다.

아랫입술이 윗입술보다 뒤로 들어간 형은 온화하며 융화력은 좋으

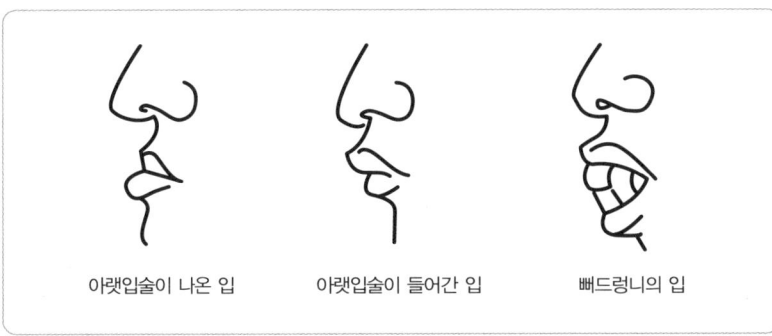

아랫입술이 나온 입   아랫입술이 들어간 입   뻐드렁니의 입

나 특별한 개성이 없고 겁이 많다. 남성은 진취적이지 못하고 승부욕이 약해 자영업보다는 큰 조직 속에 들어가 직무를 수행하는 것이 적성에 맞는다. 여성은 중매결혼이 좋고 배우자를 잘 보필한다. 뻐드렁니로 인해 항시 윗니가 드러나 보이는 입의 소유자는 자기현시욕이 강하고 명랑하며 실천력과 추진력이 강한 특징이 있으나 다소 수다를 부리거나 나서기를 좋아하는 단점이 있다.

뻐드렁니와 다르게 보통 때 입을 다물고 있어도 이가 보이는 입이 있는데 이런 형의 입은 고독하고 부모 형제 덕이 전혀 없으며 부부운이 약하고 금전이 흩어져 나간다. 입술 위에 내 천川 자와 같은 주름이 있고 푸른빛을 띠면 일에 막힘이 많고 매사에 되는 일이 없어 빈궁하다.

입술의 빛깔에 따른 운명적 의미를 살펴보면 입술이 불그스레한 빛을 띠면 가정이 원만하고 자녀 운이 좋으며 건강하다. 자색을 띠면 남녀 모두 정조 관념이 약하고, 푸른빛을 띠면 가정불화가 많고 건강이 약하며, 검은색을 띠면 가정 운과 애정 운에 애로가 많게 된다.

윗입술의 아래 선이 평소에 거의 직선을 이루는 형은 남녀 모두 언행에 절도가 있고 성실하며 사고방식이 보수적이라 청절淸節하나, 진

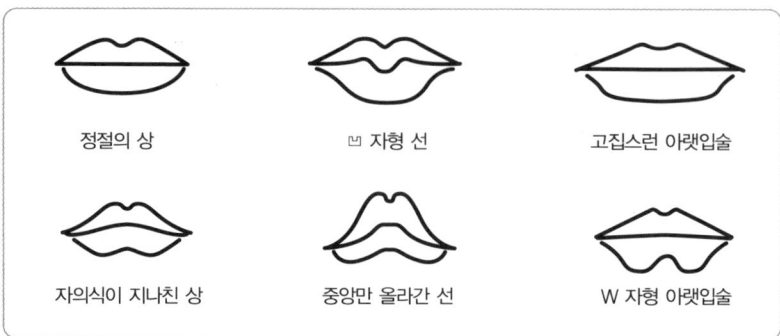

취적인 면이 부족하고 임기응변의 순간적 재치가 부족하며 너무 고지식한 면이 있다.

윗입술의 아래 선이 한가운데에서 위로 휘어져 활 모양을 이룬 입, 즉 입의 양쪽 끝이 아래로 처져 있는 입을 팔자구八字口라 하는데, 자의식이 지나쳐 타협을 모르고 완고하며 부정적인 시각으로 매사를 바라보는 심술형이다. 그러나 강한 신념이 있고 뿌리 깊은 주관으로 사회생활에 적이 많지만 업무 실력이 탁월해 직장에서 인정받는다. 여성은 특히 내성적이고 애정 운이 좋지 못하며 고집으로 인한 불운이 많다.

윗입술의 중앙 부위가 약간 처지고 입술 아래 선이 가볍게 오목한 형을 이루는 입은 옛날부터 입신출세의 길상으로 여겨온 입 모양으로 사물에 대한 집중력이 강하고 어떤 일에나 성공할 수 있는 타입이다.

반대로 윗입술의 중앙 부분만 약간 올라가고 오므라진 것처럼 보이는 입은 두뇌가 명석하고 재치가 있으나 끈기와 지구력이 부족한 흠이 있다. 매사를 초지일관으로 밀고 나가야 하는 정신력이 절대적으로 요구되는 타입이다.

아랫입술이 양 끝 가까이까지 같은 정도의 폭을 지니고 있는 입은 말수가 적기는 하지만 고집스러운 성격으로 욕망이 강하여 극단에서 극단으로 흐르기 쉽고 도덕성이 결여되어 있다. 필자가 조사한 바로는 세상을 떠들썩하게 했던 흉포한 범죄자들 중에 이런 입의 소유자가 많았다.

아랫입술 양 끝이 급하게 하강선을 그리다가 중앙 부분에서 다시 올라가 뚜렷하게 W 자를 이루는 입의 소유자는 매사에 신중하긴 하나 겁이 많고 신경질적이며 구두쇠 타입이고 융통성이 전혀 없다.

03 _ 입의 형상에 따른 분류

관상학에서는 윗입술과 아랫입술의 균형이 바르게 잡힌 사람은 성실한 인격의 소유자라고 한다. 입의 형상을 여러 가지로 분류해서 그에 따른 특징과 길흉을 살펴보면 다음과 같다.

(1) 넉 사 자 입四字口

입의 언저리가 밝고 맑으며 입이 크고 네모져서 마치 넉 사四 자처럼 생겼으며 입 끝이 아래로 처지지 않고 약간 위로 올라간 듯한 입이다. 총명하고 재주가 많으 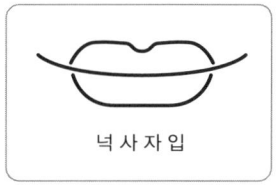 며 학문에 뛰어난 실력을 발휘하는 등 부귀를 겸하는 최길상의 입으로 벼슬과 인연이 깊다.

(2) 모난 입方口

입을 다물면 상하 입술이 모가 난 듯 단정하며 입술이 붉고 윤택하고 이가 드러나지 않는 게 특징이다. 정직하고 점잖으며 식록食綠이 무궁하고 부귀와 명예로 만사형통하게 된다.

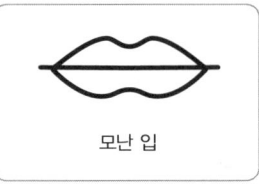
모난 입

(3) 앙월구仰月口

초승달이 옆으로 누워 있는 모양으로 입 끝이 위로 향하고 입술이 불그스레하며 얇은 편이다. 성실한 성격에 문학적 재예가 있고 금전 운도 좋으나 너무 얇으면 복이 감소되고 애정 운이 약하다.

앙월구

(4) 활 입彎弓口

입 모양이 마치 활을 잡아당긴 것 같은 모양으로 입술이 도톰하고 입술 선이 바르다. 정신이 맑고 건강하며 훈훈한 성격으로 재산도 풍족하고 일생 순탄하며 특히 중년부터 대발전이 온다.

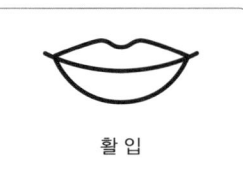
활 입

(5) 돼지 입猪口

윗입술이 길고 거칠고 넓은 반면 아랫입술이 뾰족하고 작아 항상 침을 흘리는

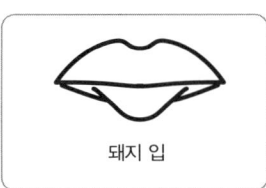
돼지 입

습관이 있는 입이다. 마음이 간교하여 잔꾀에 능하고 성격이 다소 흉포하며 운세도 불길하다. 생활에 여유가 없고 빈궁하며 직업 변동이 심하다.

(6) 불 부는 입吹火口

입 모양이 마치 촛불을 끌 때 불을 부는 것같이 생겨 항상 동그랗게 벌어져 있고 입술이 뾰족한 형이다. 노력에 비해 소득이 없고 일에 좌절이 많으며 평생 분주하기만 하지 실속이 없다.

불 부는 입

(7) 주름 진 입皺紋口

입술 위에 쭈글쭈글한 주름이 있고 말할 때에 우는 것 같은 모양을 하는 입으로 고독한 생활을 하며 일시적 성공은 있으나 결국 파산하는 등 말년이 심히 고독하다.

주름 진 입

(8) 앵두 입櫻桃口

입술이 붉고 도톰하며 입은 크나 다물면 작게 보이는 입으로 웃는 모습이 마치 연꽃과 같이 아름답다. 마음씨가 온유하고 두뇌가 명석하며 벼슬길에 오르고 재물도 쌓는, 발전 발복하는 입이다.

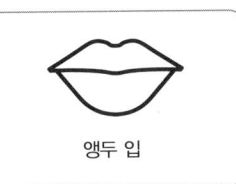
앵두 입

(9) 소 입牛口

위아래 입술이 모두 두껍고 풍만하여 입이 매우 큰 형으로 마음이 인자하고 생활관이 건전하며 평생 의식이 풍족하여 행복을 누릴 수 있고 복이 많다.

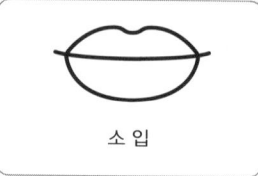
소 입

(10) 용 입龍口

상하 입술이 두껍고 가지런하며 빛이 밝고 입술 양 끝이 야무지며 수려한 입이다. 천하에 경륜經綸을 펴고 공을 세워 높은 벼슬을 하며 통솔력이 뛰어난 장점이 있다.

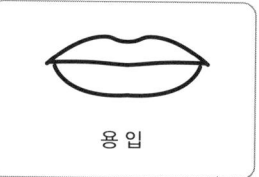
용 입

(11) 범 입虎口

입술이 넓고 크며 야무지게 다물어져 있고 입을 벌리면 주먹이 들어갈 정도의 큰 입으로 덕망과 위엄이 있고 귀貴하게 되거나 그렇지 않으면 크게 부자가 된다.

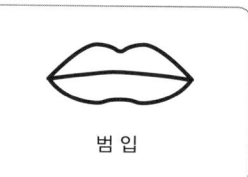
범 입

(12) 양 입羊口

입이 길게 앞으로 솟아 뾰족하고 상하 입술이 얇으며 수염이 거의 없는 입이다. 까다로운 성격으로 뜻과 소망에 좌절이 많고 빈천하며 허망한 일이 많다.

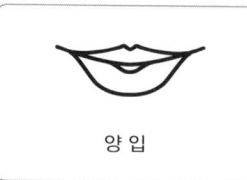
양 입

(13) 원숭이 입猴口

두 입술이 길고 인중이 대나무를 잘라 놓은 것과 같이 반듯하게 생긴 입으로 모든 면에 계산이 분명하고 다소 인색하나 평생 의식이 풍족하고 건강하여 수복壽福을 누리게 된다.

원숭이 입

(14) 메기 입鮎魚口

입이 크지만 입술 양 끝이 아래로 처져 있고 입술이 얇고 둥글지 못하며 입을 다물면 가운데가 뽀족한 입이다. 꾀하는 일마다 액厄이 따르며 빈궁한 생활 속에 단명함이 있다.

메기 입

(15) 붕어 입鯽魚口

입이 몹시 작아 마치 붕어 입과 흡사한 형으로 일생에 고생이 많고 마음에 안정감이 없으며 재물이 흩어진다.

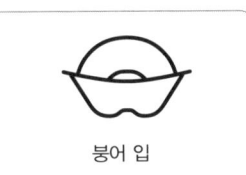
붕어 입

(16) 복선구覆船口

입 모양이 마치 배船를 엎어놓은 것 같은 형으로 입술이 쇠고기 빛깔과 같고 단정치 못하다. 부평초 같은 인생살이를 하며 주거 환경이 자주 바뀌고 금전 복이 없다.

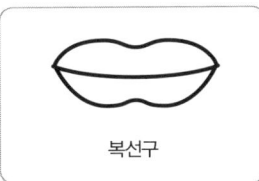
복선구

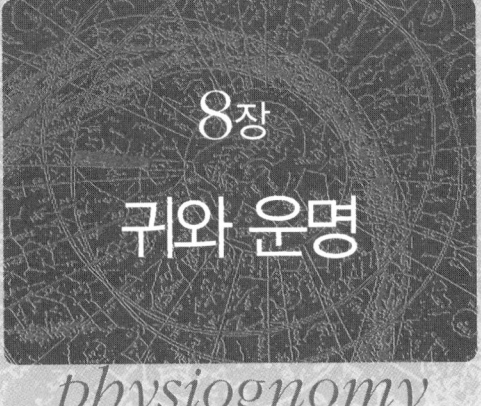

8장
귀와 운명

physiognomy

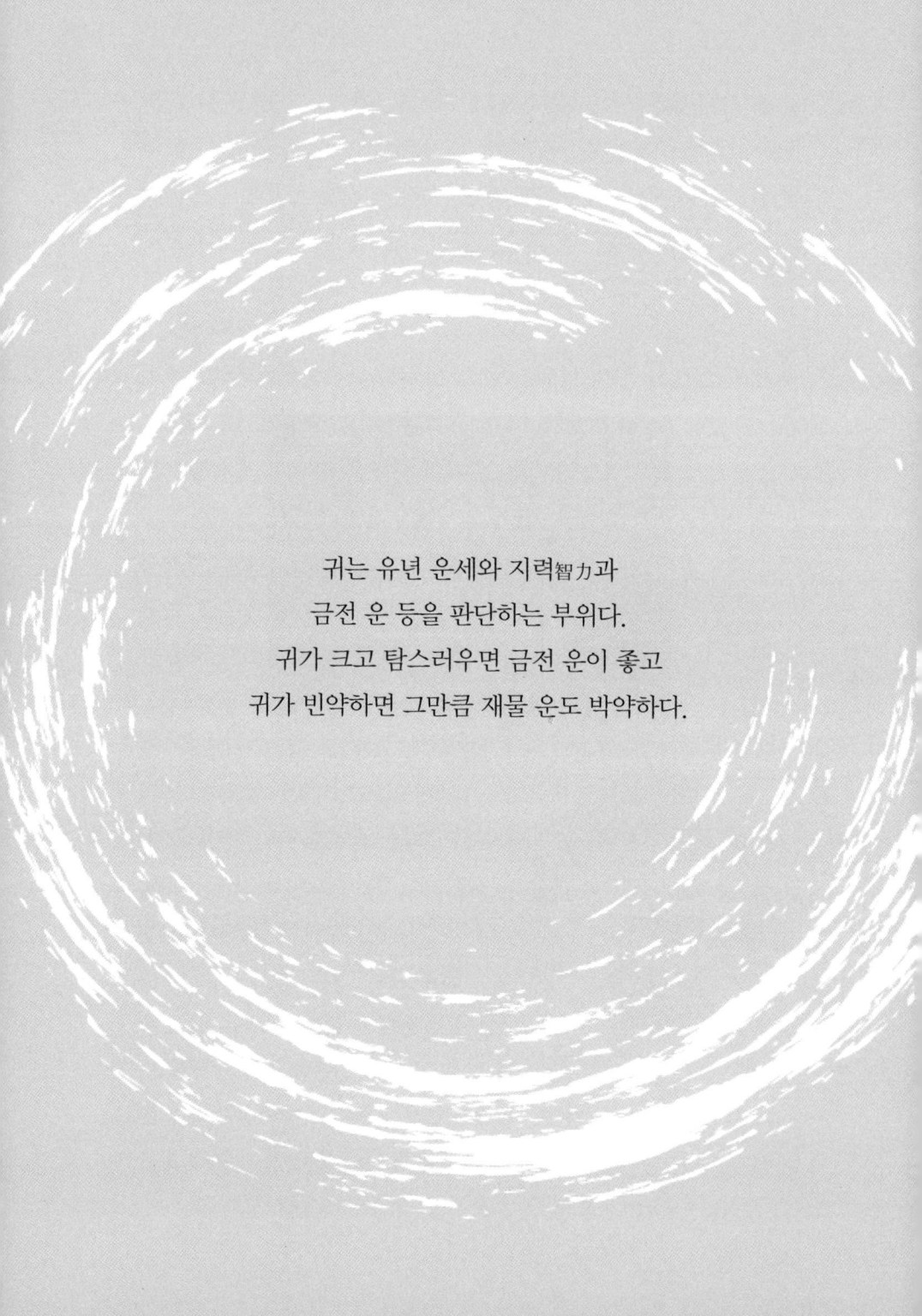

귀는 유년 운세와 지력智力과
금전 운 등을 판단하는 부위다.
귀가 크고 탐스러우면 금전 운이 좋고
귀가 빈약하면 그만큼 재물 운도 박약하다.

　　　　　귀는 뇌와 심장과 가슴을 통하여 마음을 사령司令하는 곳이며 모든 소리를 듣고 분별하는 기관으로 이를 관상학에서는 채청관採聽官이라 한다.

　귀는 몸의 컨디션을 판단할 수 있는 곳으로 신장腎臟과 통하는 까닭에 신장이 튼튼하면 귀가 맑게 들리고 신장이 허하면 귀가 어둡고 흐리게 들린다.

　귀는 유년 운세와 지력智力과 금전 운 등을 판단하는 부위다. 귀가 크고 탐스러우면 금전 운이 좋고 귀가 빈약하면 그만큼 재물 운도 박약하다.

　귀의 위치는 눈썹과 코끝을 스치는 두 줄의 평행선을 옆으로 그었다고 가정할 때 이 평행선 사이에 들어 있는 귀가 표준형이다. 이 평행선 위로 벗어난 귀는 소년 시절에 운이 좋고 윗사람의 사랑을 받으며 보좌역에 유능하다. 그러나 이런 귀의 소유자가 주역主役이 되려 하면 많은 시련과 장애가 따라 마침내 정상 일보 직전에 실패하게 된다. 반대로 평행선보다 귀가 내려 붙은 사람은 자수성가할 타입이고 일종의 보스 기질로 우두머리운을 지니고 있다. 헌신적인 부하들을 주변에 많이 모아놓고 돌봐주다가 저절로 지도자로 추대되는 형이다. 고 박정희 대통령의 사진을 보면 귀가 내려 붙었음을 알 수 있는데 내려 붙은 귀가 갖고 있는 특징의 좋은 예라고 하겠다. 그러나 귀가 지나치게 내려 붙으면 정실에 약해 공과 사

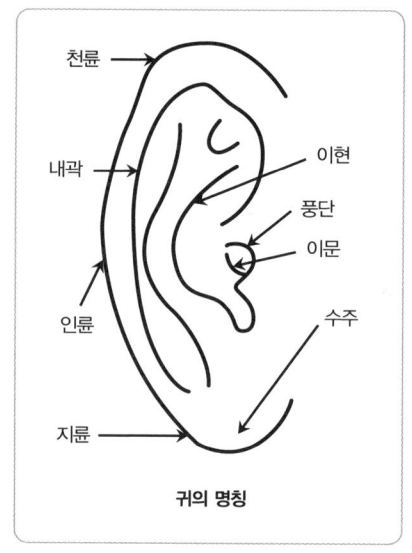

귀의 명칭

가 분명치 못하고 의욕도 없고 노력도 게을리 하게 되어 성공하기 어렵게 된다.

귀가 단단하면 기력이나 성력性力이 왕성하고 곤경에 처했을 때 스스로의 힘으로 운을 개척하는 정신력이 강하다. 귀가 부드러우면 체력이 약하고 정신력이 강하지 못한 단점이 있으나 마음에 부드러움이 있다.

귀가 두껍고 단단하며 길고 높이 솟은 형을 장수지상長壽之相이라 하고, 귀가 백지처럼 엷으면 단명지상短命之相이라 한다. 귀의 윤곽이 분명하면 총명하고 귀밑 살이 아래로 길게 처져 있으면 재복이 많고 오래 살며 살이 두툼하면 의식이 풍족하다.

귀에는 얼굴 정면에서 볼 때 옆으로 뻗쳐 잘 보이는 귀와 얼굴 옆면에 붙은 것처럼 눈에 잘 띄지 않는 귀가 있다. 옆으로 크게 뻗쳐 보

이는 귀의 소유자는 명랑하고 예민한 감각을 지니고 있다. 귀는 인간의 안테나 또는 레이더 구실을 하는 관계로 뻗친 귀의 소유자는 뉴스나 정보 등을 빨리 귀담아듣고 그것을 자신이 하는 일에 활용하는 능력이 뛰어나다. 대부분 이런 귀의 소유자는 음감音感도 뛰어나 음악 관계의 전문가들이 많다. 민의民意를 귀담아듣고 그 뜻을 정치에 반영해야 되는 정치인들에게 필요한 귀라 하겠다.

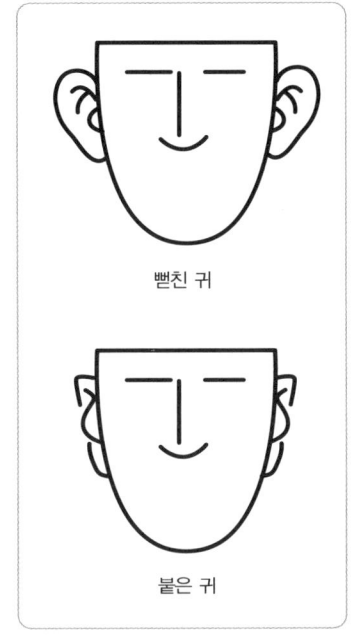

뻗친 귀

붙은 귀

이와 반대로 얼굴 옆면에 달라붙은 귀의 소유자는 성격이 음성적이고 소심하며 겁이 많다. 그래서 몸에 닥쳐올 위기나 위험을 재빨리 감지하는 능력이 잠재돼 있다. 한마디로 매사에 신중함이 있다.

귀 전체가 큰 사람은 건강하고 통솔력이 있으며 보스 기질이 많다. 회사의 사장이나 노조 위원장들에게서 흔히 찾아볼 수 있으며 리더 역할을 잘 수행한다. 단, 지나치게 크면 무사태평주의로 흐르기 쉽다.

작은 귀의 소유자는 눈물에 약하고 정이 많으나 끈기가 없고 실패가 많다. 귓속에 털이 난 사람은 장수하고 귀에 검은 점이나 사마귀가 있으면 총명한 자식을 두게 된다.

귀란 눈으로 보지 못하는 사물의 소리를 전달하여 뇌의 지능적 추리를 안내해주는 기관이다. 귀를 세 등분으로 나누어 상부를 천륜天輪이라 하고 중부를 인륜人輪, 하부를 지륜地輪이라고 한다.

　귀의 상부가 발달한 사람은 이지적인데 특히 상부가 위쪽으로 뻗쳐 있는 사람은 두뇌가 명석하고 기억력도 좋으며 재능도 있다. 중부가 발달한 사람은 활동성이 강하나 생가生家를 떠나게 되고 육친六親의 덕이 별로 없으며, 하부가 발달한 사람은 조직적인 생활을 한다.

　귀의 연골에는 외륜外輪이라는 바깥 틀과 내곽內廓이라는 속 틀이 있는데 내곽이 외륜보다 튀어나와 귀 전체가 뒤집힌 것처럼 보이는 귀의 소유자는 대체로 외향적인 성격이다. 남에게 지기를 싫어하고 자기주장을 관철하려 하며 활달하다. 여성이 이런 귀를 소유하면 자아가 강하고 반성력이 부족하기 때문에 자기를 치켜세워 주는 사람과는 친밀하고 진실로 충고를 하는 사람은 멀리하는 경향이 있다. 그리하여 아전인수我田引水 격으로 생활하려 한다.

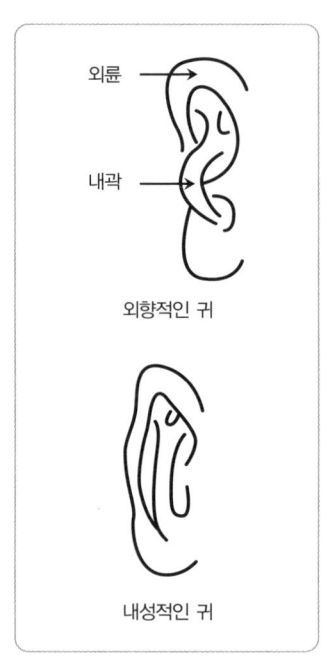

　내곽이 유난히 주저앉아 조개껍데기처럼 생긴 귀의 소유자는 남녀 모두 내향적이다. 여성의 경우 생활 전선에 뛰어들지 않고 가정생활만 한다면 큰 애로는 없으나 남자의 경우에는 투기나 박력이 없고 무사 안일주의적인 면이 많아 발전이 적다.

　귓구멍이 큰 사람은 기지機知가 넘치고 뜻과 이상이 광대하다. 조금 과

장해서 엄지손가락이 들어갈 정도로 크면 총명하고 장수하며 귀인의 상이다. 이와 반대로 귓구멍이 성냥개비 두 개가 들어갈 정도로 작으면 포부나 희망을 갖지 못하고 하루하루를 막연히 보내는 빈상貧相이며 건강 운이 좋지 못해 단명하기 쉽다. 귓구멍에서 밖으로 난 털을 이호耳豪라 하는데 남녀노소 불문하고 이호가 있으면 유복하고 장수하며 자식 운이 좋다.

01 _ 귓불의 분류

귓불은 남에게 신뢰감과 원만성을 풍기고 애정감을 느끼게 한다. 한마디로 요약하면 귓불이 두터운 사람은 복이 있고 귓불이 메마른 사람은 복이 적다고 하겠다.

(1) 볼록한 귓불

관상학에서 최고로 보는 이러한 귓불은 남성의 경우 인내심이 강하고 활달한 성격에 스케일이 크며 어떤 직업을 가져도 평균 이상의 능력을 발휘하는 데다가 재물 운이 좋고 건강하다. 여성은 심신이 건전하고 남성 못지않은 활동을 하며 인정스럽게 처신한다. 미혼녀의 귓불 부위가 불그스름하게 되면 연애를 하고 있는 중이거나 결혼을 하게 된다는 신호라 하겠다.

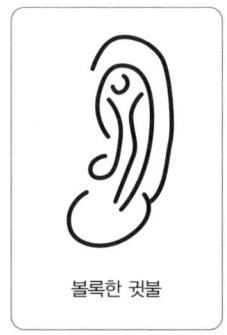

볼록한 귓불

(2) 축 늘어진 귓불

석가모니 불상의 귀가 연상되어 좋은 것 같지만 사실은 그렇지 않다. 무질서하고 방종한 생활을 하든지 이성 문제로 트러블이 많다. 여성이 이러한 귓불을 가졌다면 과히 나쁘지는 않으나 애정 생활에 오점 없는 처신이 필요하고 덕을 베풀어야 한다.

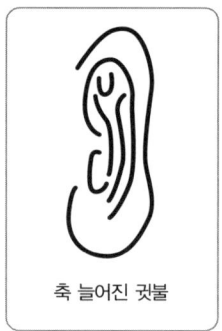
축 늘어진 귓불

(3) 귓불이 없는 귀

약간 신경질적이고 탐구력은 있으나 모험을 좋아하지 않는 성격이다. 귓불이 극단적으로 작아서 아예 없는 것처럼 보이는 경우가 있는데 이러한 사람은 재산 운을 기대하기 어렵다. 대부분 학자풍의 성격으로 학자, 예술가가 적성에 맞으며, 여성은 명품을 밝히고 옷과 머리, 화장 등에 신경을 쓰나 돈을 버는 활동력은 부족하다. 그러나 귓불도 변화를 일으켜 갑자기 벼락부자가 되거나 유명인이 되면 귓불이 도톰해지고 동그랗게 생겨난다. 아무튼 관상학에서 귓불이 있다는 것은 길상이라 하겠다.

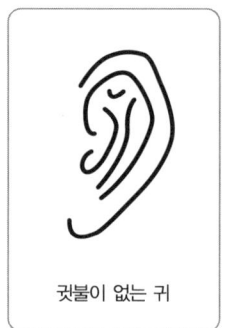
귓불이 없는 귀

귀는 그 사람의 유년 시기의 운세를 알 수 있는 곳으로 일반적으로 귀가 빈약한 어린이는 신체가 허약하고 지적 능력이 떨어지는 경향이 있거나 유년 시절이 불우한 경우가 있다.

귓불의 색깔로 건강 상태를 어느 정도 알 수 있는데 과로를 했거나 수면이 부족할 경우에 귓불 부위에 윤기가 없어지고 거무칙칙하게 된다. 이것은 귀가 신장과 통한 관계로 신장 계통이 피로해졌다는 증거로서 이때엔 휴식이 필요하다. 그러나 귀의 색깔이 불그스름하고 앵두 빛을 띠면 혈액순환이 좋고 내장이 건강하다는 뜻이다. 귀가 전체적으로 하얗게 될 때는 빈혈증의 우려가 있다.

귀의 빛깔은 그때그때의 금전 운세의 양부良否를 명확히 나타내는데, 귀의 빛깔이 그은 듯이 검을 때에는 금전 운이 좋지 못하여 노력을 많이 해도 결과가 미진하고 고생을 한다. 또한 직업이 없거나 생활이 곤궁할 때에도 귀는 검거나 검푸른 빛을 띠게 된다. 그러나 귀의 빛깔이 불그스레하고 맑을 때는 당시의 운세가 상승세로 접어들어 수입도 순조롭고 활기찬 생활을 한다.

귀가 나면서부터 변형變形된 사람이나 좌우 모양이 매우 달라 보이는 사람은 어렸을 때 부모와 이별 수가 있으며 운세가 매우 유동적이라 만사가 되는 일이 없다. 관상시觀相詩 편에 귀에 대해서 "윤곽이 분명하고 귓불이 두툼하면 일생 인의仁義로 살고, 두 귀가 격을 갖추면 학문이 밝아 그 이름을 궁궐에 떨친다. 뒤집힌 귀는 골육의 정이 없는 가장 좋지 않은 상이요, 귓구멍이 좁고 화살 깃箭羽 같으면 재물과 식량이 부족하여 가난하고 단명하며, 빛깔이 푸르고 검으며 살결이 거칠면 고향을 떠나 방랑 생활을 한다"라고 기록되어 있다. 그러나 필자가 연구한 결과로는 귀는 유년기에서 소년기까지의 운을 지배하지만 그 이후에는 운세에 커다란 영향력을 주지 못한다. 그러므로 아무리 길상인 귀를 가졌어도 눈이 불길하면 운세가 그렇게 좋지 않다.

그간 필자가 상담한 결과를 보더라도 빈천한 사람 중에 좋은 귀는 있으나 좋은 눈을 가진 이는 없었다. 관상을 볼 때 눈과 코가 각각 35%의 운세를 지배하고 입이 20%, 귀는 5%, 그 밖의 부분이 각각 5%의 운세를 지배하며 영향력을 준다.

02 _ 귀의 형태별 분류

귀를 형태별로 구분하여 각 특징을 살펴보면 다음과 같다.

(1) 금귀金耳

귀가 눈썹 위로 높이 솟고 빛깔이 희며 귀 윗부분(천륜 부분)이 좁은 듯한 귀다. 부귀지상으로 공명을 얻어 벼슬길에 오르나 말년에 처자 운을 극하여 고독하게 지내고 건강이 불길한 단점이 있다.

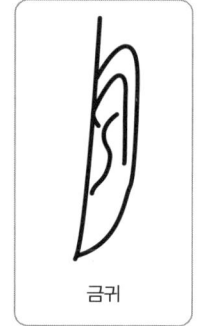

금귀

(2) 목귀木耳

귀가 길쭉하고 좁으며 윤곽이 뒤로 젖혀져 있고 빛이 푸른 귀다. 육친의 덕이 부족하고 재물 운이 박약한 데다 자식 운도 나쁘지만 다른 얼굴 부위가 길하면 평탄하다.

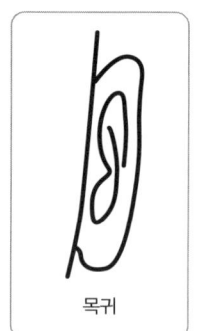

목귀

(3) 수귀水耳

귀가 눈썹 위에 높이 붙고 두껍고 둥글며 귓불이 볼록한 귀로, 윤곽이 뚜렷하고 불그레하여 윤

택하면 부귀공명을 얻어 그 이
름을 사해四海에 떨칠 수 있고
벼슬 운이 좋다.

(4) 화귀火耳

귀가 눈썹 위에 솟고 위가 좁
고 아래로 가면서 넓어지며 윤
곽이 뒤집혀 뒤로 젖혀진 귀로, 늦게 고달프고 처자의 덕이 없어 고
독하나 장수한다.

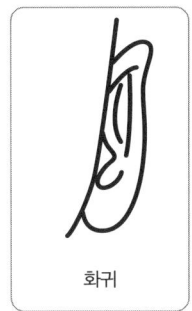
수귀 화귀

(5) 토귀土耳

귀가 크고 두툼하고 단단하며 빛이 윤택하고 불
그스레한 귀다. 부모 형제 덕이 많고 부귀가 태산
같으며 국사를 다스리는 높은 벼슬에 올라 영화를
누린다.

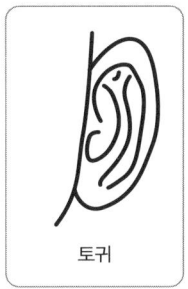
토귀

(6) 낮고 뒤집힌 귀低反耳

귀가 눈 밑으로 낮게 붙었으며 뒤로 뒤집혀 젖
혀진 귀로 부모와 이별 수가 있고 일찍 형액形厄이
따르며 재물의 실패가 많고 고독한 신세가 된다.
특히 이러한 귀의 소유자는 땅속에 매몰되는 액이
있는데 필자가 그간 TV나 신문 등에 기사화된 탄
광의 붕괴나 산사태 사건에서 매몰된 이들의 사진

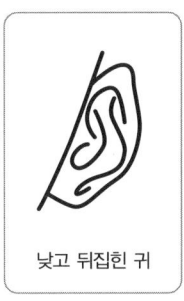
낮고 뒤집힌 귀

을 분석해본 결과 근 60% 이상이 이런 귀의 상을 지니고 있었다.

(7) 어깨까지 늘어진 귀垂肩耳

귀가 눈썹 위에 붙고 선명하며 귓불이 어깨까지 늘어져 있는 귀로 머리가 둥글고 이마가 넓으며 형용이 기이하면 부귀는 물론이요, 제왕帝王에 오를 천하의 으뜸가는 지위를 얻는다. 그러나 이마가 각이 지고 좁으며 빈상貧相인 사람이 이런 귀를 가지면 도리어 궁핍하고 초라한 생활을 한다.

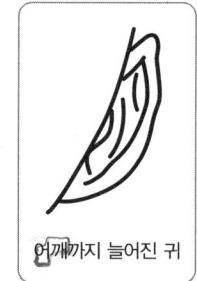
어깨까지 늘어진 귀

(8) 꽃잎 귀開花耳

귀가 얇고 마치 꽃잎처럼 뒤집힌 귀로 억만금의 유산이 있다 해도 모두 탕진하고 빈궁 속에 말년이 고독하다.

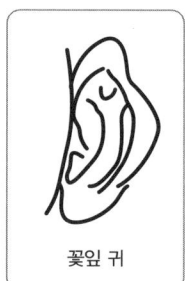
꽃잎 귀

(9) 기자 귀棋子耳

귀의 윤곽이 둥글고 뚜렷하며 두껍고 희고 맑고 보드라운 귀로 자수성가하여 재산을 모으고 중년부터 부귀하게 되니 걱정 근심이 없다.

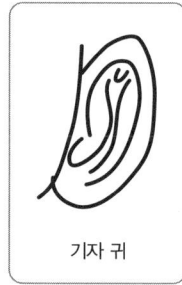
기자 귀

(10) 범 귀虎耳

귀가 작고 윤곽이 기울어져 있으며 정면에서 볼 때 잘 보이지 않는 귀다. 간특하고 흉악하여 타인을 해롭게 하면서 자신만은 권세를 얻고 부귀를 누린다.

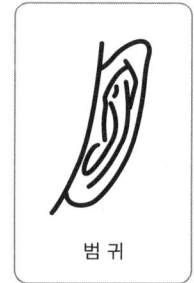
범 귀

(11) 부채 귀扁風耳

두 귀가 앞으로 향하여 마치 바람을 부치는 것 같은 귀로, 유년 시절에는 복록을 누리나 중년부터 실패하여 재산을 탕진, 말년을 쓸쓸하게 보낸다.

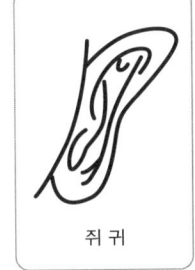

부채 귀

(12) 쥐 귀鼠耳

귀 위쪽이 쫑긋하게 젖혀져 있고 귀뿌리가 뾰족한 귀다. 호전적이고 도벽이 있으며 매사에 장애가 많고 형옥刑獄 구설이 있다.

쥐 귀

(13) 당나귀 귀驢耳

귀가 윤곽이 두꺼우며 쫑긋하고 아래는 박약하여 마치 당나귀 귀 모양과 같다. 빈곤하고 일에 막힘이 많으며 헛수고하는 불길한 귀다.

당나귀 귀

(14) 돼지 귀猪耳

윤곽이 분명치 않고 비록 두꺼우나 뒤로 젖혀졌거나 앞으로 오그라들어 돼지 귀를 연상케 한다. 일시적인 부귀는 있을지라도 모두 허무로 끝나고 흉액이 많고 외롭고 가난한 말년을 보낸다.

돼지 귀

ise
9장
관상학의 특수한 길흉 관계
physiognomy

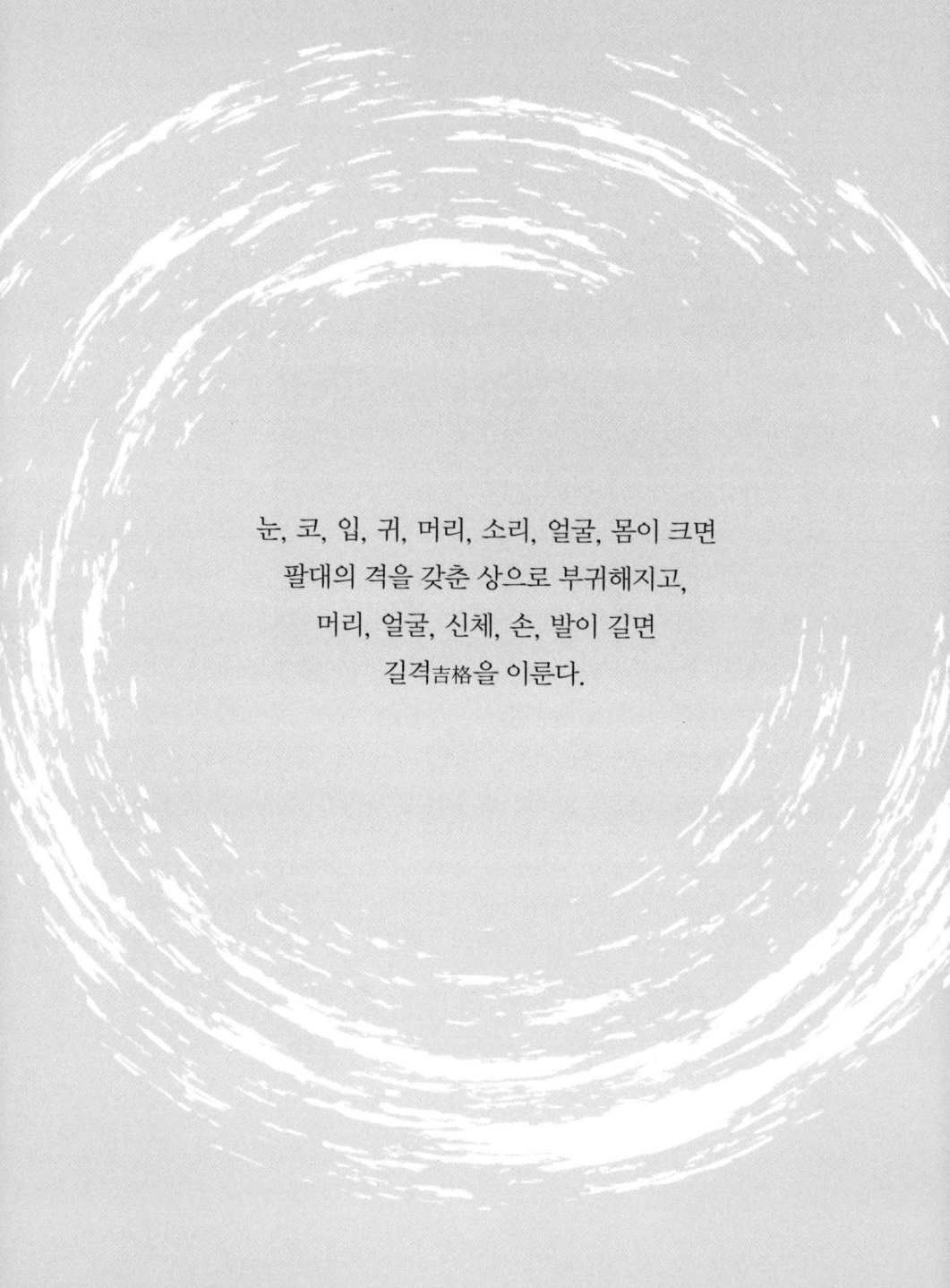

눈, 코, 입, 귀, 머리, 소리, 얼굴, 몸이 크면
팔대의 격을 갖춘 상으로 부귀해지고,
머리, 얼굴, 신체, 손, 발이 길면
길격吉格을 이룬다.

01 _ 팔대八大

(1) 팔대길상八大吉相

① 눈이 크고眼大 안광眼光이 있는 것.

② 코가 크고鼻大 콧대가 높게 솟은 것.

③ 입이 크고口大 입의 양 끝이 위로 향한 것偃月形.

④ 귀가 크고耳大 윤곽이 분명한 것.

⑤ 머리가 크고頭大 이마額骨가 솟은 것.

⑥ 소리가 크고聲大 맑고 윤택한 것.

⑦ 얼굴이 크고面大 성곽城郭이 분명한 것.

⑧ 몸이 크고身大 삼정三停이 균형을 이룬 것.

위의 여덟 가지 팔대八大의 격을 갖춘 상은 부귀해진다.

(2) 팔대흉상八大凶相

① 눈이 크나 광채가 없으며 어둡고 흐린 것.
② 코가 크나 콧대가 없고 빈약한 것.
③ 입이 크나 두 끝이 아래로 처져 있는 것.
④ 귀가 크나 윤곽이 없고 엷은 것.
⑤ 머리는 크나 이마에 요철이 있는 것.
⑥ 소리는 크나 고함을 지르는 것같이 깨지는 소리가 나는 것.
⑦ 얼굴은 크나 흉, 점 등 잡티가 많은 것.
⑧ 몸은 크나 행동이 가벼운 것.

이상은 비록 팔대八大를 갖추었다 해도 아무 소용이 없고 빈천하다.

02 _ 팔소八小

팔소八小는 팔대八大와 반대로 여덟 가지가 모두 작은 것인데 관상학에 있어 원칙적으로 팔대를 요要하지만, 비록 팔소라 하여도 격格을 이루면 오히려 부귀하게 된다.

① 눈이 비록 작다 해도 길고 수려하면 길하다.
② 코가 비록 작아도 콧대가 우뚝하면 길하다.
③ 입이 비록 작아도 붉고 윤택하면 길하다.
④ 귀가 비록 작아도 단단하고 윤택하면 길하다.
⑤ 이마가 비록 작아도 풍만하면 길하다.

⑥ 음성이 비록 작아도 맑게 울려 퍼지는 듯하면 길하다.
⑦ 얼굴이 비록 작아도 수려하고 당당해 보이면 길하다.
⑧ 몸은 비록 작아도 행동거지가 단정하면 길하다.

03 _ 오장五長

오장이란 신체의 다섯 가지가 모두 긴 것을 일컫는다.

① 머리가 길다頭長.
② 얼굴이 길다面長.
③ 신체가 길다身長.
④ 손이 길다手長.
⑤ 발이 길다足長.

이상과 같이 다섯 가지가 모두 길면 길격吉格을 이루는데, 비록 오장五長을 갖추었다 하더라도 전체가 풍만하고 얼굴이 청수淸秀하며 피부가 윤택해야 부귀가 따른다. 그렇지 않고 뼈가 퉁겨지고 힘줄이 불거지고 피부가 거칠면 흉격凶格으로 빈궁하게 된다.

04 _ 오단五短

오단五短이란 신체의 다섯 부위가 모두 짧음을 의미한다.

① 머리가 짧다頭短.
② 얼굴이 짧다面短.
③ 신체가 짧다身短.
④ 손이 짧다手短.
⑤ 다리가 짧다脚短.

이상과 같이 오단은 오장五長의 정반대인데 다섯 가지가 한결같이 짧으면 역시 격格을 이루어 길하다. 특히 골육이 가늘고 미끄러우며 눈썹과 눈썹 사이(인당)가 밝고 윤택하고, 오악五岳(이마, 좌우 광대뼈, 코, 턱)이 솟아 조화를 이루면 부귀하는 상으로 지위에 서광이 내린다. 그러나 오단五短이 격格을 이루어도 골육이 조악粗惡하고 오악이 균형을 잃거나 기울거나 함陷하면 빈궁하다.

05 _ 오소五小

오소란 다섯 가지 신체 부위가 모두 작은 것을 말한다.

① 머리가 작다頭小.
② 눈이 작다眼小.
③ 배가 작다腹小.
④ 귀가 작다耳小.
⑤ 입이 작다口小.

이상의 다섯 가지가 비록 작다 하더라도 단정하고 아무런 결함이 없으며 한결같이 작으면 귀격貴格을 이룬다. 그러나 몇 가지가 작고 또 몇 가지가 크면 이는 실격失格이 되어 안정이 적은 생활이 온다.

06 _ 오로五露

오로란 신체의 다섯 군데가 솟거나 노출된 것이다.

① 눈이 솟았다眼凸.
② 콧구멍이 훤히 보인다鼻仰.
③ 귀가 젖혀졌다耳反.
④ 입술이 걷혔다脣掀.
⑤ 목뼈가 솟았다喉結.

이상의 다섯 가지는 모두 빈천하거나 복이 없는 상으로 그 하나하나를 논할 때는 흉상凶相이지만, 한 몸에 오로五露를 모두 갖추고 있으면 전화위복지상轉禍爲福之相으로 초년에는 풍파가 있으나 중년부터 발복發福하여 복록을 누리는 상이 된다. 그러나 한두 군데가 오로가 아니면 실격의 상이 되어 고생이 있다.

07 _ 육악六惡

육악이라 함은 여섯 가지의 악상惡相을 말한다.

① 양의 눈羊眼을 가진 사람이 염소처럼 꼿꼿이 보는 것直視이니 성품이 어질지 못하고 거칠다.
② 입술이 이齒를 가리지 못하니 성품이 단정치 못하다.
③ 목뼈結喉가 불거진 것이니 처자에게 재앙을 부른다.
④ 머리가 작은 것이니 가난하고 하천下賤하다.
⑤ 삼정三停이 고르지 못하니 빈천하다.
⑥ 뱀의 걸음蛇行에 참새의 거동雀躍이니 동분서주하나 재물이 없고 흩어진다.

이상의 여섯 가지는 악상 가운데 가장 큰 흉격凶格으로 어느 하나를 갖고 있어도 운세에 많은 영향을 미친다.

08 _ 육천六賤

육천이라 함은 여섯 가지의 천한 상을 말하는데 이는 생김새가 아니라 그 사람의 행동과 마음 쓰는 것에 따라 분류할 수 있다.

① 부끄러워하는 마음이 없다.
② 뻔뻔하고 무사태평하다.

③ 나가고 물러남이 분명치 않다.
④ 남의 결점을 흠잡기 잘한다.
⑤ 자기 자랑만을 일삼는다.
⑥ 자기 실수를 인정하지 않고 무조건 정당화하고 이기려 한다.

이상과 같으면 모두 소인小人의 상으로 복이 감소되고 행운을 놓친다.

09 _ 십살十殺

① 얼굴이 술에 취한 것 같다.
② 옆에 사람이 없는데도 혼자 중얼거린다.
③ 가래가 없는데도 침을 자주 뱉는다.
④ 눈이 붉어 노기를 띤다.
⑤ 정신이 흐리멍덩하다.
⑥ 목소리가 승냥이 울음소리 같다.
⑦ 아랫수염은 있으나 윗수염이 없다.
⑧ 음식을 먹을 때 땀을 많이 흘리거나 소리 내어 먹는다.
⑨ 코가 굽었거나 비뚤어졌다.
⑩ 겨드랑이에서 노린내가 난다.

이상의 십살 가운데 두 가지 이상이 있는 사람은 재산이 흩어져 나가고 흉액과 재난이 많으며 죽을 때 비명에 횡사하는 경우도 있다.

10 _ 십대공망 十大空亡

① 이마가 뾰족한 것額尖을 천공天空이라 하는데, 부모덕이 없고 초년에 고생이 많으며 재앙을 초래하고 고독하다.

② 턱이 뾰족한 것閣尖을 지공地空이라 하는데, 말년 운이 고독 빈궁하고 부부가 이별하고 자손의 덕도 없으며 매사 시작은 있되 끝이 없다.

③ 콧구멍이 지나치게 훤히 보이는 것鼻空仰露을 인공人空이라 하는데, 중년에 실패하고 노년에 고생이 많으며 자손 덕이 없고 한 가지 일도 제대로 성취됨이 없다一事不成.

④ 콧대(산근 부위)가 움푹 들어간 것山根低陷을 산근공山根空이라 하는데, 부모, 형제, 처자 덕이 박약하고 이별 수가 있다.

⑤ 인중人中에 수염이 없는 것有髥無鬚을 염공髥空이라 하는데, 노력만큼의 실속이 없고 인덕이 없으며 아내는 있으나 자식을 두지 못한다.

⑥ 얼굴에 성곽城郭(얼굴에 도톰한 곳이 없이 미끄럽게 빠진 상)이 없음을 성곽공城郭空이라 하는데, 무슨 일이든 시작만 하고 끝을 맺지 못하여 되는 일이 없고 수명이 짧다.

⑦ 머리털이 짧고 불로 지진 것 같음을 발골髮空이라 하는데, 성질이 너무 강하고 무례하여 오만불손하다.

⑧ 눈머리 밑이 깊은 것을 누당공淚堂空이라 하는데, 이러한 사람은 성질이 좁아 자기 이익만을 취하며 처자를 극하고 일생에 고생이 많다.

⑨ 눈에 광채가 없는 것을 안공眼空이라 하는데, 마음에 안정이 없

고 형제가 불화하며 자식 덕이 없다.
⑩ 눈썹 털이 없는 것을 미공眉窄이라 하는데, 자기만 생각하는 이기적인 성격에 형제, 처자의 덕이 없고 말년이 쓸쓸하다.

11 _ 십대천라十大天羅

① 얼굴 전체에 흑기黑氣가 가득한 것을 사기천라四氣天羅라 하는데, 수명壽命이 얼마 안 남은 징조다.
② 얼굴 전체에 백색이 가득하게 나타난 것을 상곡천라喪哭天羅라 하는데, 집안에 우환질고가 많다.
③ 얼굴 전체에 청기靑氣가 일어나는 것을 우체천라憂滯天羅라 하는데, 우환이 많고 막히는 일이 생긴다.
④ 얼굴 전체에 황색이 나타나면 질병천라疾病天羅라 하는데, 중한 질병에 걸릴 징조다.
⑤ 얼굴에 개기름이 흘러 번질번질한 것을 허화천라虛花天羅라 하는데, 매사에 용두사미가 된다.
⑥ 눈빛을 흘겨보고流視 자주 깜박이는 것을 간음천라姦淫天羅라 하는데, 남녀 간에 음란하여 사정私情을 한다.
⑦ 얼굴 전체가 빨간 것을 관사천라官司天羅라 하는데, 관재 구설 시비가 있을 징조다.
⑧ 얼굴이 술에 취한 듯한 형을 형옥천라刑獄天羅라 하는데, 법을 어기고 옥살이를 하게 된다.
⑨ 남성의 목소리나 태도가 여성 같고 여성의 목소리나 품행이 남

성 같은 것을 고형천라孤刑天羅라 하는데, 형제와 배우자의 덕이 없고 고독하다.

⑩ 콧끝鼻頭에 아롱진 점斑點이 티끌처럼 나타난 것을 퇴패천라退敗 天羅라 하는데, 일에 실패가 많고 재물이 흩어진다.

10장

관골 · 인중 · 법령 · 이 · 혀
볼 · 보조개 · 턱 · 주름 · 점

physiognomy

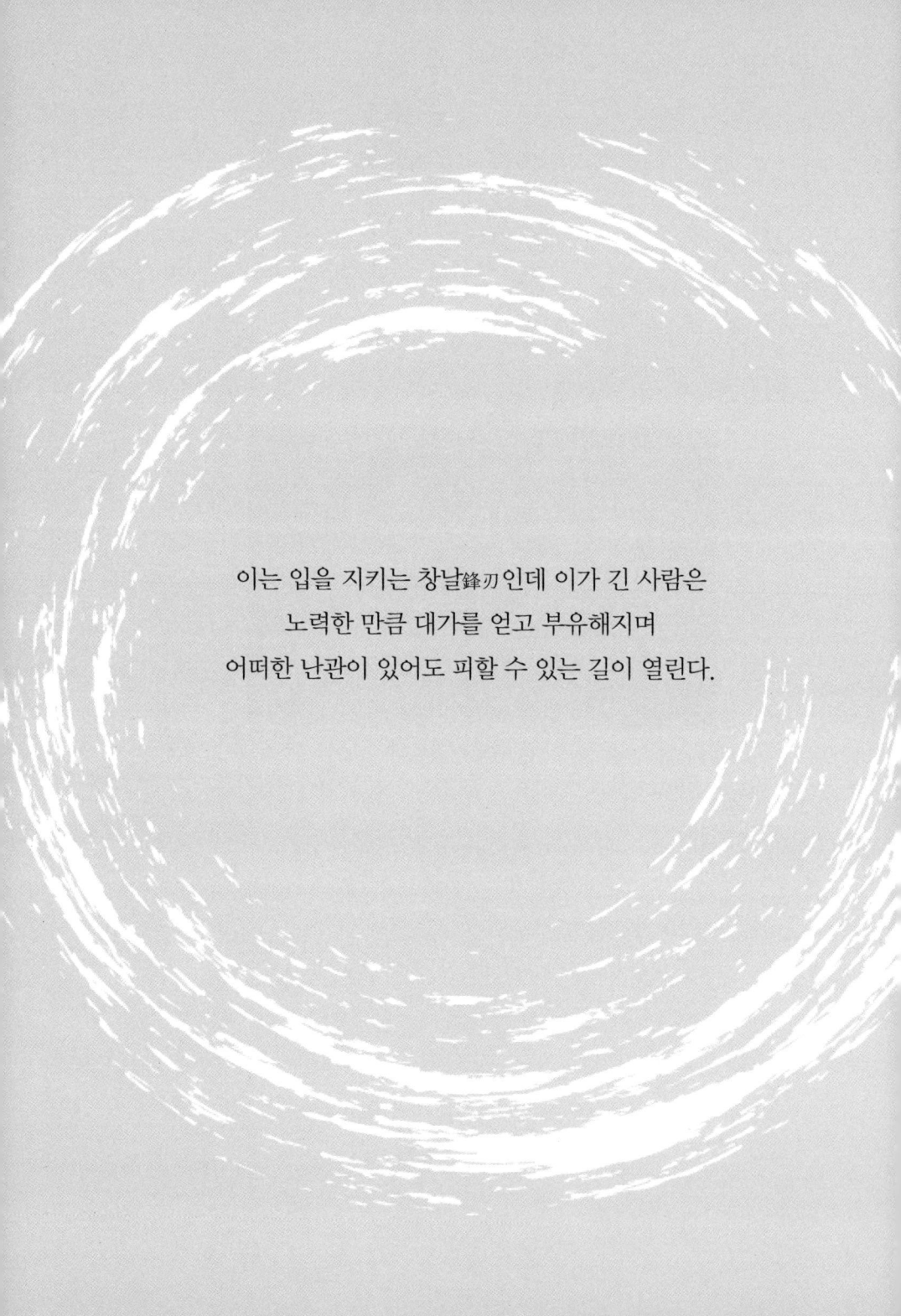

이는 입을 지키는 창날鋒끼인데 이가 긴 사람은
노력한 만큼 대가를 얻고 부유해지며
어떠한 난관이 있어도 피할 수 있는 길이 열린다.

01 _ 관골

코의 좌우 부위에 솟은 뼈, 즉 광대뼈를 관골觀骨이라 하는데 관골은 독립심, 개척 정신, 투지의 강약, 표현력 등을 판단하는 부위다.

큰 관골의 소유자는 의지력이 강하고 뜻과 이상이 높다. 여성의 경우는 남성적 기질이 강해 남편을 극剋하는 경우가 많으나 사회적 지위를 가지고 활동하거나 직업을 가지면 애정 운이 편안하게 된다. 지나치면 적음과 같다는 말이 있듯이 관골이 너무 크면 영악하나 성격이 흉폭한 면이 있고 현실을 무시하고 이상만을 추구하는 경향이 있다.

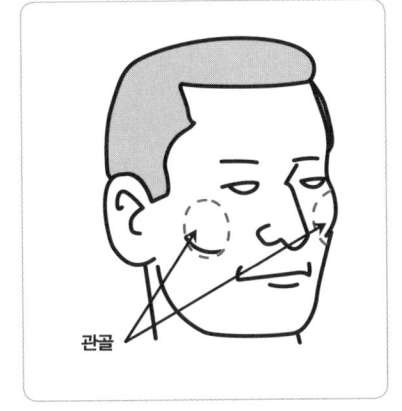

푹 꺼진 관골, 즉 작은 관골의 소유자는 온순하고 현실적

이나 인덕이 없고 무슨 일을 하든 뒷받침이 없어 어렵게 자수성가해야 하는 단점이 있다. 여성은 여성다운 성격에 현모양처형으로 남편과 조화를 잘 맞출 수 있다. 남성은 관골이 높이 솟고 살이 두툼해야 길상이며 권세를 누린다. 그러나 관골이 낮거나 깎인 듯하면 인덕이 없고 승부욕이 약한 단점이 있다. 관골도 빛이 맑고 깨끗해야 복록을 누리고, 어둡고 깨끗하지 못하면 빈천하고 건강에도 문제가 있게 된다.

관상학에서 코를 임금으로 보면 좌우 관골을 신하로 보는데, 한 나라의 운명을 좌우하는 임금도 총명하고 어질며 강한 통솔력이 있어야 하지만 그 임금을 보좌하는 신하 역시 충직하고 명석해야 군신君臣의 화합으로 바른 정치를 하듯, 코가 잘 생겨야 함은 물론이고 그 코를 감싸주는 좌우 관골이 조화를 이루어야 귀격貴格으로 부귀공명한다. 정치 면에서 용병술의 대가로 꼽히는 고 박정희 대통령이나 스포츠계에서 적재적소의 대타 활용과 투수 로테이션으로 야구장의 지장으로 불리는 K나 P 감독을 그 예로 들 수 있다. 관골은 승부욕과 자기 위상을 굳건히 하는 강점이 있는 것이다.

관골(광대뼈)은 삶의 거친 세파와 싸워나가는 힘, 즉 생활력을 나타낸다. 관골이 앞으로 위세 있게 튀어나온 것은 생활의 원동력이 되는 기력이나 체력이 양호하여서 사업이나 정치, 학술, 사상운동 등으로 활약할 역량이 풍부하다는 것을 말해준다.

필자가 몇 년 전 역대 국회의원의 성명을 연구하여 풀이한 논문이 모 주간지에 기사화된 적이 있었다. 그때 국회의원의 사진을 조사한 결과 80% 이상이 관골이 풍만하고 맑게 앞으로 솟아오른 것을 보았다. 이는 관골이 그 사람의 상에 있어서 인기나 명예의 뒷받침이 되어 관록을 얻는 데 도움을 주는 부위이기 때문이다.

또 관골이 좋으면 선거에 있어서 조직력과 자금 동원력이 좋게 된다. 관골이 지나치게 튀어나온 사람은 허세가 심해 실력도 없으면서 큰소리를 치는 타입이며, 지나치게 튀어나온 관골에다 살까지 두둑하게 찐 사람은 영웅이 때를 못 만났다고 허풍을 떨며 자신의 미천한 실력을 탓하지 않고 세상을 원망하는 불평불만의 타입이다.

여성 중에 관골이 눈에 띌 만큼 높게 튀어나온 사람은 남성적 기질이 심해 남편을 깔아뭉개는 형이다. 남편 운이 좋지 못하지만 그 자신은 대담한 성격으로 매사가 활동적이다. 여성이라도 관골은 아주 없는 것보다 다소 분명한 것이 좋은 상으로, 생활력이 강하고 건강이 좋으며 가정을 꾸려나가는 주부로서의 책임감이 강하다.

관골에 점이나 검정 사마귀가 있는 사람은 자기의 주권이나 권력을 남에게 빼앗길 수 있으므로 항상 인간관계에 철두철미한 관리와 분석이 필요하다.

코가 약간 부족한 점이 있더라도 관골이 좋으면, 임금은 총명하지 못하더라도 훌륭한 신하가 그 임금을 잘 받들어 어진 정치를 펼치게 하듯, 실력 이상의 대우를 받고 금전 운이 향상된다.

관골, 즉 광대뼈는 인류학적으로 몽골리언의 특징이기도 하다.

그림에서 보듯 관골이 지나치게 솟아오른 사람은 대인 관계가 서툴러 원만하지 못하고 중년까지 고생이 있으며, 여러 면에서 융화력이 부족하여 고독한 면이 많다. 관골이 심하게 튀어나온 데다가 이마에 살이 없고 빈약하면 의지가 나약하고 무엇이든 끝까지 해나가려는 지구력이 부족하여 성공 과정이 힘들다. 특히 여성의 경우 부드러운 느낌이 없고 차갑고 딱딱해 주위에서 소외됨이 있으며 결혼해서

고부간의 갈등이 있고 가정 운과 애정 운이 산란하다.

성격이 그 사람의 운명과 운세를 거의 40% 이상 지배하고 행과 불행을 만들므로, 이런 상의 소유자는 의지를 기르고 항시 웃는 얼굴로 붙임성 있게 생활하면 많은 흉이 감소될 수 있음을 알아야겠다. 운명, 즉 사주 관상을 보는 근본 목적은 자기 자신의 장단점을 정확히 알아 장점은 배양培養하고 단점은 보완, 시정하여 중용지도中庸之道를 지킴이라 하겠다.

관골을 보아 현재의 운세나 미래를 예측할 수 있는데 관골에 담홍색의 빛깔이 나타나면 금전 운세가 길하다는 표시로 생각지 않은 목돈을 만지게 된다. 좌우 관골이 청색을 띠면 부모에게 길운이 찾아들며 보랏빛이나 검푸른 빛을 나타내면 신상에 추문이 있을 수다.

좌우 관골의 모양이 다른 사람은 매사에 편애적인 데다가 발전이 용이하지 않으며 관골이 오목하게 들어가고 살이 없으면 빈궁하다. 또한 관골에 상처가 있으면 사회생활을 하는 데 장애가 많고 중년에 심히 고생을 한다.

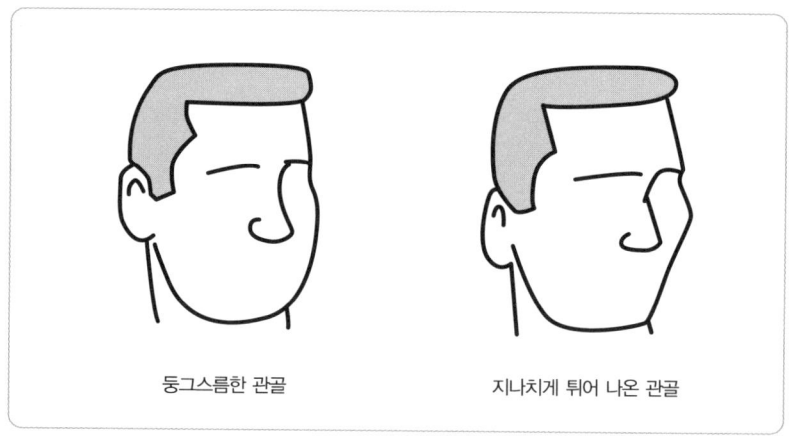

둥그스름한 관골　　　　　　지나치게 튀어 나온 관골

그림에서처럼 관골이 둥글둥글하면 운세가 무난하고 굴곡 없는 안정된 생활환경이 조성된다.

눈 아래에서부터 귀에 걸쳐서 관골이 옆으로 뻗쳐 있는 사람은 수동적인 입장에서 참을성 있게 일하는 타입이며 기업주나 자본주 밑에서 역량을 발휘한다.

02 _ 인중

코 중앙에서 윗입술에 이르는 세로로 파인 골을 관상학에서 인중人中이라고 한다. 인중은 수명의 장단長短과 자녀의 수數를 알 수 있는 부위이며 행동력과 생식 능력까지도 판단할 수 있는 곳이다. 인중은 아래로 향해 차츰 넓고 윤곽이 확실해야 길한 상으로 생활력이 왕성하고 자식 운이 좋으며 건강 운이 좋아 장수할 수 있다.

관상을 보는 데 있어서 인중의 길이는 수명의 길이와 관계가 있고 인중의 넓고 좁음은 자녀의 수와 관계가 깊다. 그러므로 인중이 길면 장수하고 넓고 깊으면 자녀를 많이 둔다. 인중이 가늘고 좁으며 주름

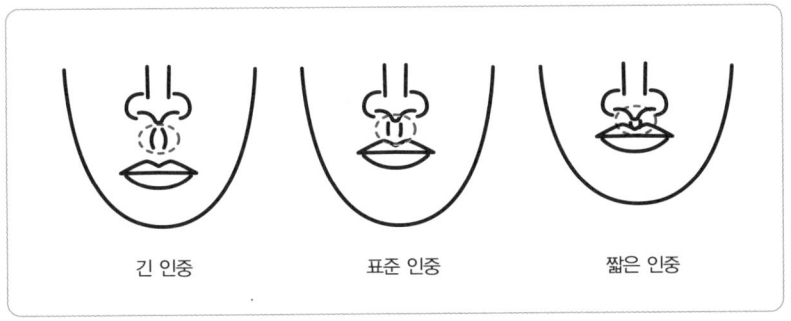

긴 인중　　　　표준 인중　　　　짧은 인중

이 잡히면 의식에 궁핍이 있고 자식 농사가 부진하며 건강 운이 좋지 않다. 인중이 굽은 사람은 신의가 없고, 단정하게 곧은 사람은 의리가 있고 성실하며 부富와 수壽를 함께 누린다.

인중이 긴 사람은 지도력, 행동력이 강한 동시에 감각이 예민하고 인정과 의협심이 많으며 주위 사람에게 매력적인 존재가 된다.

인중이 짧은 경우 남성은 싹싹한 성격에 명랑 쾌활하나 다소 경솔한 면이 있고 지구력이 약하다. 여성은 미인형이 많고 새침하면서도 부드러움이 있으나 고집이 강할 수 있다.

인중과 얼굴 길이의 비율이 남자는 1 대 7, 여자는 1 대 8이 표준형이다. 표준형에게는 짧은 인중과 긴 인중이 갖고 있는 특성이 혼합되어 있다.

인중이 편편하고 파여 있으며 골의 선이 없거나 불분명하면 이를 경함傾陷이라 하여 늙도록 자식이 없고 궁핍하고 곤고하다. 인중이 왼쪽으로 기울면 아버지를 먼저 잃고, 오른쪽으로 기울면 어머니를 먼저 잃는다.

인중은 물도랑으로 비유할 수 있다. 물도랑이 깊고 넓으면 물길이 막힘이 없고 얕고 좁으면 물길이 막히거나 잘 흐르지 못하듯, 인중은 얼굴의 도랑으로 깊고 넓으며 인중 선이 분명해야 운세도 좋고 건강 복과 자손 복이 있다.

그림에서 보듯 인중이 위에서 아래로 내려감에 따라 폭이 넓어지는 모양이 길상吉相인데, 이런 사람은 금전 운이 좋으며 아들을 많이 두게 된다.

필자의 고객 중 유복자이자 삼대독자를 둔 P 여사가 있었는데 그

아래가 넓은 인중 아래가 좁은 인중 통 모양의 인중

분과 그 자제 분의 소원이 대代를 이을 아들을 많이 두는 것이었다. 그래서 중매쟁이로부터 입수한 여러 장의 신부 후보감 사진을 감정하여 애정 운이 좋고 인중이 넓은 여성을 추천해주었다. 그리하여 그 여성과 결혼한 P 여사의 아들은 아들 둘에 딸 하나를 두어 소망을 성취하게 되었다. 이처럼 인중이 넓고 안정되면 특히 여성에 있어 인체학적으로 자궁子宮의 상태가 좋고 머리 좋은 아기를 순산하며 자복이 따르게 된다.

　인중이 위는 넓고 아래로 내려갈수록 좁아지는 형은 자녀 운도 좋지 않고 운세가 맑지 않다. 특히 여성의 인중이 바랜 것처럼 보이면 부인병이 있거나 기능이 약해졌다고 볼 수 있으며, 그림처럼 통 모양으로 생긴 인중의 소유자는 맺고 끊음이 없는 느슨한 성격으로 건강상 만성병으로 고생을 한다.

　인중의 모양이 대나무를 반 토막 내어 뒤집어놓은 형이면 복록이 무궁하고, 바늘같이 좁고 가늘면細如懸針 자손이 끊기고 빈궁하다.

　인중에 가로로 굵은 주름이 있으면 늙도록 자녀가 없거나 대를 이을 아들이 없으며 특히 여성은 남편 운이 좋지 않다. 결혼 자체는 어렵지 않으나 남편을 일찍 여의거나 남편이 병들거나 생활력이 없어

| 가로 주름이 있는 인중 | 구부러진 인중 | 평행인 인중 |

부부 생활을 지속하기가 힘들다. 불운을 최소한으로 줄이는 것도 삶의 운영의 묘妙이므로 위와 같은 인중을 소유한 여성은 무언가 직업적인 기술을 배워 만일의 경우에 대비해두는 것이 좋다.

구부러져 있는 인중은 마음이 바르지 못하고 거짓말을 잘하며 여성의 경우 난산을 하거나 제왕절개수술을 하는 경향이 많다. 인중이 평행하면 아들딸을 고루 낳고 자손 덕도 보며 사고방식이 합리적이고 교양적이다. 여성으로서 인중에 상처가 있으면 유산을 하거나 임신중절을 받게 될 상이다.

그림에서처럼 인중 상부 코끝 바로 밑에 점이 있으면 단명할 상이나, 검은 사마귀가 있으면 아들이 많다. 인중 가운데에 사마귀나 점이 있으면 혼인을 여러 번 하거나 자녀를 기르기 어렵고, 인중 가운데에서 옆으로(좌우 상관 없이) 점이 있으면

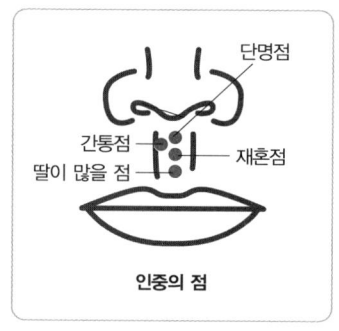

인중의 점

간통을 한다. 인중 하부 가운데에 사마귀가 있으면 딸을 많이 두게 되고 점이 있으면 남녀 모두 품행이 방정치 못해 이성적 스캔들이 많으며 특히 여성은 결혼 때까지 처녀성을 지키지 못하는 경향이 많다.

남자의 경우 인중에 수염이 있으면 성공 운이 빠르나, 드물거나 없으면 성공이 더디고 매사에 노력한 만큼의 대가가 부족하다. 그러나 인중에 수염이 없는 사람은 이해성이 많고 원만한 성격을 가졌다. 인중에 우물 정井 자의 주름이 있으면 수액水厄이 있으니 물을 조심해야 한다.

03 _ 법령

코끝 좌우로부터 입가로 길게 뻗친 금紋을 법령法令이라 하는데, 이를 통해 사회적 지위와 활동력과 직업의 성패를 판단하며 건강 운과 수명 관계도 알 수 있다.

법령은 길고 넓으며 깊게 형성된 것이 길상이며 이 법령이 잘 생긴 것이 많은 사람을 거느리게 될 입신출세의 상이다. 법령은 어릴 때는 나타나지 않다가 20, 30대를 지나 40대가 되면 명확히 자리 잡는 게 보통인데 어린아이가 법령이 분명하면 자활 능력이 강해 일찍 독립하게 된다. 또한 법령이 분명한 사람은 일을 정확하게 해내고 주관이 확실하나 법령이 분명치 못한 사람은 우유부단하고 신용이 약하고 질서가 없다. 그래서 법령이 좌우로 바르고 넓게 나타난 남성은 사업 운과 직업 운이 좋고 여성은 가정에 있어서의 입장이 향상 발전되어 주권이 강화된다. 그러나 법령이 고르지 못하

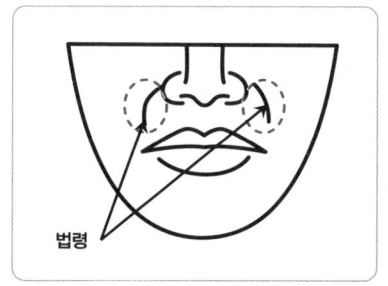

고 희미하면 직업 운이 안정되지 못하고 업무에 장애가 많다.

　법령의 빛깔이 검푸를 때에는 경영하는 업무에 곤란이 있어 수입이 줄어들고 생활고가 있게 되나, 법령의 빛이 맑고 윤택하면 금전 운이 좋아 수입에 안정이 오게 된다.

　법령에 점이나 흉터가 있으면 재산이 흩어지는 파재破財의 상으로 일이 순조롭게 진행되지 못하고 매사 뒤죽박죽으로 막힘이 많아 경제적으로 심한 고생을 하며 파란이 그치지 않는다. 남성에게 있어 뚜렷한 법령은 풍부한 경험을 바탕으로 그동안 쌓아 올린 노력이 사회적 지위로 승화되는 결과를 주는데, 여성에 있어서 40대 이전의 법령은 없는 것이 운명학적으로 좋다. 젊은 여성이 법령이 뚜렷한 경우에는 얌전하게 가정을 지키기 어려운 여걸풍의 인물이 되기 쉽다. 혹은 결혼해서 부부간에 이별 수를 겪을 우려가 있으며 고독한 생활로 생계를 책임져야 하는 다소 강한 운명의 소유자가 될 수 있다.

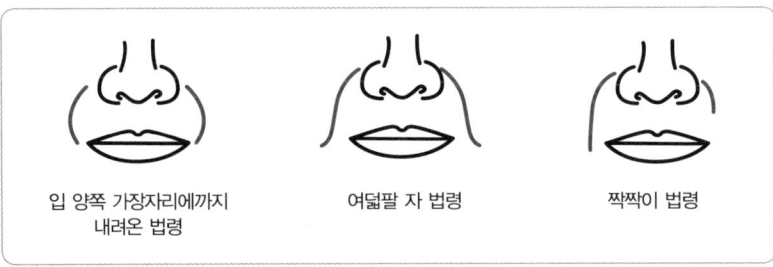

입 양쪽 가장자리에까지 내려온 법령　　여덟팔 자 법령　　짝짝이 법령

　법령은 입가로부터 손가락 두 개 정도 떨어져 있는 것이 보통인데 법령 끝이 입 양쪽 가장자리에 붙어 있는 형은 결혼 운이 불길하고 일생 의식衣食에 구애가 많으며 위장 계통의 건강이 나쁘다.

　관골(광대뼈)이 뚜렷하고 법령이 여덟팔八 자 모양으로 정확하게 뻗은 형은 행동력이 있고 매사에 적극적이며 상하 간의 신뢰를 받아 직업 운과 금전 운이 좋다.

좌우 법령이 한쪽은 길고 한쪽은 짧은 짝짝이형은 이중적인 성격을 띠며 직업 변동이 많아 안정된 생활이 어렵고 극단적으로 짝짝이인 경우에는 일찍이 한쪽 부모를 잃을 상이다.

갈라진 법령　　　　　끊어진 법령　　　　　주름이 있는 법령

코 옆 아래에서 입을 중심으로 원형이 된 법령은 명랑하고 사교성이 좋으며 일생 의식 걱정이 없고 순탄하다. 법령이 짧은 사람은 지구력이 부족하고 직업과 주거가 자주 바뀌며 의식주가 궁핍하게 된다. 법령이 중간에 끊긴 단절형은 직업에 지속성이 없어 자주 직업을 바꾸며 끈기가 부족하고 기가 약하다. 법령이 입가로 내려오다 끝이 갈라져서 두 개로 보이는 사람은 결혼 운이 좋지 못하고 남녀 모두 비밀스러운 정을 통하는 경우가 많다. 특히 여성에게 있어 법령 주위에 잔주름이 있으면 후처後妻 상이거나 과부의 상이라 하여 애정 운이 심히 불길하다.

법령은 젊은 나이에 있는 것보다 남녀를 막론하고 40대 이후에 나타나는 것이 관상 운명학적으로 길하며, 일찍 법령 선이 나타나면 인생 과정이 여러 역경을 거친 후에야 비로소 안정이 오는 관계로 40대 이전의 법령은 대체로 불길함이 많다고 하겠다.

특히 여성에 있어서 40대 이전의 법령은 애정 운을 불길하게 만들어 배우자와의 사별로 아픔을 겪거나 배우자의 여성 편력 기질로 속을 썩는 등 애고愛苦가 수반된다.

04 _ 이

이는 신체상 모든 뼈의 정精이 모인 곳으로 기본 성격, 건강을 판단케 하고 부모 관계, 애정 운 등에 영향을 미친다.

사람의 기혈氣血이 왕성하면 이가 튼튼하고 기혈이 허약하면 이가 흔들리거나 빠진다. 이는 이의 좋고 나쁨이 건강과 직결되기 때문이다.

이는 희고 견고하며 틈새가 없이 빽빽하고 길고 곧으며 개수가 많아야 길상이다. 이가 희고 고르며 개수가 많으면 의식이 풍족하고 건강, 장수하나 이가 툭 불거지거나 틈새가 나 있으면 재물이 새어 나가 재산을 잃게 된다.

이가 어긋난 사람, 즉 치열齒列이 고르지 못한 사람은 겉과 속이 다르고 교활할 수 있으며, 부모덕이 불충분하고 건강에 문제가 있다.

이 사이가 전부 벌어져 틈새가 보이는 사람은 끈기가 부족하고 화를 잘 내고 반항적이며 친족과 불화가 많다. 특히 앞니 사이가 벌어진 사람은 다정다감하나 참을성이 적고 부모덕이 약하

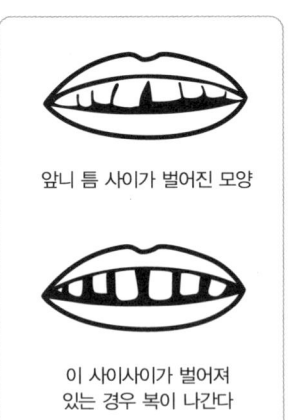

앞니 틈 사이가 벌어진 모양

이 사이사이가 벌어져 있는 경우 복이 나간다

며 이상과 현실의 차이로 번민이 많다.

  틈새가 벌어진 이는 미관상으로도 좋지 않을뿐더러 운세에도 나쁜 영향을 주니 교정함이 바람직하다.

  관상의 고전 『마의상법』이란 책자는 상하의 이가 38개가 되는 사람은 왕후의 상이요, 36개가 되면 귀히 되거나 거부가 될 상이며, 32개를 가지면 상류 생활을, 30개를 가지면 평범한 생활을 하고, 28개를 가지면 하천下賤의 상이라고 기록하고 있다. 그러나 이는 치의학상齒醫學上 모순이 되는 말로 현대인의 치아 수는 20~30개인데 위의 『마의상법』을 현대 감각으로 해석한다면 이가 빠지거나 결함이 있으면 운세적으로 불리한 영향을 주고, 이가 결함 없이 온전하고 튼튼하면 운세적으로 밝다고 해석하면 되겠다.

  이는 입을 지키는 창날鋒刃인데 이가 긴 사람은 노력한 만큼 대가를 얻고 부유해지며 어떠한 난관이 있어도 피할 수 있는 길이 열린다. 그래서 앞니가 크고 두꺼우며 상하로 두 개씩 나 있는 사람은 매사에 정열적이고 운수도 길하며 마치 불사신과 같은 타입이 될 수 있다. 그러나 지나치게 큰 앞니는 품행에 문제가 있고 손윗사람의 덕이 없으며 발전이 더뎌 빈상이 된다.

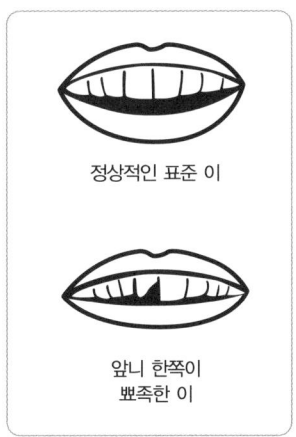

정상적인 표준 이

앞니 한쪽이 뾰족한 이

  이와 반대로 앞니 또는 그 밖의 이가 작고 빽빽하면 애정 표현이 섬세하고 꼼꼼하며 상냥하여 사람들에게 많은 호감을 받는다.

앞니 둘 중 어느 하나가 뾰족한 사람은 부모에게 불효하고 처자와 인연이 희박하며 방랑 생활을 하는 수가 많다.

이의 크기가 각각 다르고 들쑥날쑥 고르지 못한 이를 난항치亂杭齒라고 하는데, 이런 이를 가진 사람은 말과 행동이 일치하지 않고 극히 이기적이며 부모덕이 없고 운이 불길하다. 대부분 옹고집이고 모난 성격으로 생활에 질서가 없고 문란하다. 특히 여성은 강박관념과 아집이 세어 누구에게도 굽히지 않는 성격이 있고 애정 운이 나빠 배우자와 생리사별生離死別을 하거나 여러 번 혼인을 한다.

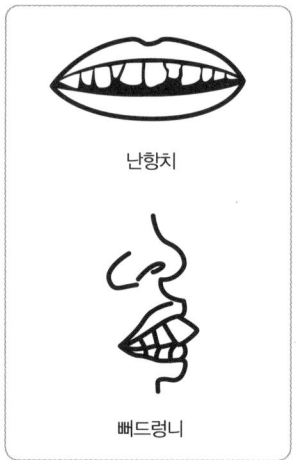

난항치

뻐드렁니

앞니가 튀어나와서 입술 밖으로 보이는 뻐드렁니는 수단도 좋고 언변도 좋으며 악의는 없으나 입이 빨라 비밀 유지를 못 한다. 남녀 모두 애정 운이 밝지 못하고 늦은 혼인이 길하다. 그러나 투쟁력이 강하고 비록 큰 풍파를 만나더라도 불굴의 기상으로 능히 극복하여 성공하는 이가 많다.

이가 윤택하면 모든 일이 순조롭게 진행되는데 이가 백옥같이 희면 부귀가 따르고, 누르면 매사가 뜻대로 잘 안 되며, 거무칙칙하면 운세를 약화시켜 행운을 놓치게 된다.

이를 종합해보면 이는 희고 길며 빽빽하고 개수가 많아야 운세가 좋고, 검고 누르고 들쑥날쑥하는 등 결함이 있으면 건강도 양호하지 못하고 운세도 유동적이다.

05 _ 혀

혀는 배 속丹元으로부터 나온 말을 목젖의 진동을 통하여 호령號슈하고 입술과 더불어 소리를 울리게 한다.

혀는 마음속에 비장된 뜻을 나타내고 혀를 놀리는 데 따라 길흉화복이 작용하니 일신의 득실이 담긴 곳이 된다. 혀는 모양이 단정하고 혀끝이 예리하며 크고 긴 것이 길상이고, 둥글며 짧거나 좁고 얇거나 누렇거나 흰 것은 좋지 않은 상이다.

혀에 검은 사마귀나 점이 있으면 허풍쟁이다

혀가 단아하고 입 안에 가득 찬 것 같은 사람은 큰 부자의 상이고 혀 위에 비단같이 고운 무늬가 있으면 벼슬길이 열린다. 그러나 혀가 작고 뾰족하면 재물에 욕심이 많고 혀가 길고 좁으면 간사한 면이 있으며 혀 위에 사마귀가 있으면 허풍쟁이로 말마다 거짓이 많다.

습관에 따라 운도 바뀌는데 말하기 전에 혀부터 움직이면 쓸데없이 망령된 말을 잘하고 궁핍하게 되며 말하기 전에 입술에 침을 적시는 사람은 애정 운이 불길하고 음란하다.

혀의 빛깔이 불그스레하면 건강하고 귀히 되며, 검푸르거나 검붉으면 천한 상이 되고, 잿빛 같으면 빈궁하여 문전걸식하지만, 핏빛血色처럼 붉으면 복록이 많다.

혀 위에 곧은 무늬가 있으면 벼슬길에 올라 높은 직위를 부여받게 되고, 혀에 여러 갈래의 무늬가 있으면 수복강녕壽福康寧하여 지극히 귀하게 된다.

식사를 할 때 혀를 내밀었다 들이밀었다 하면서 음식을 먹는 사람은 아무리 귀한 상을 지녔다 해도 복을 깨뜨리고 고독하거나 궁핍한 생활을 하게 된다. 또한 우리는 흔히 음식을 먹다가 또는 부주의하여 혀에 상처를 입는 수가 있는데, 그때는 운세가 하향세이므로 주변의 일을 철두철미하게 검토 분석하고 부족한 점을 보완하여 하는 일에 손실이 없게 해야 되겠다.

06 _ 볼과 보조개

코와 입 양쪽에 좌우로 도톰한 살을 볼頰肉이라 하는데 인간미, 친척 관계, 손아랫사람과의 관계 등을 판단하는 부위다.

볼에 살이 복스럽게 붙어 있어 풍만하게 보이는 사람은 너그럽고 관대하고 느슨한 성격이며 인기를 모을 길상이다. 즉, 남의 호의를 받게 되고 우수한 부하를 만나 덕을 보며 생활에 부족함을 느끼지 못한다. 볼에 살이 풍만하면 예능인은 인기가 많고 사업인은 번영을 하는 등 자기 직업 분야에서 성공을 하게 된다. 특히 여성은 후덕한 인상을 주며 가운家運의 번영과 화합의 중심이 되어 가정을 행복으로 이끈다.

볼이 여위고 까칠까칠하면 신경질적이고 예민하며 대인 관계에 서투르다. 애정 생활에 양보와 인내가 필요하다고 하겠다.

볼이나 턱 근처에 생기는 보조개는 애교를 대변하는 상이지만 관상학에서는 그리 좋지 않게 본다. 남성으로서 보조개가 있으면 마음이 여리고 여성적이며 이성 친구가 많고 일찍 혼인을 하는 경우가 많으나 초혼에 아내를 잘못 얻기 쉽다. 인기로 먹고사는 직업에는 운이 개척되어 팬들의 각광을 받고 재산도 모이지만 놀기를 좋아하고 이재理財에 밝지 못해 모인 재산을 지키지 못하는 경우가 많다. 그러므로 보조개가 있는 남성은 수입을 모두 저축에 힘쓰고 알뜰한 아내를 맞이해야 하겠다.

보조개가 있는 여성은 조숙한 타입이며 일찍부터 남성들의 주목을 끌어 인기를 얻게 되고 이성적 유혹을 많이 받게 되나 필자가 조사, 상담한 결과로 보면 사랑에 교만하기 쉬워 헤퍼질 가능성이 있으니 애정 운이 그리 좋지 않은 편이다. 그러나 자식 운이 좋아 재주 있고 영특한 자식을 낳는다. 직업은 역시 인기와 관련된 것이 알맞다.

07 _ 턱

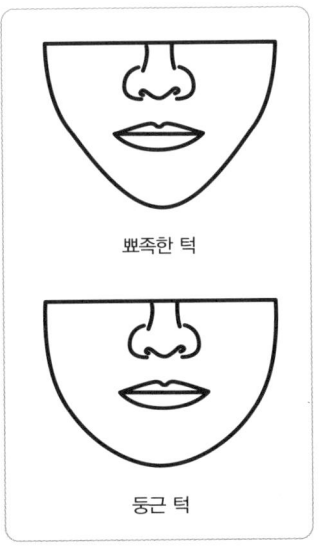

뾰족한 턱

둥근 턱

입 아랫부분 전체를 턱이라 하며 관상 용어로 지각地閣이라고 한다. 턱은 애정 운, 가정 운을 판단하며 주택, 토지 외에 자식 운이나 말년 운까지 알 수 있는 부위다. 턱은 둥글고 풍만하며 그 폭이 넓은 것이 길상이다. 일반적으로 넓고 풍부한 턱은 물질 운이 좋고 뾰족하고 좁은 턱은 현실에서의 고충이 많다.

턱을 광廣, 협狹, 장長, 단短, 비肥,

유庾, 각角, 원圓 등으로 나눌 수 있는데, 우선 큰 턱과 작은 턱의 각 특징과 장단점을 살펴보자.

큰 턱의 소유자는 활달하고 스케일이 크며 원만한 성격에 스태미나가 좋아 건강하고 가정 운이 좋다. 큰 턱이 반원형으로 되어 있으면 실업가형이고 끝이 뾰족하면 인색한 상인형이다. 턱이 길기만 한 사람은 돈 버는 데 비상한 재주가 있다. 큰 턱의 여성은 미인형은 아니지만 부잣집 맏며느릿감으로 금전 운이 좋고 애정 표현도 풍부하여 가정주부로는 적격이라 하겠다.

작은 턱의 소유자는 지구력이 부족하고 체력이 약하며 이성적이고 냉정하며 치밀한 성격이 많다. 턱 끝이 뾰족하고 작은 사람은 상업보다는 학술, 예술, 의약, 기술 계통, 샐러리맨 등이 적성에 맞고 그쪽에서 성공률이 높다.

턱은 부하궁의 일부로 참모, 비서, 후배, 사무장, 당원, 종업원, 운전기사, 가정부 등 수하手下의 상징이기에 이곳이 넓으면 이들과 진심으로 친밀도가 높고 협력 관계가 이루어져 이들이 성공의 뒷받침이 되어준다.

필자가 조사한 바로는 지역구 국회의원 선거 시 턱 부위가 좋은 후

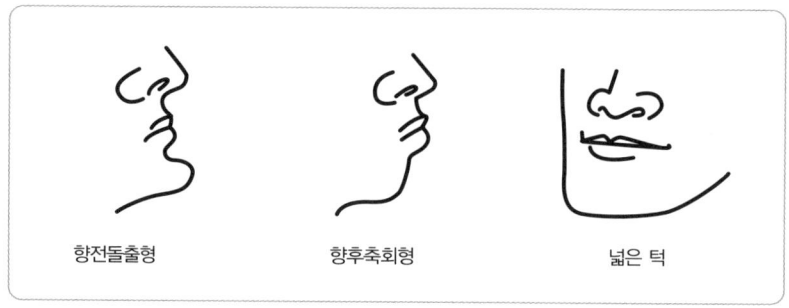

향전돌출형　　　향후축회형　　　넓은 턱

보일수록 사무장이나 당원 등이 혼연일체가 되어 조직력을 증강시켜 당선 확률이 높았다.

(1) **향전돌출형**向前突出型

정열적이고 적극적이며 독선적인 면이 있어 자기 주관대로 밀어붙인다.

(2) **향후축회형**向後縮回型

뒤로 까진 턱으로 이기적이고 타산적이라 달면 삼키고 쓰면 뱉는 몰인정한 형이다.

(3) **넓은 턱**

원만하고 명랑하며 감정 표현이 솔직하고 다정다감하다.

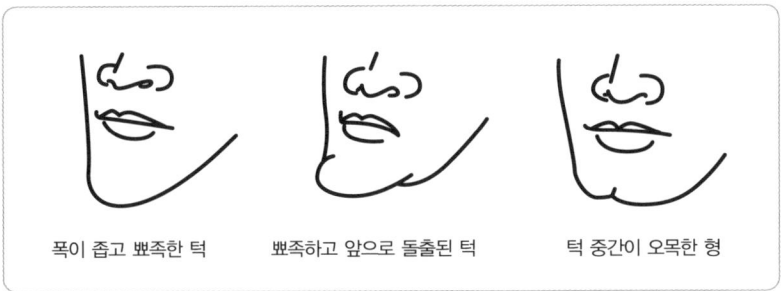

폭이 좁고 뾰족한 턱   뾰족하고 앞으로 돌출된 턱   턱 중간이 오목한 형

(4) **폭이 좁고 뾰족한 턱**

찬스에 민감하나 기회주의적인 성격으로 변질하기 쉽다.

(5) 뾰족하고 앞으로 돌출된 턱

현실과 이상의 차이로 고민이 많고 불평불만이 많다.

(6) 턱 중간이 오목한 형

냉철하고 냉담하며 사리 분별이 밝고 치밀하다.

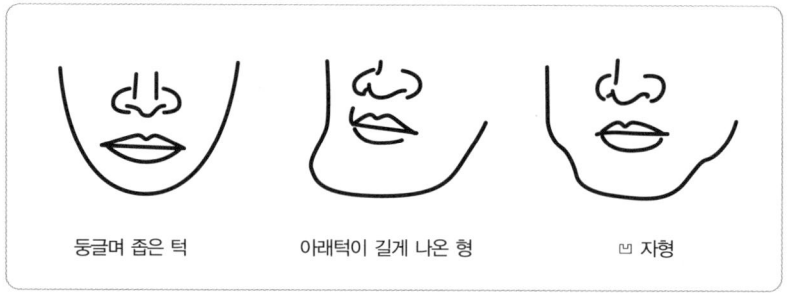

둥글며 좁은 턱   아래턱이 길게 나온 형   凹 자형

(7) 둥글며 좁은 턱

대인 관계가 원만하고 사교적이나 다소 경거망동한다.

(8) 아래턱이 길게 나온 형

의지가 굳고 자제력도 좋으나 소극적이고 고독하다.

(9) 凹 자형

부지런히 일하는 타입으로 야성적이고 질투가 많다.

(10) 턱이 뒤쪽으로 가면서 일직선으로 발달된 형

실천력도 강하고 의지도 굳세며 투지가 왕성하나 고집이 세고 타인의 의견을 다소 무시하는 경향이 있다.

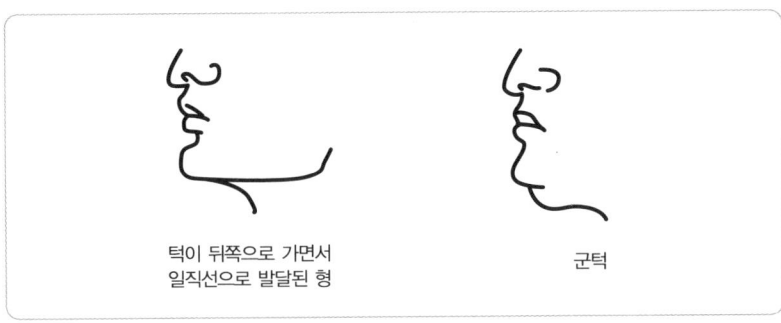

턱이 뒤쪽으로 가면서
일직선으로 발달된 형

군턱

(11) 군턱

금전 복이 많고 이해심이 넓으며 합리적으로 생각하고 실천한다.

눈에 띌 정도로 턱에 상처나 흠집이 있으면 주거가 자주 변해 안정성이 없고 부하나 손아랫사람과 구설이 많다. 어느 날 갑자기 턱에 상처가 생기면 이사를 하거나 집을 수리할 일이 생긴다. 또한 턱에 종기나 뾰두라지 같은 흠집이 생겼을 경우에는 일단 화재나 화상에 주의를 기울여야 한다.

여성의 턱이 연기에 그은 듯 거무스름하면 냉(冷)으로 인한 병에 걸릴 수 있다. 턱이 뾰족하고 메마른 형은 신경이 예민하고 이지적이며

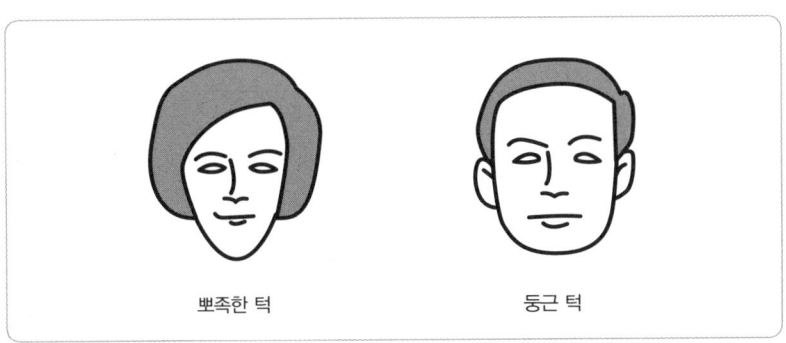

뾰족한 턱

둥근 턱

분석력, 추리력 등 지적 능력이 뛰어나지만 독단적인 면이 있고 말년에는 가정에 적막감이 있다. 일반적으로 뾰족한 턱은 여성에게서 많이 볼 수 있는데 감성이 예민하고 다소 고집이 강하며 출산 시 난산을 하는 경우가 많다.

턱이 오동통하게 살이 붙어 둥글게 보이는 사람은 마음이 넓고 관대하며 이재理財에 신경을 안 써도 자연히 재물이 들어오는 형이다. 애정 운도 좋고 특히 말년 운세가 매우 안정적이다. 여성의 경우도 턱이 둥글면 인정스럽고 처세가 원만하며 애정 운과 결혼 운이 좋아 현모양처가 된다.

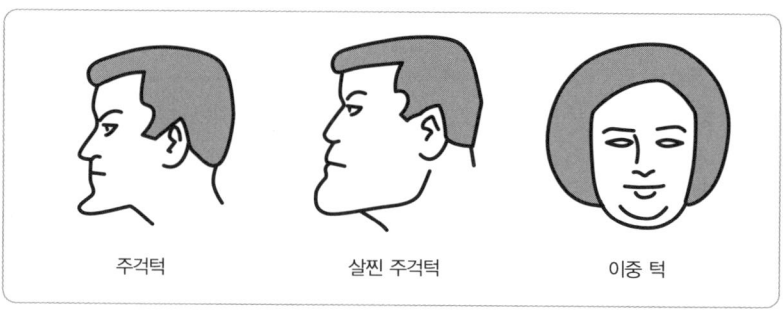

주걱턱   살찐 주걱턱   이중 턱

얼굴을 옆에서 볼 때 턱 밑이 앞으로 나온 턱이 있는데 흔히 주걱턱이라고 하는 이 턱의 소유자는 남녀 모두 정에 약하고 자신감이 넘치는 사람이 많다. 주걱턱이라도 살집이 빈약하면 말년에 주거가 불안정하고, 살집이 풍부하면 매사에 야망을 품어 물질적으로 욕심이 강하고 말년 운도 대체적으로 안정적이다.

턱이 이중으로 보이는 이중 턱은 원만하고 섬세한 성품에 사교성과 언변이 좋다. 남성의 경우에는 넉넉한 복을 받을 상으로 금전 걱정을 안 해도 되는 형이다. 여성의 경우는 성적 매력이 있고 남자를 사로잡을 수 있으며 가정주부로서 행복을 창출하게 된다. 그러나 이중 턱이라 해도 눈이 도화 눈이고 코가 예리하면 금전에는 걱정이 없으나 애정에 유혹이 많고 물장사 계통에 종사하게 된다. 일류 요정의 마담이나 흔히 말하는 현지처 등의 관상을 살펴보면 이중 턱이 의외로 많음을 필자는 상담을 통해 많이 보았다.

턱의 중앙이 갈라져 있는 듯하거나 미국의 영화배우 커크 더글러스처럼 턱 중앙이 움푹 팬 듯한 형은 창작력이 풍부하고 예능이나 예술 계통에 천부적이 재질이 있으며 대단한 정열가이나 여성은 고독한 면이 잠재해 있다.

모가 난 턱을 소유한 사람은 체력과 의지력이 강하여 어떤 곤란이 와도 극복해나가는 형으로 군인, 스포츠맨 중에 많다. 그러나 모가 난 턱의 소유자가 만약 이성이 결여되면 흔히 말하는 깡이 세고 자제력이 약해 폭력성을 띠게 된다. 필자의 조사로 보아 TV, 신문 등에 보도되는 폭력배들의

모난 턱

사진을 살펴보면 이런 턱의 상이 압도적으로 많음을 알 수 있다.

모가 난 턱을 가진 여성은 활동적이고 기가 세며 애정 표현에 서투르다. 결혼 전후를 막론하고 사회 일선에서 활약한다. 늦은 혼인이 좋고 대체로 배우자 덕이 적다.

턱이 둥그스름하고 입 바로 밑 턱 중앙 부위가 볼록렌즈처럼 톡 솟은 사람은 자기 업무에 비상한 열의와 선견지명을 가지고 있으며 애정 문제에 있어서도 다정한 감정 속에 성의와 끈기로 상대방을 사로

잡는 매력이 있다. 특히 여성의 경우 애정이 두텁고 정다우며 사리 판단이 정확하고 자식 운도 좋고 자녀 교육에도 열성적이다.

귀 아래에 해당하는 아래턱뼈를 악골顎骨이라 하는데 이 악골이 좌우로 튀어나와 발달된 사람은 센스가 부족하고 감정에 따라 행동하며 남녀 모두 애정 운이 약하고 모든 일을 혼자 힘으로 처리해야 하는 등 인덕이 없다.

턱이 긴 사람은 인정에 약하고 남 돕기를 좋아하며 애정 운도 길하나 도박, 오락을 좋아하는 흠이 있다.

턱이 길며 얇은 사람은 주거가 불안정해 이사를 자주 하고 일시적인 성공은 있으나 대체로 고독하고 고생을 한다.

턱이 둥글고 풍만해도 살에 탄력이 없으면 부부 사이가 원만하지 못하고, 턱이 목욕탕에서 갓 나온 것처럼 맑고 윤기가 있을 때에는 건강하고 애정 운도 좋으며 순조로운 생활을 누릴 수 있다.

08 _ 주름

사람의 얼굴에는 주름이 있다. 젊어서는 없던 것이 나이가 듦에 따라 차차 생기는 것이 주름이며, 주름은 그 사람이 살아온 인생을 상징하는 표시이기도 하다.

얼굴에 살이 많고 윤택한 사람은 주름이 적고, 살이 빠져 마른 사람은

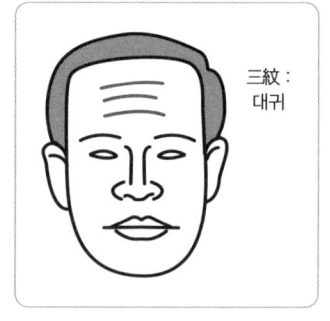

三紋 : 대귀

주름이 많으며, 또한 고생을 많이 한 사람은 주름이 많고, 고생을 적게 한 사람은 주름이 적다는 것이 일반적인 상식이다.

관상학에서 주름을 논할 때 부귀 장수하는 주름도 있고 빈천 단명하는 주름도 있지만 대부분 주름이 있어 좋은 운세를 이루는 경우는 그리 많지 않다.

이마 위에 세 가닥 주름三紋이 있으면 언월문偃月紋이라 하여 귀하게 된다. 그러나 이마 위에 난문亂紋이 이리저리 얽힌 사람은 부모덕이 없고 직업 이동이 심하며 하는 일마다 재앙이 많고 빈궁하다.

코에 갈고리 같은 무늬釣紋가 있으면 남의 아들을 양자로 삼는 경향이 있고 콧대(산근 부위)에 흙토土 자나 선비사士 자 같은 무늬가 있으면 귀히 된다.

눈썹 위에 여덟팔八 자 주름이 있으면 배우자와 자식 덕이 빈약하여 고독하다.

눈초리에 생긴 주름을 소추문掃箒紋이라 하는데, 이런 주름이 있는 사람은 애정에 이상 신호가 있거나 배우자궁이 불리하며 덕이 적다. 눈 바로 밑 볼록 솟은 부위臥蠶의 지저분한 주름을 나망문羅網紋이라 하는데, 이러한 주름의 소유자는 성격이 거칠고 포악하여 관재官災가 많이 따르고 남자는 처자를 극剋하고 여자는 남편궁이 박약하여 과부가 된다.

입술에 주름이 많이 잡히면 식록食祿이 부족하고 고단하며, 아랫입술 바로 밑에 주름이 있으면 이를 승장문承狀紋이라 하여 부귀해진다.

주름은 대체로 40대 이후부터 생성되어 60대엔 선명하게 선이 잡히는 것이 보통인데 여기서 설명한 주름의 길흉 관계는 60대 이전의 관상을 살펴 따지는 것이 한층 더 적중률이 높다.

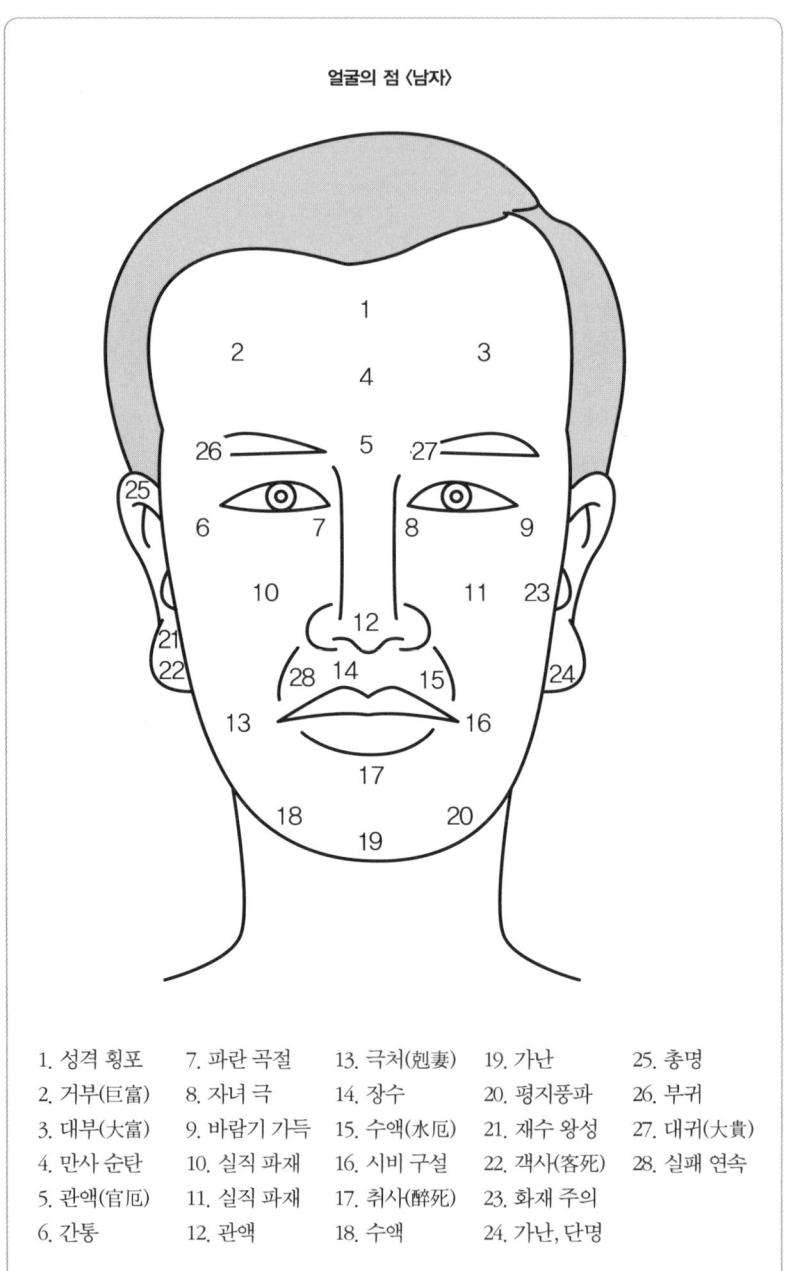

09 _ 점點

점이란 의학적으로 볼 때 생명에 지장이 없는 피부의 양성종양으로 피부 색소가 침착된 것이 반점으로 나타나는 것이다.

관상시觀相詩 편에 "얼굴에 있는 점은 이로운 것이 거의 없고 몸에 있는 점은 해로운 것이 거의 없다面無好點 身無惡點"라고 되어 있다. 그러나 이것은 확률적으로 논한 말이지, 얼굴에 점이나 사마귀가 있다고 해서 전부 나쁜 것은 아니다.

점이나 사마귀는 두 눈썹 속(여자는 대체로 불길), 두 귀, 입술 등 몇 군데를 제외하고는 대부분 불길하며 또한 점은 눈에 잘 보이는 곳에 있으면 불길하고 눈에 잘 보이지 않는 곳에 있으면 길하다고 하겠다.

남녀에 따라 점이 지니고 있는 의미는 몇 개를 제외하고는 대동소이한데 그 특징은 다음과 같다.

(1) 얼굴의 점

좋은 부위에 있는 점이나 사마귀라 할지라도 그 빛깔이 칠漆과 같이 검고 윤택해야 길하다. 검붉은 빛을 띠면 그 점이 갖고 있는 특징에다 구설과 시비가 더해진다고 하겠다. 백색 사마귀는 우환과 형액刑厄이 가중되고, 황색은 하던 일이 도중에 실각失脚되는 흉이 도사린다.

얼굴에 나타나는 점이 여성에게 미치는 영향은 다음과 같다.

얼굴의 점 〈여자〉

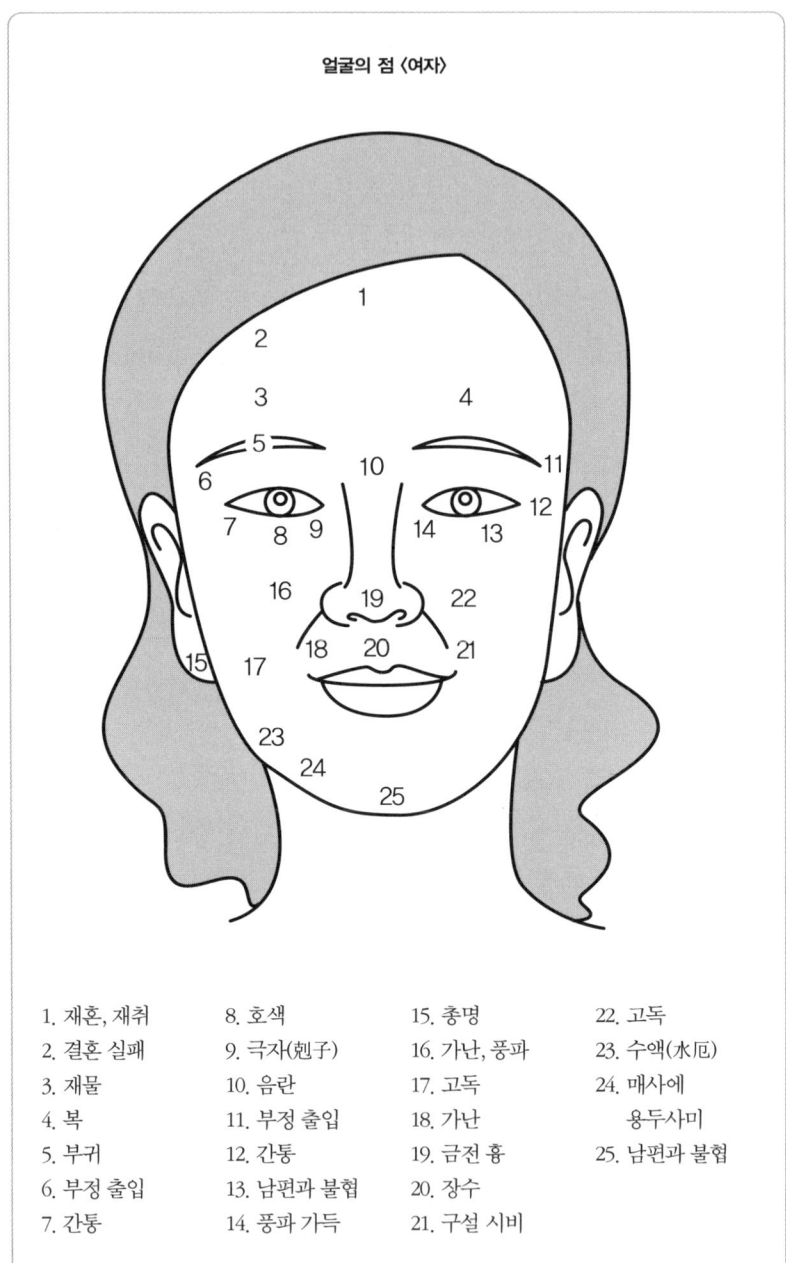

1. 재혼, 재취
2. 결혼 실패
3. 재물
4. 복
5. 부귀
6. 부정 출입
7. 간통
8. 호색
9. 극자(剋子)
10. 음란
11. 부정 출입
12. 간통
13. 남편과 불협
14. 풍파 가득
15. 총명
16. 가난, 풍파
17. 고독
18. 가난
19. 금전 흉
20. 장수
21. 구설 시비
22. 고독
23. 수액(水厄)
24. 매사에 용두사미
25. 남편과 불협

잘못된 지식으로 자신의 운명을 한층 더 파란만장하게 한 경우가 있었는데, 1940년대 말에서 1950년대 초에 기생들 사이에 유행처럼 번져 뺨이나 입 언저리에 눈썹 화장 연필로 찍어 넣었던 '애교 점'이 그 한 예다. 17과 25에서 보듯 애교점이라고 찍었던 것이 고독과 구설수, 남편과의 불협을 조성하는 것으로 스스로 불행을 불러들인 격이 되겠다.

청춘 남녀들이 꼭 알아두어야 할 점으로 6과 7, 11과 12에 있는 점을 들 수 있다. 눈초리 부위奸門에 있는 점인데 얼굴의 좌우, 남녀를 불문하고 아주 흉한 점이다. 이 점은 애정 생활에 파란곡절을 야기하는데, 결혼 전에 이성 관계가 복잡 다양하거나 결혼 뒤에도 비밀리에 애정 행각을 조장하는 점으로 매우 흉하다. 특히 이 점이 여성의 오른편에 있으면 남자가 여성에게 불만이 있는 징조이고 왼편에 있으면 여자가 남편에게 불만이 있어 제2의 애정 행각을 하게 된다는 흉점이다.

(2) 몸의 점

몸에 있는 점은 얼굴에 있는 점에 비해 의미는 약하지만 잠재된 성격을 점칠 수 있다. 또 옷에 가려지는 점은 대부분 행운 점이다.

흉한 점은 되도록 제거하는 것이 좋은데 작은 점은 전기소작으로, 큰 점은 성형외과에서 피부 이식을 하면 된다. 단, 점을 뽑았는데 흉터가 지면 뽑으나 마나 한 결과이니 흉터가 생기지 않도록 관리해야 한다.

몸의 점

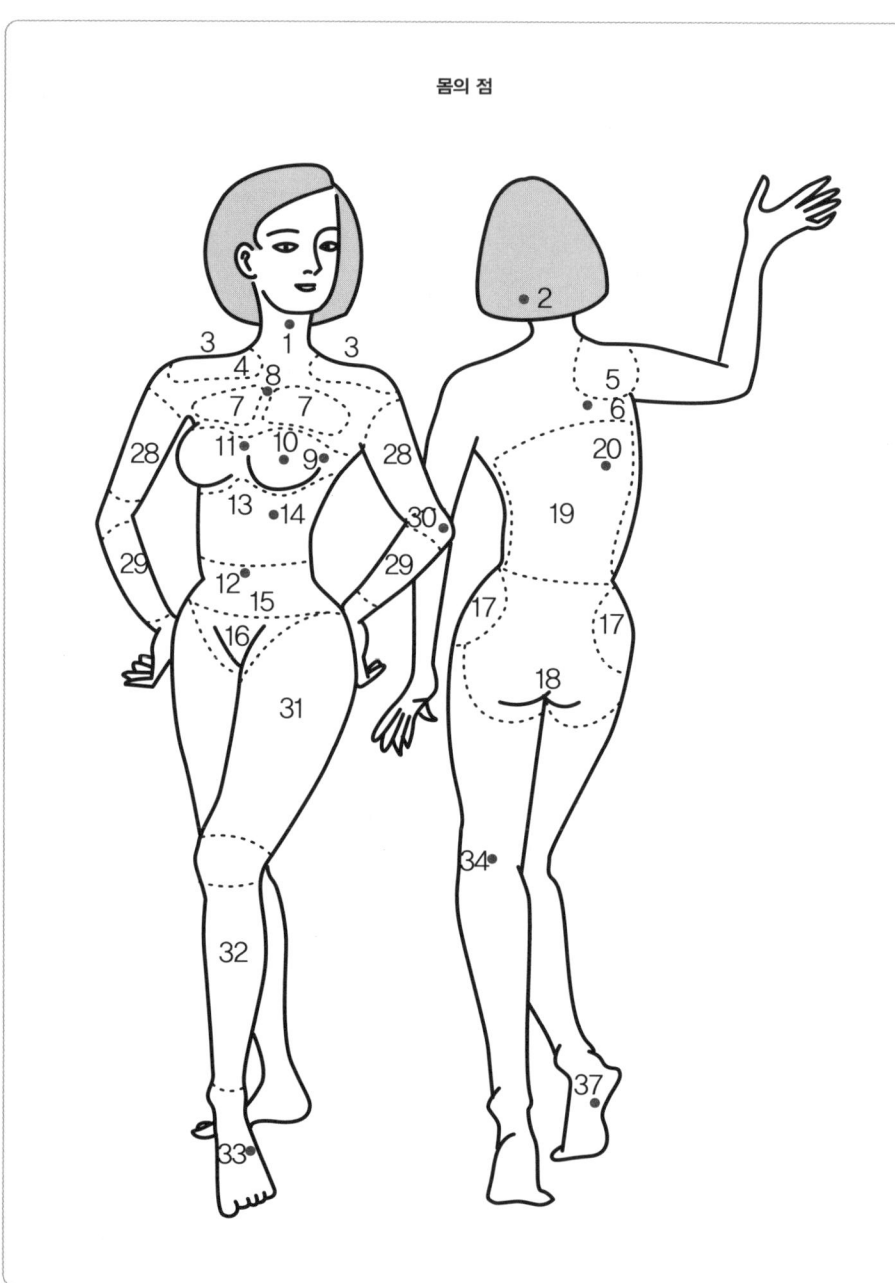

손바닥의 점

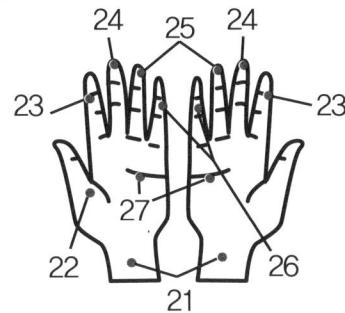

발바닥의 점

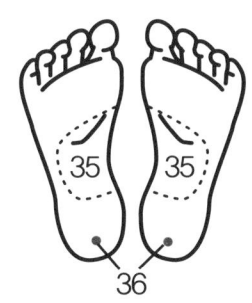

1. 언쟁(言爭)
2. 타인에게 이용당할 우려
3. 타인에게 신뢰
4. 겁쟁이
5. 중매결혼
6. 명랑 쾌활
7. 자식 복
8. 스트레스 유발
9. 인내
10. 성격 자상
11. 고집
12. 건강
13. 저축
14. 불륜, 부정
15. 만혼(晩婚)
16. 배우자 덕
17. 만혼
18. 팔방미인
19. 사교성 우수
20. 감수성 예민
21. 리더십
22. 구두쇠
23. 타인에게 신뢰
24. 오해받을 가능성
25. 좋은 직장
26. 과거 집착
27. 건강에 탈
28. 행동파
29. 센스 탁월
30. 애정에 이상 신호
31. 끈기파
32. 소망 성취
33. 수완 발휘
34. 이별
35. 행운
36. 유산상속
37. 방랑

11장
신수 · 궁합 · 운세

physiognomy

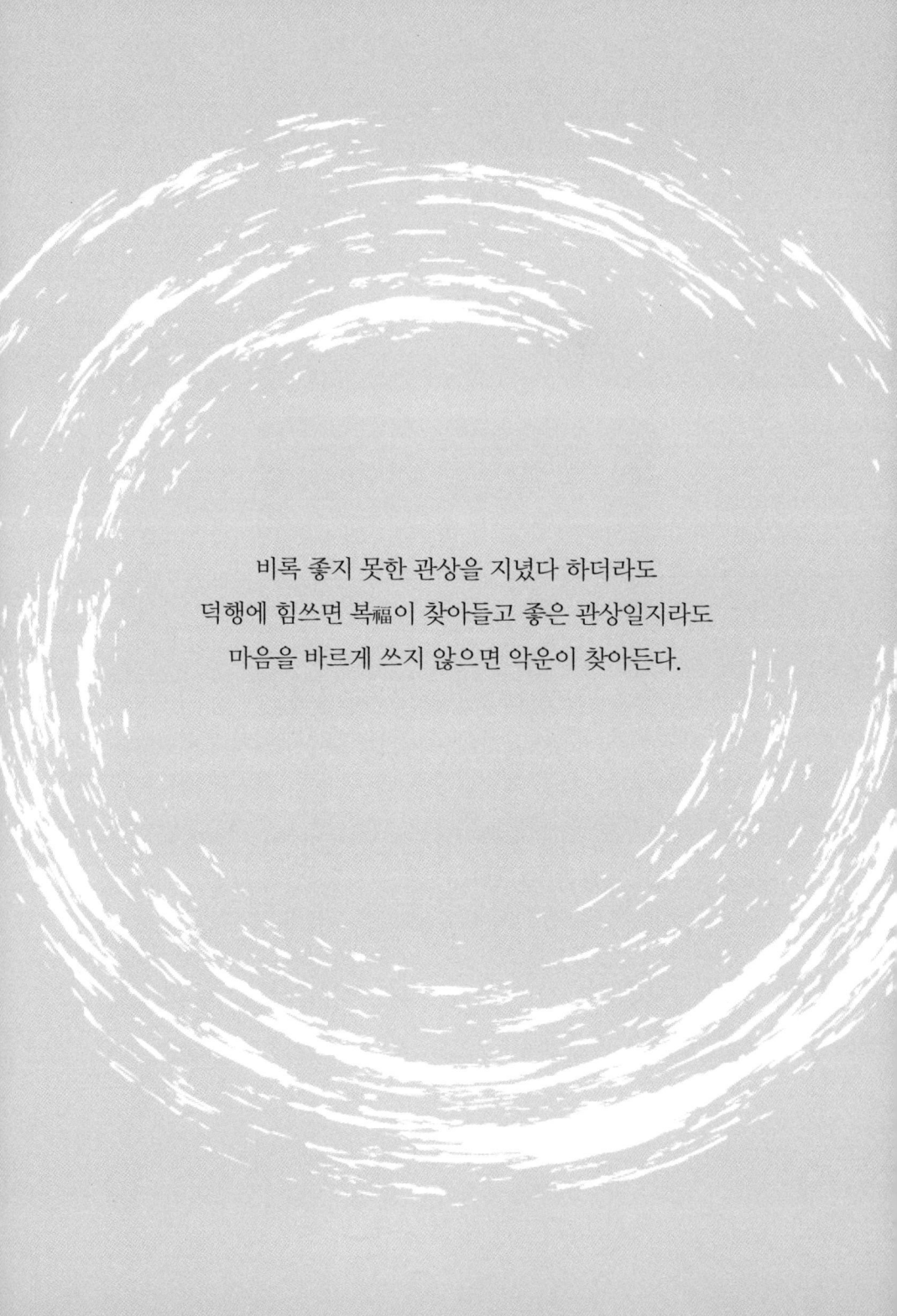

비록 좋지 못한 관상을 지녔다 하더라도
덕행에 힘쓰면 복福이 찾아들고 좋은 관상일지라도
마음을 바르게 쓰지 않으면 악운이 찾아든다.

01 _ 관암신수 보는 법

먼저 〈도표 1〉에서 자기가 태어난 띠를 찾는다. 그리고 자기 띠에서 생월과 생일(음력)을 시계 방향으로 하나씩 짚어나간다. 그런 다음 무자년(2008년) 운세를 보기 위해서는 무자년 태세 수太歲數인 '16'을 짚어나간다.

> **예) 쥐띠 음력 6월 21일생(2008년 운세)**
> ① 〈도표 1〉에서 '쥐 자리'를 찾는다.
> ② 쥐(子·1번)에서 6월생이니까 오른쪽으로 6칸(자기 자리를 1칸으로 포함)을 가면 뱀 자리(巳·6번)가 된다.
> ③ 그 자리에서 생일 '21'을 계속해서 짚어가면 21번째 소 자리(丑·2번)가 된다.
> ④ 여기서 2008년 운세를 보려면 무자년 태세 수인 16을 다시 짚어가면 용 자리(辰·5번)가 된다. 그러므로 쥐띠 6월 21일(음력)생의 무자년 운세는 운세 풀이에서 '5번 용 자리'를 읽으면 된다.

도표 1

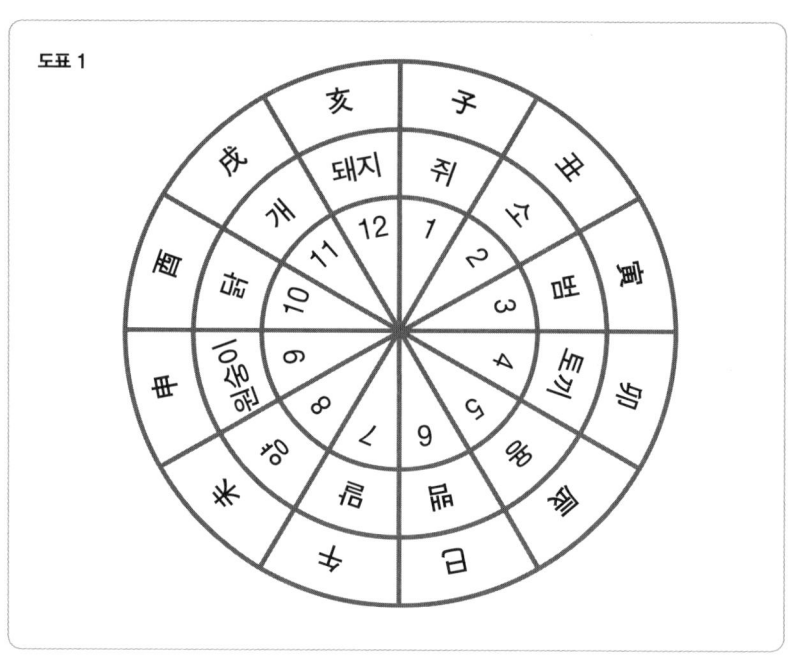

태세 수 표

갑자 20	을축 21	병인 17	정묘 16	무진 18
기사 18	경오 17	신미 20	임신 18	계유 17
갑술 22	을해 19	병자 18	정축 19	무인 15
기묘 19	경진 21	신사 16	임오 15	계미 15
갑신 21	을유 20	병술 20	정해 17	무자 16
기축 22	경인 18	신묘 17	임진 19	계사 14
갑오 18	을미 21	병신 19	정유 18	무술 18
기해 20	경자 19	신축 20	임인 16	계묘 15
갑진 22	을사 17	병오 16	정미 19	무신 17
기유 21	경술 21	신해 18	임자 17	계축 18
갑인 19	을묘 18	병진 20	정사 15	무오 14
기미 22	경신 20	신유 19	임술 19	계해 16

(1) 쥐子 자리

운 세 ㅣ 하늘과 땅이 화합하여 대자연의 생물을 창조하듯 새 마음 새 출발로 모든 것이 새로워져 뜻한 바대로 업무가 진행 발전되며 가정에 길성吉星이 비쳐 화락한 경사가 있을 현상.

월 운 ㅣ

1월   막혔던 개울물이 확 뚫리듯 만사형통하며 소원 성취.
2월   가정에 의견 갈등과 우환 주의.
3월   마음먹은 일이 순탄히 진행되고 업무 상승세.
4월   노력에도 불구하고 대가가 미진하니 휴식기의 운.
5월   시비 구설 주의.
6월   진취적 기상으로 문서 금전에 행운.
7월   손안에 복이 들어오니 매사 활기 띠고 의외의 횡재.
8월   오점 없게 주변 정리 정돈하면 평정의 운(이사, 변동에 길).
9월   기대 이하의 수입과 판단 실수로 좌우 불안.
10월 주위의 귀인 협력으로 입신양명하고 업무에 활기.
11월 건강에 다소 무리가 따를 듯.
12월 현상 유지에 전력투구해야 하고 애정에 공백 수.

(2) 소丑 자리

운세 ｜ 모로 가도 서울만 가면 된다는 식으로 의욕과 정열은 불타나 주변 환경과 구비 조건이 미성숙해 매사가 겉은 화려하되 속이 비어 있는 형상. 내실에 만전을 기하고 가환신액家患身厄에 주의해야 하며 상문살이 침입하였으니 상가喪家 출입을 금하고 대인 관계에서는 7획 성씨를 주의할 것.

월 운 ｜

1월 다소 하향세로 일 보 전진을 위한 이 보 후퇴가 필요. 가정 구설수.
2월 부진한 업무에 서광이 감돌고 문서 장만에 길조.
3월 경제적으로 얽매여 곤란한 지경.
4월 진퇴양난의 시기로 대내외적 구설 주의.
5월 노력한 만큼 수확과 대가로 안정세 진입.
6월 지수가 오르락내리락하며 미혼자는 연분홍 사연 수.
7월 업무에 길흉이 교차하며 금전 거래는 불리. 변동 변화는 길吉.
8월 마음과 뜻이 일치되지 않아 심사가 산란.
9월 명예, 복록이 찾아들어 발복發福할 수.
10월 예상 외의 금전 타격과 사기 수 주의.
11월 가정과 애정에 불화 조짐.
12월 묵은 근심 해소되고 전화위복할 수.

(3) 범寅 자리

운세 | 메마른 고목나무에 꽃이 피는 격이니 균형 있는 생활로 하는 일마다 일거양득의 기회가 생기고 명예, 직위, 사업에 알찬 실리 추구로 만사형통할 수. 주택 마련에 희소식.

월 운 |

1월   노력한 결과에 재록이 충만하고 가정에 경사 수 발생.

2월   포부와 이상은 크나 판단 착오로 흥패가 엇갈린 희비쌍곡선의 운.

3월   믿었던 사람이 도리어 나를 이용하니 뱀띠, 돼지띠 주의. 관재 발생.

4월   자수 형통하여 동산·부동산에 재산이 증식되고 난제 해결로 운 상승.

5월   현상 유지, 미혼자는 결혼 수, 임신부는 득남 수.

6월   남의 일에 간섭 말아야 하고 구설수 주의(이사, 변동에 길조).

7월   금전 회전 안 되어 손발이 묶여 있고 마음에 흔들림이 생길 수.

8월   대내외적으로 기반이 성숙되어 최고 행운의 달로 만사 성취.

9월   업무에 리듬이 깨져 마음에 동요가 있으나 재수는 현상 유지될 수.

10월   애정 운에 정은 있으나 이상이 안 맞아 불화 수.

11월   입신양명하고 업무의 호황으로 웃음꽃 만발.

12월   신경성 건강 주의.

(4) 토끼卯 자리

운세 | 주위의 여러 가지 환경 여건과 위치가 파도 위의 돛단배 격으로 중도에 좌절과 실패가 있고 경험 없는 일에 손을 댔다가 낭패를 당할 수이니 현업을 고수하고 안정 도모에 전력해야 할 수. 귀인은 10획 성씨.

월 운 |

- 1월 평지풍파 격으로 움직이면 움직일수록 손해이니 은인자중해야 할 때.
- 2월 업무 침체와 재수 불안으로 인한 구설 관재 수.
- 3월 어려운 국면에서 탈출 운. 호전으로 문서에 기쁨.
- 4월 대내외적 행운 무드로 금전 수입 양호하고 귀인의 협조로 대길大吉.
- 5월 엉뚱한 유혹으로 업무에 소홀하고 큰 소망 무산. 변동 변화는 금물.
- 6월 세찬 시련 엄습으로 일신이 곤고하고 매사가 불안정한 시기.
- 7월 경제적 불황이 회복되고 전진과 희망이 기약될 수.
- 8월 업무에 지체가 많고 손재수 발생.
- 9월 실속 없는 애정 운으로 헤어지면 그립고 만나면 시들.
- 10월 심신이 안정되고 천지가 융화되니 만사형통 수.
- 11월 가정에 우환과 불화 주의(자녀 문제, 노부모 건강 문제 발생).
- 12월 권좌득위權座得位 격.

(5) 용龍 자리

운세 | 돈도 벌고 명예도 얻을 목적으로 말처럼 경중경중 동분서주하나 실리 부족과 상하 불협화음으로 매사 안타까움과 아쉬움이 남는 시기. 특히 시비를 가까이하지 말 것.

월운 |

1월 이래볼까, 저래볼까 마음의 공상만 있고 목적은 완성되지 못할 수.

2월 금전 순환으로 부진한 업무가 안정 궤도에 진입.

3월 기회 포착으로 하는 일마다 일석이조의 흑자로 만복 강녕.

4월 환경에 새 변화가 추구되어 원행, 여행 수. 재수는 평범.

5월 업무에 뜻밖의 제동이 와 금전 손실이 있고 건강에 적신호.

6월 과욕으로 고통 고민이 수반되고, 약속된 금전 수입이 펑크 날 수.

7월 신역이 고되고 대사가 역부족으로 전진보다 후퇴의 전술이 필요.

8월 가정 화합에 주력하도록.

9월 처음엔 노고가 많으나 점차 물질적 번영이 있고 만사 순탄.

10월 가정 우환, 건강 주의.

11월 생활이 풍요하고 업무가 대성하여 행운이 쌍무지개 뜨는 형상.

12월 공사 간에 괴로운 시련이 찾아와 모든 일이 정지된 상태.

(6) 뱀巳 자리

운세 | 잠자던 청룡이 단비를 만나 여의주를 희롱하는 형상을 하니 무에서 유가 창조되는, 시작도 좋고 끝도 좋은 부귀 쌍전富貴雙全의 운. 다방면으로 통달함이 있어 사업, 직장에 대발전이 있고 특히 문서 관계에 최고 길조.

월 운 |

1월 음양이 상합하니 업무에 기반이 확립되고 투자 투기에 희소식.

2월 대내외적으로 마음먹은 일이 성취되고 애정에 경사 수.

3월 목돈 주택 마련에 절호의 기회가 찾아오고 고대하던 일에 기쁜 소식.

4월 인간 관리 소홀로 재수 부진하여 공사公私에 막힘이 많은 슬럼프 운.

5월 주위의 신망과 인기로 활동에 능률이 오르고 난제 해결.

6월 재수 하향세이며 가정과 애정 생활에 화목 도모가 최우선. 물 조심.

7월 사기 수가 있으니 문서 관리에 철저해야겠고 늦게 형성될 수.

8월 일에 머리만 있고 꼬리가 없어 결과 미진으로 마음 공허.

9월 보람과 이득 속에 지운이 왕성하여 매사 되로 주고 말로 받는 격.

10월 사방에서 좋은 일 밀려와 전도양양하여 성공 기약될 수. 단, 지출 과다.

11월 주색과 잡기에 가까이 말며, 운 하락으로 활동에 제약받을 수.

12월 잃는 것과 얻는 것이 반반이며 관재 구설수.

(7) 말午 자리

운세 | 오동나무 위에 봉황이 앉아 있는 형상이니 동서남북으로 행운이 감돌아 부귀가 뜻대로 성립되고 명석한 두뇌와 지능 활용으로 수입에 확실한 판로가 개척되어 태평성대를 누릴 수. 북쪽으로 원행은 금물.

월 운 |

- 1월 관록과 재물로 만인에게 추앙받으며, 바쁜 만큼 실속 추구될 수.
- 2월 활동이 활발히 전개되어 업무의 확고한 기반이 정립되고 모든 일이 욱일승천旭日昇天할 수.
- 3월 수입과 지출에 오차 발생되며 금전 관계로 골칫거리 발생.
- 4월 쓴 것 지나고 단 것이 찾아오니 입신양명에 만인 앙시仰視 격.
- 5월 지출 많아 가계에 주름살. 물놀이 삼가.
- 6월 잠정적으로 매사가 중단. 기분 전환으로인한 애정 생활의 불화 수를 방지할 것.
- 7월 고달프나 노력의 대가가 있고 찬스에 강해 목적 달성에 경사 충만.
- 8월 가정 우환 수.
- 9월 모사 대길謀事大吉하며 신용이 재산 되어 업무에 소망이 활짝.
- 10월 소리만 크고 실속이 적은 시기로 근신하면 흉이 변해 길.
- 11월 손재, 송사 시련 수.
- 12월 의외의 수입으로 가정에 웃음꽃 피고 미혼자엔 백년가약 소식.

(8) 양未 자리

운세 | 헌것이 물러가고 새것이 찾아드는 격이니 일대 변동, 변화의 변혁 수로 대내외적 업무와 환경에 전환이 와 새 운이 시작. 초반에 금전 압박으로 고생을 하지만 후에 노력의 영광이 오는 선흉후길의 운. 이사, 신축 개업, 이동에 길조.

월 운 |

1월 새 마음 새 뜻으로 계획이 전개, 진행되어 업무에 음양이 상합된 수.

2월 자금과 지지 기반 부족으로 곤경이 있고 외화내곤 격.

3월 잠재력이 발휘되어 궁핍한 환경에 귀인 선용으로 목적 달성.

4월 사사건건 악전고투로 일신이 피곤하고 과다 지출로 울상.

5월 최선을 다하면 일시적 재수는 있으나 다소 침체기. 애정에 고독 수.

6월 어렵던 일에 실마리가 풀리고 상승세의 저력으로 씨 뿌린 만큼 수확.

7월 가정에 우환 겹치고 수입에 차질 수.

8월 이사, 문서 이동, 구직에 좋은 결과. 조건과 여건 성숙으로 소망 운 길.

9월 경영난이 발생하고 경솔한 업무 처리로 가계부 적자.

10월 좌우에 막힘이 많고 돈 문제로 구설 초래.

11월 갈등 해소되고 소득 보고 쌓아 올린 기반이 완성되는 수.

12월 복성조명復星照明하니 수 상승하고 의식주 풍요.

(9) 원숭이申 자리

운세 | 새로운 것에 대한 도전이냐, 확장이냐, 아니면 재정비냐가 문제인데 매사가 경제적으로 불안하여 한 고비가 풀리면 다시 한 고비가 찾아오니 심사가 무덕無德하고 와신상담해야 할 수.

월 운 |

1월   경영 불황으로 부채 과중하며 의욕 상실로 본분을 망각할 수.

2월   가뭄에 소나기 내리는 격이니 슬럼프 훌훌 떨치고 재수 호황.

3월   일확천금의 감언이설에 의한 손재와 신경성 건강 유의.

4월   업무에서 도중하차. 가정에 적막 있고 애정 운에 공방 수.

5월   타인과의 경쟁에서 승리의 환호를 부를 수이며 시련이 가고 소망 성취.

6월   가내에 뜻하지 않은 사고로 금전적·정신적 액운 피해 수.

7월   고뇌가 환희로 전환되어 골칫거리 해결되고 입신출세로 승승장구.

8월   주위의 사정이 뜻과 같지 않고 계획된 업무 진행에 브레이크.

9월   대인 관계에 언쟁이 있고 업무에 계획된 목적 수정이 불가피.

10월   뜨거운 고비 지나고 분주함 속에 안정된 수입 확보. 승진 수.

11월   단체 활동에 두각을 나타내고 화평 의지로 백사 대길. 과음 주의.

12월   상향 운에서 하향 운으로 기우니 물심양면으로 수난이 있을 수.

(10) 닭酉 자리

운세 | 땅속에 묻힌 보물이 세상 빛을 보는 격이니 업무는 동서에 재물은 남북에 귀인이 자리 잡아 쌓아 올린 노력의 공든 탑이 완성. 대외적으로 진급 영전, 표창의 경사와 가정적으로는 주택 증가되는 창성의 수.

월운 |

1월　영웅호걸이 때를 만나 활약하듯 대내외적으로 번영할 수.
2월　금전 심부름으로 곤란 오고 마음 방황으로 업무 소홀.
3월　애정에 대화 부족과 동상이몽으로 이별 수.
4월　조화 있고 균형 있는 발전으로 금전적 수입과 소망 성취에 최고 길.
5월　노부모 건강과 자녀의 속 썩임이 있는, 가정에 모순이 있는 시기.
6월　의외의 횡재가 있고 업무에 배 이상의 능률.
7월　본의 아닌 실수로 평지풍파 수이니 가급적 움직임보다 현 자리 고수.
8월　좌충우돌하여 시비 구설로 대내외 시끄러움 발생.
9월　투자, 투기로 문서 대길하고 가정에 경사 발생.
10월　업무 확장되고 명예에 만인 앙시하여 재수 대길.
11월　큰 소망은 무산되고 작은 소망만 성취되니 일신이 부자유할 수.
12월　쥐띠, 말띠를 주의. 좌우가 불안하여 심신에 스트레스.

(11) 개戌 자리

운세 ㅣ 일시적인 성공은 있으나 매사가 불안전하여 생활에 기복이 심하고 일은 곱절로 하나 돌아오는 공덕은 반으로 줄어드는 하향 곡선의 운. 변동, 변화는 손재와 화근을 초래하며 14획 성씨와 대인 관계는 불리.

월운 ㅣ

1월 뜻과 계획은 있으나 길이 없어 걱정이고 금전 곤란.
2월 애정에 흉성凶星 침범으로 부부궁에 먹구름 수.
3월 부진했던 주변 일이 해결되고 꽃 피우고 열매 맺는 격.
4월 가정 우환으로 피곤 가중.
5월 꿈 좋고 해몽 좋으니 마음먹은 일이 순조로이 성사되고 재수 상승.
6월 앞뒤로 막힘이 많고 시련 속에 문서, 돈 문제로 풍파 가중.
7월 상가喪家 출입 말며 불법적인 행동과 유혹으로 관재 구설수.
8월 가기家器 장만되고 문서 재수에 문제점 해결.
9월 화락 화평하며 미혼자는 결혼 수, 임산부는 득남 수.
10월 살림살이에 긴축이 필요하며 바쁘지만 실속이 없는 수.
11월 술자리에 가까이 가면 구설수. 업무의 재수는 하향세.
12월 금전 순환이 순조로워지고 일신에 행운 가득.

(12) 돼지亥 자리

운세 | 부부궁과 애정 운에 파란이 일어나 풍파 속에 가시밭길 걷는 격.

월 운 |

1월 수입에 비해 지출 많고 애정 운은 멀고도 가까운 임이로다.
2월 오곡백과 만발하니 수입 호전, 매사에 활력으로 소원 성취.
3월 불만족이 계속되고 일에 지체됨이 많고 가정에 시련 수.
4월 재물, 명예, 직위가 상승하고 상하의 화합으로 출세의 기틀 확립.
5월 이성 유혹으로 삼각관계에 주의. 재수 하락.
6월 산 넘어 강이니 금전난에 구설까지 겹치고 묵은 근심이 화근 초래.
7월 고난 넘어 업무 상승세로 고대하던 일에 경사. 문서, 주택 운 대길.
8월 복과 녹이 무궁하고 공명을 떨쳐 승급, 영전의 행운 수.
9월 이사, 변동 수.
10월 빛 좋은 개살구 격이니 매사 이름뿐이고 실속이 없으며 재수 침체.
11월 명리名利가 왕성하고 가운家運이 발전할 수.
12월 욕망이 제지당하고 순간적 분위기로 탈선 초래하여 망신 수.

02 _ 발바닥 모양으로 본 건강 운

인간의 신체가 차가운 음陰의 부분과 따뜻한 양陽의 부분으로 나뉜다는 것은 역학易學의 음양오행설에 근거한 것이다. 신체의 앞쪽은 음이고 뒤쪽은 양이다. 따라서 복통은 음의 병이므로 찬 음식은 금물이다. 뿐만 아니라 인체의 내장 기관은 모두 목화토금수木火土金水의 오행 중 하나로 분류된다. 이 같은 장기는 발바닥의 각 부분과 연관이

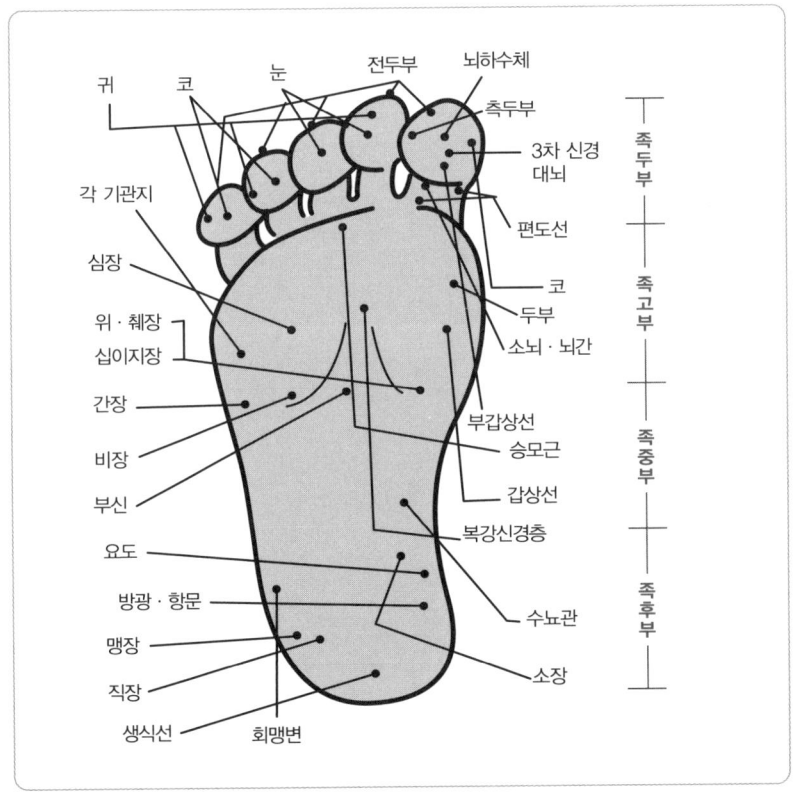

있는데 이를 보고 건강을 파악하는 것이 족상足相으로, 수상手相과 함께 중국에서 시작되어 2천여 년의 전통을 갖고 있다.

족상은 심장에 가까운 왼쪽 발바닥을 보는 것이 원칙이다. 발바닥에 먹물을 칠해 족형을 먼저 뜬다. 흐리게 나타나거나 잘 안 나타나는 곳에 질병의 원인이 도사리고 있다.

발바닥의 각 부위와 신체 기관의 관계는 그림과 같다. 발바닥을 네 부분으로 나눠 살펴보자.

(1) 족두부足頭部

발가락 끝의 선이 뚜렷하지 않거나 없는 경우 머리 앞쪽에 이상이 있다는 표시다. 이럴 때는 감기에 잘 걸리거나 축녹증이 잘 생긴다. 심한 경우 언어장애나 기억력 약화가 오기도 한다.

특히 엄지발가락의 끝은 뇌하수체의 상태를 알려주는 중요한 역할을 한다. 뇌하수체가 약한 사람은 이 부분에 주름이 많고 피부의 살결이 안 보이며 근육에 탄력이 없고 여성의 경우는 유방의 발육 부진 현상이 나타난다.

발에 맞지 않는 구두를 오래 신으면 화근이 된다. 옆머리의 삼차신경 이상은 편두통, 안면신경통의 원인이 된다.

머리에서 어깨에 걸쳐 뻐근한 증세나 통증이 느껴지면 엄지발가락의 상부를 주목해볼 필요가 있다. 구두가 지나치게 발을 압박하면 이 부분에 티눈이 생긴다. 또 편도선에 문제가 있는 사람의 족형을 떠보면 이 부분이 희미하게 나온다.

엄지발가락의 뿌리 부분은 부갑상선과 연결된다. 이것이 약하면 칼슘 부족으로 뼈가 약해져 편두통이나 냉증에 걸리기 쉽다.

(2) 족고부足高部

둘째·셋째 발가락의 밑, 족고부의 중앙 부분이 뚜렷하지 않은 것은 신장이 나쁘기 때문이다. 안색이 안 좋고 비듬이 많으며 발 냄새도 심하다. 또 주근깨, 피부의 반점, 여드름이 많이 생긴다.

문제가 있는 부분을 하루 5, 6회 나무 막대기로 두드려주면 기능이 회복된다.

둘째 발가락부터 새끼발가락의 밑 부분이 잘 안 나오는 족형은 목과 어깨 근육에 문제가 있다. 이곳의 근육들은 무거운 머리를 지탱하거나 항상 움직이는 팔을 받쳐주기 때문에 피로가 오기 쉬운 곳이다. 또 머리, 어깨뿐 아니라 손이 저리거나 마비되고 수면 부족이 되기 쉽다.

폐와 기관지가 약하면 새끼발가락 및 부근의 족형이 뚜렷하게 나오지 않는다. 이럴 경우 코 주위의 피부가 흰색이 되고 살결도 희미해진다. 감기에 특히 주의해야 한다.

엄지발가락 바로 밑의 솟아오른 부분이 잘 안 나타나거나 희미하면 갑상선이 정상적으로 기능하지 않고 있다는 증거다. 정서 불안이 되거나 기능의 이상 항진으로 바제도병에 걸릴 위험이 있다.

위, 십이지장, 췌장이 나쁜 사람은 발바닥의 움푹 들어간 곳, 즉 심장부의 상부가 큰 모양을 보인다. 중앙 부분의 약간 아래는 복강腹腔 신경층의 변조가 나타나 따끔거리는 통증을 느끼게 된다.

(3) 족중부足中部

이 부분은 심장을 포함하고 있어 족형을 떴을 경우 뚜렷이 나타나는 부분이 적은데 작은창자, 방광, 요도 등의 상태를 알아볼 수 있는 곳이다.

작은창자에 장애가 있으면 영양의 흡수가 부족해지기 때문에 노화가 촉진돼 탈모, 피로, 저혈압의 원인이 된다. 장심의 밑에서부터 족후부足後部의 위까지 걸친 족형의 농담濃淡이 판단의 기준이 된다.

작은창자와 일부 중복되지만 약간 아래쪽에 방광, 요도와 관계되는 부분이 있다. 방광염, 빈뇨증, 고혈압, 동맥경화가 있는 사람은 장심이 아래쪽으로 넓어지는 형태를 보인다. 이런 타입의 사람은 엄지발가락부터 새끼발가락까지 발가락 옆 부분을 충분히 마사지해주면 좋다. 문지르는 순서는 상관없다.

족고부의 신장 부분부터 방광, 요도 부분의 사이가 수뇨관輸尿管의 상태를 알 수 있는 부분이다. 문제가 있는 경우 신장부터 방광으로 흐르는 오줌의 진행이 방해받아 염증이 생기면 하복부에 진통 비슷한 격통이 생긴다.

(4) 족후부足後部

발바닥 뒤쪽의 윗부분은 방광, 요도의 일부와 항문의 상태가 나타나는 곳이다. 안쪽이 빈약한 역삼각형의 사람은 치질이나 변비에 걸리기 쉽다.

직장은 족후부 바깥쪽의 약간 아랫부분이다. 항문 부분부터 계속 엷거나 잘 안 나타나고 바깥 부분밖에 안 나타났을 경우 치질, 직장 폴립에 주의해야 한다.

회맹변回盲弁이란 외측 상부로 소장과 대장이 만나는 부분이다. 이곳에 문제가 생기면 가스가 차 하복부가 팽만하여 고통을 느낀다.

직장 부분의 외측이 선명하게 나오지 않으면 맹장에 주의해야 한다. 이곳이 약하면 회맹변에도 악영향을 미친다.

뒤꿈치 부근은 생식선의 상태가 나타나는 곳으로, 불감증 여성과 조루의 남성은 이곳의 족상이 뚜렷하게 나타나지 않는다.

끝으로 복사뼈 부분을 문질러주면 여성은 자궁, 남성은 전립선의 활동이 높아지기 때문에 시간이 나는 대로 틈틈이 시도해봄도 좋을 것이다.

03 _ 궁합과 운명

(1) 띠와 생월生月로 보는 배우자궁과 애정궁

"한쪽의 나래로는 날 수 없기에 그대는 왼쪽 나래, 나는 오른쪽" 하며 열창하는 어느 미남 가수의 노랫말이 있다. 남자와 여자는 각기 날개가 하나밖에 없기 때문에 둘은 하나가 되어 포옹을 해야만 행복의 푸른 하늘을 날 수 있다는 독일 철학자의 말이 생각난다.

인간이 살아가는 동안 많은 만남이 있지만 그중에서 남녀의 만남이야말로 인생 여정에서 제일 중요하며, 우리는 그런 만남 속에서 솜사탕과 같은 행복, 때론 돌이킬 수 없는 불행을 직접·간접적으로 겪곤 한다. 잘 만나면 깨가 서 말, 잘못 만나면 눈물이 서 말이라는 옛 속담이 있다. 서로 각기 다른 환경에서 성장하여 개성이 다르고 특성이 다른 남남이 만나 사랑하며 행복하게 살아가는 것이 말처럼 그리 쉬운 것이 아닌가 보다.

궁합 이론에 앞서 먼저 알아두어야 할 중요한 요점이 있다. 우리는 흔히 원앙 부부 소리를 듣던 부부가 어느 날 갑자기 어떤 이유로 인해 영영 돌이킬 수 없는 험악한 사이가 되는 경우라든지, 아니면 원수 같은 배우자를 만나 고생만 숱하게 하고 갖은 고초를 다 당하면서도 이혼하지 않고 지지고 볶으며 하루하루를 살아가는 부부를 볼 수 있다.

　이것을 쉽게 운명학적으로 설명해보면, 예를 들어 A라는 남자와 B라는 여자의 궁합을 보았을 때, 최고의 길한 궁합일지라도 A나 B 둘 중 한 사람이 결혼에 한 번 실패를 한다는 팔자(운명)를 타고났다면 그들이 한때 아무리 부부애가 좋더라도 어느 한 사람의 운명 때문에 이별을 하는 경우가 생기게 되는 것이다. 마찬가지로 불화 속에 사는 부부가 이혼, 이별 없이 고단하게 백년해로하는 것은 궁합은 나빠도 그 부부 어느 한 사람에게도 이별, 이혼 수가 없기 때문에, 즉 운명학적으로 이혼하려는 팔자를 타고나지 않았기 때문에 그렇게 우여곡절을 겪으면서도 한평생을 사는 것이다. 또한 결혼에는 반드시 시기가 있어, 예를 들어 우리가 풋과일을 먹었을 때 종종 체하듯이 만일 내가 27세에 결혼하는 것이 좋은데 25세에 결혼한다면 약 2년간은 궁합이 좋든 나쁘든 대내외적으로 시련이 있게 되고, 25세에 결혼해야 길한데 27세에 결혼한다면 달콤하고 감미로운 감정이 약간은 시들하게 된다.

　그러므로 궁합에 앞서 먼저 자기 자신의 배우자궁이 어떠하고 만혼晩婚이 좋은가 아니면 조혼早婚이 좋은가 하는, 자기 자신의 운명철학, 팔자소관을 아는 것이 제일 중요하다. 그래서 자신의 배우자궁을 보는 법을 알 필요가 있다.

　배우자궁과 애정궁이 좋은 사람은 겸허한 자세로, 또 불길한 사람은 배전의 노력으로 결혼 생활에 최선을 다하는 마음의 자세를 가져

도표 1

띠 \ 유형(생월)	A형	B형	C형	D형	E형	F형	G형	H형	I형	J형	K형	L형
쥐	4월	5월	6월	7월	8월	9월	10월	11월	12월	1월	2월	3월
소	1월	2월	3월	4월	5월	6월	7월	8월	9월	10월	11월	12월
호랑이	10월	11월	12월	1월	2월	3월	4월	5월	6월	7월	8월	9월
토끼	7월	8월	9월	10월	11월	12월	1월	2월	3월	4월	5월	6월
용	4월	5월	6월	7월	8월	9월	10월	11월	12월	1월	2월	3월
뱀	1월	2월	3월	4월	5월	6월	7월	8월	9월	10월	11월	12월
말	10월	11월	12월	1월	2월	3월	4월	5월	6월	7월	8월	9월
양	7월	8월	9월	10월	11월	12월	1월	2월	3월	4월	5월	6월
원숭이	4월	5월	6월	7월	8월	9월	10월	11월	12월	1월	2월	3월
닭	1월	2월	3월	4월	5월	6월	7월	8월	9월	10월	11월	12월
개	10월	11월	12월	1월	2월	3월	4월	5월	6월	7월	8월	9월
돼지	7월	8월	9월	10월	11월	12월	1월	2월	3월	4월	5월	6월

야겠다.

〈도표 1〉은 배우자궁과 애정궁이 어떠한가를 알아보는 표인데 예를 들어 양띠이며 10월달에 태어난 사람의 애정궁을 보려면 D형을 찾아보면 된다.

❶ A형-선흉후길의 애정

초년에는 의견 다툼으로 굴곡 있는 애정 생활 속에 순간의 탈선이나 번뇌가 있겠으나 자녀를 얻고 나서 액운이 지나 태평성대하는 선흉후길의 애정형.

❷ B형 - 만남과 이별의 반복

봄바람 가을 달에 고독이 밀려오고 이상과 뜻의 불일치로 헤어졌다 만났다 해야 하는 우여곡절이 있으나 늦은 결혼을 하면 좋은 형.

❸ C형 - 제2의 연인이 유혹

꽃은 피었으나 열매가 없는 격이니 가정이 적막하고, 제2의 연인이 유혹하는 형이므로 처신에 신중함이 필요하고 인내해야 하는 형.

❹ D형 - 천상배필의 행복

하늘이 맺어준 연분을 만나 서로 밀고 이끌어주는 사랑의 하모니 속에 옥동자를 낳고 재산도 증식되어 만인의 부러움을 받는 한 쌍의 원앙형.

❺ E형 - 파란곡절의 수난

일찍 결혼하면 이별 수가 있어 애정 생활에 파란곡절이 많고 액운이 겹치나, 늦게 결혼하면 평범 속에 흥이 길로 변하여 가정에 안정이 오는 형.

❻ F형 - 배우자와 이별 수

타인과 비교할 때 좀 처지는 배우자를 만났다는 생각에 갈등과 이별 수가 예상되며 불협화음이 강한 형으로 타인과 비교 말고 자신의 단점을 직시해야 할 것.

❼ G형-만사 순탄 행복

원앙의 베개 위에서 백 년을 기약하니 부부궁에 화기가 넘쳐흐르고 자손이 창성 발전하며 만사 순탄한 쌍무지개 뜨는 행복의 애정궁을 타고난 형.

❽ H형-순간의 풍파로 이별

두 사람의 연정은 꽃을 탐하는 나비와 같이 잘 어울리는 한 쌍이지만 순간의 풍파로 독수공방이 오는 애정궁이니 상호 간에 인내가 요구되는 형.

❾ I형-이별 또는 파란 잠재

금실은 비록 좋다 할지라도 이별 수가 있지 않으면 불건전한 애정 편력이 있을 수이니 가급적 연령 차이가 많은 사람과 결혼하거나 30세 이후의 늦은 결혼을 해야만 행복할 수 있는 형.

❿ J형-재혼 수

서천에 날이 저물면 홀로 앉아 고독하게 있는 형상으로 늦게 결혼하지 않으면 반드시 재혼하는 형이며 초년을 지나 중년부터 발복發福하는 형.

⓫ K형-굳은 절개 필요

꽃 한 송이에 벌, 나비 떼가 모여드는 형상으로 결혼 후에도 유혹이 많아 가정에 다툼이 있으니 일편단심의 굳은 절개가 필요한 형.

⓬ L형 – 심한 애정 동요

부부 생활에 시시각각으로 오르락내리락 변화가 많아 마음의 동요가 많으며 각자의 개성 차이가 커 고민이 많으니 양보와 용서의 마음이 필요한 형.

이상과 같이 자기 자신의 배우자궁, 즉 애정 운을 알아서 장단점을 겸허히 받아들여 사랑의 지혜로 활용하면 보다 행복한 보금자리를 꾸미는 데 도움이 될 것이다. 애정 운이 좀 산란한 형으로 나온 사람은 늦은 결혼이나 혹은 궁합에 신경을 써서 덕망 있는 사람을 만나는 데 힘써야겠고, 또 자기 자신의 성격의 장단점을 파악해 사랑받는 배우자로서의 수양을 쌓는 데 노력을 해야겠다. 교만하거나 과욕 없는 중용中庸의 자세로 생활한다면 불길한 애정궁의 소유자는 흉이 감소될 것이요, 길한 애정궁의 소유자는 길吉이 배倍가 될 것이다. 이제부터 본격적으로 궁합 이론에 들어가겠다.

주역을 바탕으로 한 동양철학에서는 "궁합이 좋으면 부부의 금실이 좋고 똑똑한 자손을 둘 수 있으며 가정이 날로 번창하나, 궁합이 불길하면 싸우지 않아도 될 하찮은 일을 갖고도 자주 언쟁을 하고 자손에 액운이 있거나 가정에 많은 고초와 갈등이 속출하게 된다"라고 했다.

궁합은 크게 '겉 궁합'과 '속궁합' 두 가지로 나눌 수 있다. 우선 겉 궁합부터 설명하면 겉 궁합은 남녀 서로의 띠(나이)만을 가지고 길흉을 판단하는 방법으로 과연 어떤 띠와 어떤 띠가 좋고 나쁜지를 알아보는 것이다.

좋은 띠의 궁합(남자 기준)

- 쥐띠 : 용띠, 원숭이띠, 소띠, 쥐띠.
- 소띠 : 닭띠, 쥐띠, 뱀띠.
- 호랑이띠 : 개띠, 말띠, 토끼띠.
- 토끼띠 : 양띠, 개띠, 돼지띠.
- 용띠 : 닭띠, 쥐띠, 원숭이띠.
- 뱀띠 : 소띠, 닭띠, 토끼띠.
- 말띠 : 양띠, 개띠, 범띠, 말띠.
- 양띠 : 돼지띠, 토끼띠, 말띠, 양띠.
- 원숭이띠 : 쥐띠, 용띠, 닭띠.
- 닭띠 : 용띠, 소띠, 뱀띠.
- 개띠 : 범띠, 말띠, 토끼띠.
- 돼지띠 : 양띠, 토끼띠, 닭띠, 소띠.

위와 같이 겉 궁합이 맞는 띠를 만나면 일단은 궁합이라는 커트라인에 합격한 것으로 외면적 화합이 이루어져 환경적 여건이 좋다. 그러나 다음과 같은 띠를 만나면 서로 괴로운 만남이 되어 불행이 야기되고 같이 살아도 파란곡절이 속출하는 겉 궁합이 되니 특히 피해야 하겠다.

삼라만상의 모든 생물은 뿌리가 내려根 새싹이 돋고苗 꽃이 피어花 열매를 맺으면實 그 생물의 한 과정이 일단락되는 것이고, 인간도 태어나서生 늙고老 병들어病 죽는 것死이 근본 법칙이듯 근묘화실, 생로병사의 4단계를 응용하여 만든 궁합법인데 적중률이 신비에 가깝다.

예를 들어 말띠에게 제일 나쁜 띠는 토끼띠와 닭띠인데 그 계산법은 다음과 같다.

도표 2

쥐	소	호랑이	토끼	용	뱀	(말)	양	원숭이	닭	개	돼지
			4	3	2	1	2	3	4		
			死	病	老	生	老	病	死		

동그라미 친 말띠(자신의 띠)를 기준으로 좌우 화살표대로 1, 2, 3, 4를 써보자. 그러면 네 번째에 닿는 띠, 즉 토끼띠와 닭띠가 나오는데, 말띠는 토끼띠나 닭띠를 만나면 속궁합이 아무리 좋아도 복福이 반감된다. 게다가 속궁합마저도 나쁘면 반목과 질시가 많고 남편은 남편대로 부인은 부인대로 하는 일에 실패가 많다. 이 방법에 따라 궁합이 나쁜 띠를 보면 다음과 같다.

> **나쁜 띠의 궁합(남자 기준)**

- 쥐띠 : 닭띠, 토끼띠.
- 소띠 : 개띠, 용띠.
- 호랑이띠 : 뱀띠, 돼지띠.
- 토끼띠 : 쥐띠, 말띠.
- 용띠 : 소띠, 양띠.
- 뱀띠 : 범띠, 원숭이띠.
- 말띠 : 닭띠, 토끼띠.
- 양띠 : 용띠, 개띠.

- 원숭이띠 : 뱀띠, 돼지띠.
- 닭띠 : 쥐띠, 말띠.
- 개띠 : 양띠, 소띠.
- 돼지띠 : 범띠, 원숭이띠.

위에서 말한 띠와 연정 관계를 맺거나 동업, 금전 거래 등을 하면 뒤끝이 불길하고 손해가 오니 참고하기 바란다. 더불어 쥐띠와 양띠의 만남, 소띠와 말띠의 만남, 토끼띠와 원숭이띠의 만남, 뱀띠와 개띠의 만남, 용띠와 돼지띠의 만남은 결혼하면 항시 불평불만이 가득한 생활로 가정이 적막하며, 그렇다고 쉽게 헤어지지도 못하고 항시 만난 것을 후회하게 되는 궁합이니 가급적 피하는 것이 상책이다. 그러나 재혼이나 해외 생활을 하면 흉이 길로 변하여 대단히 부유한 생활을 하게 되고 부부 금실도 마치 원앙과 같이 좋아져 행복한 가정생활을 하게 되는 아이러니한 면도 잠재해 있다.

(2) 띠와 생월로 보는 속궁합
❶ 쥐띠 남자와 사귀는 여자의 궁합
- 쥐(남)+쥐(여) 자식궁이 좋아 출세할 수 있는 귀자貴子를 낳으며 부부 관계는 평탄.
- 쥐(남)+소(여) 궁합은 길하여 만복 대길하나 여성이 남편을 위해 희생이 되는 결합.
- 쥐(남)+호랑이(여) 개성의 차이로 부부간에 세력 다툼이 많고 매사가 용두사미로 끝나는 결합.
- 쥐(남)+토끼(여) 주위에 구설이 많고 건강 수가 좋지 않으며 이

별 수가 있는 결합.
- 쥐(남)+용(여) 세계 일주할 정도로 부귀영화를 누리는 행복한 결합.
- 쥐(남)+뱀(여) 매사에 풍파가 심하고 이성이 맞지 않아 이별 수가 많으며 불만투성이로 함께 살기가 어려운 결합.
- 쥐(남)+말(여) 서로 참고 위로하며 살아야만 하는 궁합으로 경제적으로 잘사나 자식 복이 적은 게 흠.
- 쥐(남)+양(여) 결합하여 3년 이내 부모에게 우환이 있고 매일 매일 다투고 살면서도 이혼하기 힘든 궁합.
- 쥐(남)+원숭이(여) 띠로는 아주 좋은 궁합으로 중년 이후 발전, 대성.
- 쥐(남)+닭(여) 쥐가 병아리를 잡아먹는 격으로 곤액이 많고 특히 부부 별거 수나 싸우는 일이 많을 수.
- 쥐(남)+개(여) 재물은 모으나 남편의 건강이 불리하여 여자가 가계를 꾸려나갈 수밖에 없는 궁합.
- 쥐(남)+돼지(여) 최고의 부귀공명을 누리고 진실된 사랑으로 결합된 궁합이나 중간중간에 곤액이 있는 것이 흠.

❷ 소띠 남자와 사귀는 여자의 궁합
- 소(남)+쥐(여) 부자가 되고 자식을 많이 낳는 행운의 결합.
- 소(남)+소(여) 사랑과 미움이 반복되어 기복이 심한 궁합.
- 소(남)+호랑이(여) 한 손엔 영광, 한 손엔 슬픔이 있는 반길반흉의 궁합으로 부자는 되나 남모를 자식 고민이 있는 게 흠.
- 소(남)+토끼(여) 낭만도 있고 핑크빛 정열도 많은 결합이나 둘이

결합하면 여성의 건강이 나빠지는 게 흠.
- 소(남)+용(여) 마음과 뜻대로 운이 풀리지 않고 남자가 특히 건강에 유의해야 할 궁합.
- 소(남)+뱀(여) 사랑, 재산, 귀자 등 3복을 갖춘 결합으로 최길상의 궁합.
- 소(남)+말(여) 돈 많고 명예는 있으나 부부 중 한쪽이 먼저 애정이 식어 이별 풍파가 허다한 궁합.
- 소(남)+양(여) 초년 고생과 풍파가 심해 이혼 위기도 있으나 고비를 넘기면 행복이 보장되는 선흉후길의 궁합.
- 소(남)+원숭이(여) 여자의 희생이 많이 필요한 궁합으로, 부인 덕에 남편이 출세할 수 있는 궁합.
- 소(남)+닭(여) 대체로 원만한 궁합으로, 부인의 내조가 가정에 행운을 불러들이는 궁합.
- 소(남)+개(여) 모였던 재물이 흩어지고, 이상이 맞지 않아 고민하는 궁합.
- 소(남)+돼지(여) 멋쟁이 부부로 불릴 만큼 다정다감하고 큰 부자로 살 수 있는 좋은 궁합.

❸ 호랑이띠 남자와 사귀는 여자의 궁합
- 호랑이(남)+쥐(여) 금은보화 가득하고 자손이 훌륭히 될 수 있는 궁합이나 풍파가 있고 이혼율이 높은 결합.
- 호랑이(남)+소(여) 원앙금침에 행복을 수놓고 실속 있는 생활 운영으로 재물을 모으는 복된 궁합.
- 호랑이(남)+호랑이(여) 액운이 많고 부귀영화도 잠시뿐, 풍파가

더욱 심해지고 보따리 싸기 바쁜 궁합.

- 호랑이(남)+토끼(여) 부인 덕으로 재물도 모으고 남편도 출세할 수 있는 길한 궁합.
- 호랑이(남)+용(여) 서로의 자만심으로 언쟁이 많으며 만나면 시들하고 헤어지면 그리운 구설 풍파가 있는 궁합.
- 호랑이(남)+뱀(여) 이혼율이 높고 파란곡절이 거듭되는 궁합.
- 호랑이(남)+말(여) 자손도 번성하고 오복을 갖추어 남부럽지 않게 호강할 수 있는 궁합.
- 호랑이(남)+양(여) 남편이 부인 말만 잘 들으면 만사가 잘되고 복이 굴러 들어오게 할 수 있으나 그 반대인 경우는 매사에 실패가 많은 궁합.
- 호랑이(남)+원숭이(여) 평탄한 가정생활로 명예, 재물도 있으나 남편이 한때 바람을 피워 고초를 겪을 수 있는 궁합.
- 호랑이(남)+닭(여) 언쟁이 많고 재물이 흘러 나가며 항상 불평불만 속에 지내야 하는 궁합이나 외국으로 이민 가거나 재혼을 하면 최고로 길하다.
- 호랑이(남)+개(여) 한 쌍의 원앙과 같은 결합으로 자손 덕이 많고 재물을 모을 수 있는 궁합.
- 호랑이(남)+돼지(여) 믿고 살지 않으면 해로하기 어려운 궁합으로 의부증과 의처증을 주의해야 할 궁합.

❹ 토끼띠 남자와 사귀는 여자의 궁합
- 토끼(남)+쥐(여) 항시 풍파가 있고 건강이 좋지 않으며 곤곤하게 사는 불길한 궁합.

- 토끼(남)+소(여) 남편이 아프고 수입보다 지출이 많으며 어려운 생활이 이어지나 해로할 수 있는 궁합.

- 토끼(남)+호랑이(여) 여성이 남편 역할을 하고 남편이 여성 역할을 하게 되는 궁합으로 여자가 사회 활동을 해야 남편에게 불만이 없는 궁합.

- 토끼(남)+토끼(여) 사느냐 안 사느냐 부부 싸움이 많고 몸과 마음이 고달프며 재물은 있으나 가정에 고독이 있을 궁합.

- 토끼(남)+용(여) 애정이 항시 오르락내리락하여 기복이 심하고 특히 서로의 고집으로 가정에 적막이 올 수 있는 궁합.

- 토끼(남)+뱀(여) 사랑보다 미움이 많고 의무보다 서로의 권리만을 주장하여 이혼하기 쉬운 궁합.

- 토끼(남)+말(여) 눈물과 갈등으로 점철되어 함께 살기가 힘들고 마음에 고독이 없어지지 않는 궁합.

- 토끼(남)+양(여) 사랑이 조화를 이루어 경제적 발전과 변하지 않는 마음으로 백년해로하는 궁합.

- 토끼(남)+원숭이(여) 서로 이기적인 만남으로 가정에 큰소리가 끊일 날이 없고 애증의 고뇌 속에 살아야 되는 궁합이나, 재혼 궁합으로는 길한 궁합.

- 토끼(남)+닭(여) 동상이몽으로 애정이 세월 따라 식어만 가고 남편의 외도로 이혼율이 높으며 풍파가 많은 궁합.

- 토끼(남)+개(여) 일단 결합만 되면 무에서 유를 창조할 수 있고 부귀영화가 개척되며 자손이 번창하는 가운데 행복을 만끽할 수 있는 궁합.

- 토끼(남)+돼지(여) 서로의 성격이 조화를 이루어 백년해로할 수

있는 궁합.

❺ 용띠 남자와 사귀는 여자의 궁합

- 용(남)+쥐(여) 5복을 갖춘 궁합으로 상부상조하는 가운데 조화 있는 애정 생활로 꽃과 나비가 노니는 형상.
- 용(남)+소(여) 서로의 이상이 동화되지 않아 같이 살아도 남과 같으니 가정불화가 연속인 궁합.
- 용(남)+호랑이(여) 생동감 있는 가정 분위기가 조성되고 대내외적 조화, 균형으로 발전하나 자손 덕이 적은 궁합.
- 용(남)+토끼(여) 쉽게 뜨거워졌다 쉽게 식는 애정으로 여러 생활 여건이 얽히고설켜 고난이 많은 궁합.
- 용(남)+용(여) 초년에 뜻과 이상의 차이로 애정 운이 전진과 후퇴를 반복하나 자식을 낳은 후 화합하는 궁합.
- 용(남)+뱀(여) 여성의 헌신적 사랑으로 고난도 절로 없어지고 상하화목하나 여성의 건강에 문제가 있을 궁합.
- 용(남)+말(여) 서로의 배짱이 맞아 찰떡 같은 궁합. 부부가 마치 친구와 같은 사이로 다정다감한 행복을 만끽할 궁합.
- 용(남)+양(여) 이기적 만남으로 사랑에 장애가 많고 바람 잘 날 없는 궁합.
- 용(남)+원숭이(여) 재물은 산과 같고 애정은 바다와도 같은 천생연분의 궁합.
- 용(남)+닭(여) 부인이 남편을 최고로 출세시킬 수 있는 궁합.
- 용(남)+개(여) 고난과 풍파가 있어 헤어지려 해도 헤어질 수 없는 애달픈 궁합으로 늦게 결혼하면 길.

- 용(남)+돼지(여) 초년은 고생하나 말년 복이 좋아 처음엔 울고 나중에 웃을 수 있는 궁합.

❻ 뱀띠 남자와 사귀는 여자의 궁합
- 뱀(남)+쥐(여) 어려운 역경이 수차 있고 이별 수가 뒤따라 항시 마음 고생하는 궁합.
- 뱀(남)+소(여) 부부애가 원만하고 동서남북으로 가세가 번창하여 만사가 길한 궁합.
- 뱀(남)+호랑이(여) 평생 액운이 많으며 굴곡 있는 생활을 하게 될 불길한 궁합.
- 뱀(남)+토끼(여) 시간이 흐를수록 점진적으로 가세가 부흥하고 백년해로할 수 있는 궁합.
- 뱀(남)+용(여) 큰 부자라는 소리를 듣고 외국 여행을 즐기며 호의호식할 수 있는 궁합.
- 뱀(남)+뱀(여) 큰 인물 될 자손 낳고 만사형통하나 초년에 잠시 떨어져 살아야 좋을 궁합.
- 뱀(남)+말(여) 풍요로운 정분으로 서로 감싸주고 이끌어주는 길한 궁합.
- 뱀(남)+양(여) 서로의 양보심과 변화 있는 애정 표현으로 조화 있는 부부 생활을 하는 궁합.
- 뱀(남)+원숭이(여) 서로의 고집을 굽히지 않아 한번 싸우면 크게 싸우는 시끄러운 궁합.
- 뱀(남)+닭(여) 태워도 재가 되지 않을 열정으로 부부 사이가 대단히 좋아 화촉동방에 원앙 한 쌍이 노니는 연분의 궁합.

- 뱀(남)+개(여) 주기보다는 받기만을 바라는 이기심으로 사랑에 장애가 많고 득보다 해가 많은 궁합.
- 뱀(남)+돼지(여) 항상 뜨거운 사랑의 불길이 지속되어 평온한 가정 속에 풍족한 생활을 할 수 있는 궁합.

❼ 말띠 남자와 사귀는 여자의 궁합
- 말(남)+쥐(여) 무한한 인내가 필요한 궁합으로 특히 여자는 고생이 심하겠으나 남성은 편한 상태.
- 말(남)+소(여) 영원한 인생의 동반자로 가정이 화목하고 태평한 궁합.
- 말(남)+호랑이(여) 40세 이후부터 큰 재산을 모으고 자식의 효도도 받을 수 있는 궁합.
- 말(남)+토끼(여) 남편이 외도하고 재물에 실패가 많아 여자 혼자 가계를 꾸려가야 할 불길한 궁합.
- 말(남)+용(여) 너는 너고 나는 나라는 심산으로 융화하기 어렵고 매일 말다툼이 많은 궁합.
- 말(남)+뱀(여) 배우자 간에 건강상의 장애가 많고 가정 우환으로 고민, 고생하는 궁합.
- 말(남)+말(여) 물이 나무를 살리는 격으로 서로 의가 좋고 다복하며 무한히 발전할 수 있는 궁합.
- 말(남)+양(여) 이상과 뜻이 서로 잘 맞아 부부애가 넘쳐흐르고 특히 권력과 재물이 풍성하게 오는 궁합.
- 말(남)+원숭이(여) 고운 정도 있고 미운 정도 있어 부부 생활에 굴곡은 있으나 백년해로할 수 있는 궁합.

- 말(남)+닭(여) 물과 기름처럼 화합이 어렵고 고독과 액운이 많은 불길한 궁합.
- 말(남)+개(여) 가정에 화기가 감돌고 창고에 금은보화 가득해 돈 걱정 안 하고 살 수 있는 궁합.
- 말(남)+돼지(여) 남편은 공처가요, 아내가 활개 치는 궁합으로 부부애가 맑았다 흐렸다 하는 변화가 많은 궁합.

❽ 양띠 남자와 사귀는 여자의 궁합
- 양(남)+쥐(여) 서로 원망과 불평이 많고 평생 고생이 많으나 해외 생활을 할 사람이나 재혼자에게는 최고 길한 궁합.
- 양(남)+소(여) 소의 뿔이 양을 받는 격으로 풍파가 많고 이혼율이 높은 불길한 궁합.
- 양(남)+호랑이(여) 부귀영화 누리고 정분이 좋아 백년해로하나 남편이 한때 바람을 심하게 피우는 것이 흠.
- 양(남)+토끼(여) 오순도순 단란한 가정 분위기가 조성되고 특히 자식 덕이 최고 길.
- 양(남)+용(여) 만나지 말아야 할 사람이 만나 사는 격이니 곤액과 구설이 많고 백년해로하기 어려운 궁합.
- 양(남)+뱀(여) 평생 한지붕 아래 살기 어렵고 독수공방 속에 눈물짓는 불길한 궁합.
- 양(남)+말(여) 하늘의 연분으로 백 년을 화락하게 살고 재물 복과 자손 복이 좋은 궁합.
- 양(남)+양(여) 부부의 금실에 전혀 하자가 없는 좋은 궁합.
- 양(남)+원숭이(여) 행복보다 후회가 많은 궁합이나 늦은 결혼을

하면 애로가 줄어들 듯.
- 양(남)＋닭(여) 사랑은 아름답고 가정은 만복하며 항상 풍요로움 속에 남부럽지 않게 사는 궁합.
- 양(남)＋개(여) 단조로운 애정 생활로 가정이 지루하고 마음에 상념만 있는 궁합.
- 양(남)＋돼지(여) 남자가 부인을 극진히 아껴주어 행복한 가정이 되는 좋은 궁합.

❾ 원숭이띠 남자와 사귀는 여자의 궁합
- 원숭이(남)＋쥐(여) 폭넓은 사랑을 주고받아 모든 일이 꽃 피고 열매 맺는 수로 최상의 궁합.
- 원숭이(남)＋소(여) 남편이 부인의 말에 잘 따라야 편한 가정생활이 유지되는 반길반흉의 궁합.
- 원숭이(남)＋호랑이(여) 같이 살아도 각자 고독감을 느끼며 남편 건강이 약화되는 궁합.
- 원숭이(남)＋토끼(여) 사사건건 시기와 질투가 많아 밤낮 시끄럽고 이혼율이 높은 궁합.
- 원숭이(남)＋용(여) 부부가 화합, 합심하여 큰 성공을 이루고 가문을 빛낼 자손을 낳을 수 있는 궁합.
- 원숭이(남)＋뱀(여) 사랑이 점차 싸늘히 식어 부부 생활에 우수가 깃들고 항시 티격태격하는 궁합.
- 원숭이(남)＋말(여) 서로의 의사가 맞지 않아 가정에 냉기가 감돌고 순간의 탈선도 야기될 수 있어 서로가 참고 인내해야 하는 궁합.

- 원숭이(남)+양(여) 풍요롭고 조화로운 사랑의 화음이 넘쳐 가정에 웃음꽃이 만발하는 궁합.
- 원숭이(남)+원숭이(여) 부부애는 바위처럼 굳건하나 다툼이 좀 많은 것이 흠. 백년해로는 할 수 있는 궁합.
- 원숭이(남)+닭(여) 연애 감정이 항상 지속되어 원앙 부부라는 소리를 듣고 재물과 명예가 확고한 궁합.
- 원숭이(남)+개(여) 호흡이 척척 잘 맞아 서로 아끼고 사랑하며 특히 재산을 많이 모을 수 있는 궁합.
- 원숭이(남)+돼지(여) 초년 고생이 너무 심해 가정불화가 끊이지 않는 궁합.

❿ 닭띠 남자와 사귀는 여자의 궁합

- 닭(남)+쥐(여) 부부간에 생이별, 혹은 사별이 오는 흉한 궁합.
- 닭(남)+소(여) 부인 덕에 남편이 출세하고 재물을 모으며 가정에 활기가 넘쳐흐르는 궁합.
- 닭(남)+호랑이(여) 새벽닭 울음소리에 호랑이가 도망가는 격으로 서로의 화목이 어렵고 불평불만이 가득한 궁합.
- 닭(남)+토끼(여) 서로의 갈 길이 달라 이별 수가 많고 함께 살아도 남남인 궁합.
- 닭(남)+용(여) 하늘이 맺어준 천생연분으로 부귀영화가 문 안에 가득하고 자식 덕과 명예 덕이 있는 최상의 궁합.
- 닭(남)+뱀(여) 가정에 사랑의 열매가 주렁주렁 열리고 백 년을 화락하게 살 수 있는 궁합.
- 닭(남)+말(여) 타의에 의한 이별 수가 반드시 있고 여러 고초를

겪는 궁합.

- 닭(남)+양(여) 아내가 남편을 이기는 형. 부부 생활에 여러 액운이 있는 궁합이나 남편이 아내보다 나이가 적으면 도리어 좋다.
- 닭(남)+원숭이(여) 재물과 권력이 따르고 화평한 가정을 이루나 가끔 남자가 외도하는 것이 흠.
- 닭(남)+닭(여) 결혼해서 3년 안에 이별 수가 있으나 이를 넘기면 재산을 모으고 자식 덕을 크게 볼 수 있는 궁합.
- 닭(남)+개(여) 남편이 부인을 싫어하여 가정에 권태와 잡음이 많고 개성의 차이로 융화가 어려운 궁합.
- 닭(남)+돼지(여) 부부의 의도 좋고 멋있게 살며 모범적인 남편과 아내가 될 수 있는 궁합.

⓫ 개띠 남자와 사귀는 여자의 궁합

- 개(남)+쥐(여) 부부의 정도 좋고 가세도 점차 확장되나 여자의 건강에 애로가 많을 궁합.
- 개(남)+소(여) 남편이 속 썩이지 않으면 자식이 속 썩일 수 있는 불길한 궁합.
- 개(남)+범(여) 서로가 성실하게 가정을 위해 헌신하니 사랑이 돈독하고 자손 덕을 볼 수 있는 궁합.
- 개(남)+토끼(여) 어떠한 고충이 와도 부부가 합심, 다정하게 이해해주며 살 수 있는 궁합.
- 개(남)+용(여) 시련과 풍파가 거듭 있고 자식 운이 좋지 않으며 눈물과 한숨으로 살아야 되는 궁합.
- 개(남)+뱀(여) 등 돌리고 살아야 하는 궁합이므로 이혼율이 높으

나 이민 생활을 하는 사람이나 재혼하는 사람에게는 크게 성공할 수.
- 개(남)+말(여) 물고기가 변하여 용이 되는 격으로 사랑이 깊어가고 재산이 늘며 위아래 모두 덕망 있는 가정이 될 수 있는 궁합.
- 개(남)+양(여) 만남과 이별이 교차하니 사랑의 번뇌가 있고 가정에 우환이 많아 액운 속에 지내야 하는 궁합.
- 개(남)+원숭이(여) 앞에서 끌고 뒤에서 미는 상부상조 속에 갑부가 될 수 있는 궁합.
- 개(남)+닭(여) 서로의 욕심만 부리고 상대를 이해하려 들지 않으니 자연히 정이 멀어만 가고 가정에 풍파가 많은 궁합.
- 개(남)+개(여) 재물은 많이 모으나 부부 뜻이 여의치 못하고 구설수로 괴로운 일을 당해 이혼율이 높은 궁합. 부인이 희생하면 해로할 수 있는 궁합.
- 개(남)+돼지(여) 항상 정이 넘쳐흐르고 모범적 가정을 이루고 사나 경제적 고충이 약간 있는 것이 흠인 궁합.

❷ 돼지띠 남자와 사귀는 여자의 궁합
- 돼지(남)+쥐(여) 티격태격 잘 다투면서도 정은 깊어 쉽게 싸우고 쉽게 화해하는 궁합.
- 돼지(남)+소(여) 날이 갈수록 잘살며 희생을 바탕으로 이루어진 아름답고 숭고한 사랑으로 백년해로하는 궁합.
- 돼지(남)+범(여) 남자가 여자 앞에서 죽어지내야 하며 경제적 고충이 있고 자손 복이 적은 불길한 궁합.
- 돼지(남)+토끼(여) 부부의 만남이 천상배필이라 부부 금실에 흠

잡을 데 없고 만사형통하는 최고로 좋은 궁합.
- 돼지(남)+용(여) 살면서 항시 부부가 신경전을 벌이고 양보심이 없어 이혼율이 많은 궁합.
- 돼지(남)+뱀(여) 만나면 싸우는 형상이나 쉽게 헤어지지도 못하고 평생 수심 속에 지내야 하는 궁합.
- 돼지(남)+말(여) 초년에 풍파가 험난하나 풍상이 도리어 사랑을 견고하게 하고 말년이 영화로운 궁합.
- 돼지(남)+양(여) 질적·양적인 사랑과 재물이 가정 내에 왕성하며 반드시 출세하는 자식을 낳는 길한 궁합.
- 돼지(남)+원숭이(여) 서로가 자만심으로 고충이 많고 가정보다는 밖의 일에만 신경을 써 가정에 냉기가 도는 궁합.
- 돼지(남)+닭(여) 참된 사랑 속에 명예와 덕망을 얻고 아내가 내조하여 남편을 출세시킬 수 있는 궁합.
- 돼지(남)+개(여) 부부지간의 정은 깊고 재물도 모으고 잘사나 남편의 외도가 심한 궁합.
- 돼지(남)+돼지(여) 모든 일이 부부의 합심으로 잘 풀려나가며 가정에 항시 연정이 넘쳐흘러 백년가약을 이룰 수 있는 궁합.

지금까지 서술한 것은 띠와 띠의 관계를 가지고 궁합의 길흉을 보는 겉 궁합으로 가정생활의 외면만을 보는 것이고 지금부터는 속궁합에 대해서 설명하겠다.

"겉 궁합이 아무리 좋아도 속궁합이 나쁘면 잘 살기 힘들다"라고 흔히 말하는 것처럼 궁합에서는 속궁합이 제일 중요하다.

속궁합을 전문적으로 알려고 하면 상대방과 본인의 생년월일시를 모두 알아 이를 오행木·火·土·金·水에 대입시켜 길흉을 판단해야 하는데, 그러기 위해서는 전문적인 고도의 역학 지식이 필요한 관계로 여기서는 독자가 알기 쉽게 생년(띠)과 생월만 가지고 속궁합을 보는 법을 설명하겠다.

먼저 각각 남녀의 띠와 월의 기본 수를 알아야 한다. 〈도표 4〉 남녀 각자의 띠와 생월을 합산하여 얻은 상수가 곧 두 사람의 속궁합이 된다. 예를 들어 남자 소띠 3월생과 여자 토끼띠 1월생의 남녀 궁합을 보려면,

$$남자 : 소띠 + 3월 = 4 + 4 = 8$$
$$여자 : 토끼띠 + 1월 = 1 + 3 = 4$$

남자의 합수와 여자의 합수를 합산하면 '8+4=12'이므로 도표 밑의 번호별 요항에서 ⑫를 읽으면 위 두 남녀의 속궁합에 대한 설명이 된다.

도표 4

생년(띠)	기본 수	생월	기본 수
쥐, 말, 토끼, 닭	1	2월, 5월, 8월, 11월	1
호랑이, 원숭이, 뱀, 돼지	3	1월, 4월, 7월, 10월	3
용, 개, 소, 양	4	3월, 6월, 9월, 12월	4

❹-안정은 있으나 서로의 고집이 세다

이 부부 관계는 마치 친구 사이와 같아 생동감 있는 가정 환경이 조성되고 항시 편안함과 안정감이 유지되며 조화, 균형 있는 발전 속

에 부귀영화가 따르나 서로 고집을 굽히지 않아 한번 언쟁을 하면 서로에게 큰 상처를 입힐 수 있으니 각자의 개성과 자존심을 최대로 존중해야 할 궁합.

❺-선흉후길의 연분으로 성적 조화 필요

초기에는 뜻과 이상의 차이로 부부 생활에 고기압과 저기압이 교차되는 우여곡절이 있으나 자손을 낳고서 화합이 이루어져 풍요로운 이해심으로 서로가 상부상조하는 선흉후길의 인연. 침실 생활에 변화 있는 분위기 조성이 필요한 궁합.

❻-하늘의 연분으로 금상첨화

원앙 한 쌍이 하늘을 나는 형상이니 일생에 근심 걱정이 적고 뜻한 바가 모두 이루어지는 격이며 귀자貴子를 낳고 가도家道가 중흥하여 백년해로하는 찰떡궁합. 주의점이 있다면 배우자 건강관리에 신경 쓸 것.

❼-헌신적 사랑으로 만사 순탄

앞에서 끌고 뒤에서 밀어주는 헌신적 사랑의 정신이 풍족하여 고난도 저절로 없어지고 항상 온유한 사랑의 마음이 지속적으로 영위되어 상하화목으로 평탄하고 대길한 인연. 지나친 관심을 약간은 숨겨야 좋은 궁합.

❽-태워도 재가 되지 않을 열정

무에서 유가 창조되듯 빈손으로 재산 증식되고 서로를 애지중지위하는 마음이 강하여 태워도 재가 되지 않을 열정 속에 금실 화목하여 발전, 번창하는 궁합. 주의점은 부부 사이일수록 예절을 지킬 것.

❾-가정이 적막, 순간 이별 수

서로의 의견 대립이 심화되어 심적 갈등으로 고초를 당하고 순간적 이별 수가 도사리고 번뇌가 교차하는 연분이기에 희생정신과 넓은 아량이 절대적으로 필요하며 사랑과 미움, 그 사이가 행복이라는 철학적 의미를 심중에 담고 마음을 비우고 살면 속 편한 궁합.

❿-부귀공명, 경사 만발

정분이 맞으니 애정 관계에 결점이 보이지 않고 상호 신뢰 속에 부귀공명하며 집안에 경사가 겹쳐 기쁨이 넘쳐흐르고 큰 인물 될 자식을 낳는 만사형통의 궁합이나 초년에 잠시 떨어져 있을 수가 있는 것이 옥의 티.

⓫-사랑에 장애와 구설이 허다

서로가 주기보다는 받기만을 원하는 이기적 만남으로 애정 생활에 장애, 장벽이 허다하고 상대 배우자에게 항시 심적 불만이 가득하여 가정에 풍파가 많은 궁합. 나 자신보다는 상대에게 위안과 정성을 쏟는 지혜와 관용이 요구되는 연분.

⓬-역경 극복, 중년 안정세

부부애는 원만하고 사랑의 조화도 맞는데, 초년에서 중년 사이에 가정 형편에 굴곡이 있어 약간의 경제적 난관이 있고 순간적 번뇌,

갈등은 있으나 역경을 극복하고 나면 중년 이후부터 안정 궤도에 돌입하여 만사 발전하고 해로할 수 있는 궁합. 마음의 여유가 절대적으로 필요한 연분.

⑬ - 다목, 발전, 사랑의 질투

나무가 물을 생生하듯 서로가 아끼고 위해주며, 부부의 화합 속에 타인의 부러움을 살 정도로 동서남북으로 가세가 번창하고 건강, 재산, 자식 복이 산적해 있는 궁합. 단점이라면 독점욕이 강해 사랑의 질투심이 가득하여 의심이 있을 듯.

⑭ - 가정 불화, 애정 위기

물과 불이 상극相剋되진 않지만 같이 살아도 이별과 다를 바 없으며 끝내는 커다란 가정불화 속에 이별 수가 오는 연분. 항상 양보심과 신선감과 변화를 줄 수 있는 애정 표현으로 가정의 위기를 봉쇄하는 적극적 지혜가 필요.

⑮ - 애달픈 연분, 만혼이면 길

쉽게 뜨거워졌다가 쉽게 식는 형상이니 초반의 열렬함이 점차 냉담으로 돌변하고 여러 생활 여건이 얽히고설켜 고난, 고초가 많으며 헤어지려 해도 헤어지지 못하는 애달픈 궁합. 그러나 늦은 결혼을 하면 풍파를 피할 수 있는 연분.

⑯ - 조화무궁한 천생연분

언제나 신혼 분위기에 활기찬 애정 표현으로 가정에 웃음꽃이 만발하고 백년해로에 재물이 왕성하며 귀자 탄생으로 매사가 발복發福하는 조화무궁한 천생연분. 내외 모두가 생활 전선에 뛰어들면 상당한 재산 증식이 이루어지는 복된 궁합.

이외에도 봄에 태어난 사람은 가을에 태어난 사람과, 여름에 태어난 사람은 겨울에 태어난 사람과 인연을 맺어야 음양화합이 이루어진다. 얼굴 모양(관상)으로 궁합을 맞추는 방법으로는 남자의 얼굴이 둥글면 여자의 얼굴이 길거나 각이 진 얼굴형이어야 그 만남이 길하고, 남자의 얼굴이 길거나 모가 난 사람은 여자의 얼굴이 둥글거나 계란형이어야 의견 대립이 적고 성적 조화도 원만하게 된다.

이와 아울러 코가 높은 사람은 낮은 사람과, 눈이 큰 사람은 작은 사람과 짝을 맺는 등 관상에서 '상대성의 원리'를 응용하여 눈, 코, 입 등의 모습이 서로 다른 사람과 만나야 길한 궁합이 된다.

(3) 혼인길과 길한 배우잣감을 만나는 방법

예를 들어 말띠 아가씨가 맞선을 보거나 소개를 받거나 하여도 마음에 들지 않는 남성만 자꾸 나타나고 혼인길이 막혀 있는 듯한 경우에는 집에서 잠을 잘 때 동쪽과 북쪽 사이에 머리를 두고 자면 늦어도 8개월 안에 원하는 배우잣감을 만나거나 혼인길이 열리게 된다.

새벽 1시에서부터 3시 사이에는 하늘의 정기精氣와 땅의 운기運氣가 서로 교감을 하므로 그 시간대에 필자가 말한 방위方位에 머리를 두고 자면 우주의 에너지와 대자연의 에너지, 그리고 인체의 에너지가 서로 상생 관계의 작용을 하여 생체리듬(바이오리듬)이 상승함으로써 혼인 운세를 행운 쪽으로 유도하게 된다는 법칙이 있기 때문이다.

애정궁이 좋든 나쁘든 궁합이 길하든 불길하든 이왕에 만났으면 고난과 고통이 따르더라도 서로의 노력으로 한번 맺은 맹세를 지켜서 해로해야 하는 것이 사랑의 의무요, 결혼의 의무일 것이다. 이 세상의 모든 것에 절대성이 없듯 필자가 밝히는 애정궁이나 궁합 이론도 절대적인 것은 아니다.

운명학이 통계 수치를 응용한 학문인 것처럼 앞의 분류는 근사치에 기준을 둔 것이지 결코 절대적인 것은 아니다. 그러면 무엇이 제일 중요하고 절대적이냐 하면 '마음', 즉 심상心相이다. 배우자궁과 궁합이 좋다고 교만하고 자기 중심적 사고방식으로 산다면 아무리 운이 좋다 하더라도 결코 그 행운이 오래가지 못하며, 애정궁이 매우 혼탁하고 궁합이 불길해도 화합하려고 하는 의지를 가지고 착한 덕을 베풀며 구김살 없는 밝은 미소로 생활하려고 노력한다면 타고난 불행이 있을지라도 그 불행은 결코 일어나지 않을 것이다.

즉 사주, 관상이 아무리 좋다 하더라도 심상이 최고라는 뜻이다. 마음가짐에 따라 불행이 더욱 큰 불행이 될 수 있고 또 불행도 행幸으로 변할 수 있다는 것이다.

일체유심조一切唯心造라는 말이 있듯이 인간사 모든 행복과 불행은 마음에서 나오는 것이다. 지금 연인과 밀어를 달콤히 속삭이는 사람이나 앞으로 결혼 날짜를 받아둔 예비 부부들, 그리고 이미 결혼한 사람 모두 책임감과 의무가 부여된 인, 의, 예, 지, 신의 마음가짐으로 사랑의 노트에 낭만적 서정시와 같은 행복의 역사를 기록하기를 기원한다.

아무튼 이상과 같은 궁합법이 배우자 선택에 좋은 길잡이가 되기를 바라며 "이미 준 것은 잊어버리고 못다 준 사랑만을 기억하라"라는 김남조 시인의 시구처럼 사랑은 받는 것이 아니라 주는 것이라는 평범하고 흔한 진리를 되새겨본다.

여자 띠	잠자는 머리 방향
뱀, 닭, 소	동남
호랑이, 말, 개	동북
돼지, 토끼, 양	서북
원숭이, 쥐, 용	서남

남자 띠	잠자는 머리 방향
뱀, 닭, 소	서북
호랑이, 말, 개	서남
돼지, 토끼, 양	동남
원숭이, 쥐, 용	동북

04 _ 수리학으로 풀어본 신수

사람은 불을 사용하면서 진화되었고, 수數의 개념이 상용되면서부터 자연과학의 형성과 함께 찬란한 문명의 과학화를 이루어 오늘에 이르게 하였다.

  남녀노소 누구나 숫자와 인연을 갖게 된다. 태어나면서부터 주민등록번호가 정해지고 학교에 다니면서는 반·번호, 군대에서는 군번이 있으며, 사는 집에는 번지수가 있고, 하다못해 민원서류를 떼려 해도 문서 번호, 즉 숫자가 매겨진다. 이 숫자와 인간의 나이, 생월, 생일의 함수관계를 풀어 오묘한 신수법을 설명하겠다.

보는 법은 먼저 자기 자신의 나이, 생월, 생일을 풀어서 합산한다 (나이는 만 나이를 사용하고, 생월과 생일은 음력을 사용한다).

예를 들어 1970년 음력 2월 5일생 남자의 2008년도 운세를 보려면, 1970년생은 우리나라 나이로 39살(2008년 3월 현재)이지만 생일이 지나 만으로는 38살이 되므로 38, 2, 5 이 숫자를 풀어서 합산하면 3+8+2+5=18이 된다. 이것을 다시 1+8로 풀어 더하면 9가 된다. 고로 1970년 2월 5일생 남자의 2008년 운세는 9이며 아래의 ❾번 항목을 보면 그 사람의 운세가 풀이되어 있다.

여성은 나이, 생월, 생일의 합산에서 1을 뺀다.

예를 들어 1966년 12월 7일생 여자의 운세를 보려면 1966년생은 우리나라 나이로 43살이지만 생일이 지나지 않았으므로 만으로는 41살이 된다. 고로 41, 12, 7을 위와 같이 더하면 4+1+1+2+7=15가 된다. 여기서 여자이기 때문에 1을 빼야 하므로 15-1=14, 이것을 다시 1+4로 계산하면 5가 된다. 따라서 1966년 12월 7일생 여자의 2008년 운세를 보려면 아래에서 ❺를 읽으면 되는 것이다.

❶

어두운 밤 구름이 걷히고 밝은 달이 떠오르는 형상으로 복록이 많아 개운開運이 시작되고, 이동 변화에 행운이 있어 동산·부동산의 문서 관계에 길조가 창출. 가정에선 자녀에 따른 경사 수와 집안 태평 수, 직장인은 승급 영전의 기회가 마련되고 사업인은 전반기보다 후반기에 번영하는 운세.

- 길 음력 4월, 9월, 12월.

- 흉 음력 2월, 6월.
- 행운의 색 청색.
- 주식 투자 중금속, 보험류가 길.
- 건강 위장 질환 주의.
- 여행 서남간방 길, 북쪽 흉.
- 귀인 말띠, 쥐띠.

❷
모든 것이 뜻과 상반되어 겉은 화려하나 내면에 허실虛失이 가득 차 있는 형상으로 수입과 지출이 불균형해 재수가 산란하며 업무에 진전이 없고 손재수가 보이니 7획 성씨(이, 오, 송 등)를 주의. 움직이면 움직일수록 불리해지므로 전진하기보다 현 상태를 고수하면 무해無害하며 소망은 작은 것만이 성취되는 운세.

- 길 음력 3월, 5월, 11월.
- 흉 음력 4월, 7월.
- 행운의 색 분홍색.
- 주식 투자 금융, 제약류가 길.
- 건강 신경성 장애에 주의.
- 여행 동쪽 길, 서북쪽 흉.
- 귀인 돼지띠, 닭띠.

❸
농부가 봄에 씨앗을 뿌리는 격이니 일시적 곤고함은 있으나 업무

와 생활의 터전에 기반이 서서히 구축. 활발한 활동과 함께 뜻과 포부를 진행, 추구하나 씨앗의 성숙된 결실기結實期까지는 시간이 필요하듯 조급한 마음보다 여유 있는 생활관이 필요하며 소망은 60% 이상 성취될 운세.

- 길 음력 1월, 4월, 10월.
- 흉 음력 2월, 5월.
- 행운의 색 백색, 흑색.
- 주식 투자 항공, 전자류가 길.
- 건강 혈압성 질환 주의.
- 여행 동북쪽 길, 남쪽 흉.
- 귀인 원숭이띠, 뱀띠.

❹

순풍에 돛 단 배 격이니 만사가 여의하여 점진적으로 부흥하는 운수로 돈도 벌고 명예도 얻으며 작은 것을 모아 큰 것을 이루는 욱일승천旭日昇天의 운세.

- 길 음력 1월, 8월, 12월.
- 흉 음력 6월, 7월.
- 행운의 색 녹색 계통.
- 주식 투자 건설주 이외는 길.
- 건강 스트레스성 두통 주의.
- 여행 동서남북 사방 길.

- 귀인 용띠, 닭띠.

❺

오동나무에 봉황이 앉아 있는 형상. 균형 있는 생활로 사업과 관운이 순조로워 소망을 이루고 재물을 모으니 동서남북에 인기, 명성이 구축되어 승승장구하는 운세. 날로 뻗어나가는 발전의 운이니 다방면에 통달함이 있어 경제적 활동에 새로운 도약이 있겠으나 이성적 유혹에 주의.

- 길 음력 3월, 9월, 11월.
- 흉 음력 2월, 7월.
- 행운의 색 갈색 계통.
- 주식 투자 전자, 의약류가 길.
- 건강 피부 질환 주의.
- 여행 동남쪽 길, 서쪽 흉.
- 귀인 소띠, 양띠.

❻

음陰보다 양陽이 불화하니 길보다 흉함이 많아 대내외적 업무에 질서와 윤기가 혼란하여 모든 것이 정지停止 상태에 이르고 매사 마음은 있으나 길道이 없어, 심사 산란하니 업무를 재정비하고 현상 유지로 전력투구하여 안정을 도모하는 것이 최상의 방책. 사기 수가 보이니 계나 보증, 문서 관리에 신경 쓸 것.

- 길 음력 3월, 10월.
- 흉 음력 1월, 6월, 11월.
- 행운의 색 황색.
- 주식 투자 가급적 투자하지 말 것.
- 건강 간 계통 주의.
- 여행 가까운 곳은 좋으나 먼 곳은 흉.
- 귀인 김씨, 강씨 등.

❼
쓴 것이 지나고 단 것이 찾아오는 고진감래의 운수로 초반에 주위 환경과 구비 조건의 미성숙으로 금전 관계에 고통을 당하고 적자 경영으로 곤란한 지경에 이르나 후반기부터 헌것이 물러가고 새것이 찾아들어 만사 화락和樂해지며 특히 귀인의 도움으로 공동협조사共同協助事에 행운의 운세. 단, 노부모 우환 유의.

- 길 음력 1월, 4월, 10월.
- 흉 음력 2월, 9월.
- 행운의 색 보라색.
- 주식 투자 섬유, 금속 계통.
- 건강 신경통 유의.
- 여행 서북쪽 길, 동쪽 흉.
- 귀인 호랑이띠, 개띠.

❽

청룡이 여의주를 물고 하늘로 승천하는 형상이니 일생일대의 운세로 무無에서 유有가 창조되어 매사 시작도 좋고 끝도 좋아 명예, 직위, 사업에 알찬 경영의 실리實利로 번영 발전하며, 찬스에 강하여 목적 달성에 일거양득할 수. 단, 운세가 강하다 보니 주위에 불건전한 유혹의 정情이 도사린다.

- 길 음력 4월, 6월, 11월.
- 흉 음력 1월, 10월.
- 행운의 색 오렌지색.
- 주식 투자 금속, 화공 계통 길.
- 건강 피로성 스트레스 주의.
- 여행 동남쪽 길, 서쪽 흉.
- 귀인 윤씨, 배씨, 구씨.

❾

매사가 경제적으로 곤란하고 한 고비가 풀리면 다시 한 고비가 찾아오니 좌우에 막힘이 많고 심사가 무덕無德하며 일을 곱절로 하나 돌아오는 공덕은 반으로 줄어드는 하향 곡선의 운세. 관재 구설수, 가환신액家患身厄에 주의. 현업은 후반기에 중단하고 새로운 구상이 필요하며 상가喪家에 출입하지 말 것.

- 길 음력 2월, 10월.
- 흉 음력 1월, 5월, 8월.

- 행운의 색 청색.
- 주식 투자 투자 금물.
- 건강 두통, 불면증 주의.
- 여행 남쪽 길. 그 외는 흉.
- 귀인 한씨, 윤씨.

05 _ 동전으로 점치는 일일 운세

동양의 옛 선조들은 우주 만물의 구조를 음양의 이원론에 근거한 역易 사상으로 풀이했다. 물질계와 인간계의 원리를 파헤친 음양오행설도 바로 이 역 사상에 근거한 것이다.

역의 원리는 양효陽爻라 불리는 '―' 괘와 음효陰爻라 불리는 '--' 괘의 두 가지 모양으로 구성된다. 순열 조합에 따라 이 효爻들은 각기 64가지의 모양을 갖추는데, '소우주'로 불리는 64괘에 각기 인간의 운명을 풀이해놓은 것이 바로 『주역』이다.

예전의 점占은 산목算木이라 불리는 젓가락 모양의 서죽筮竹 50개

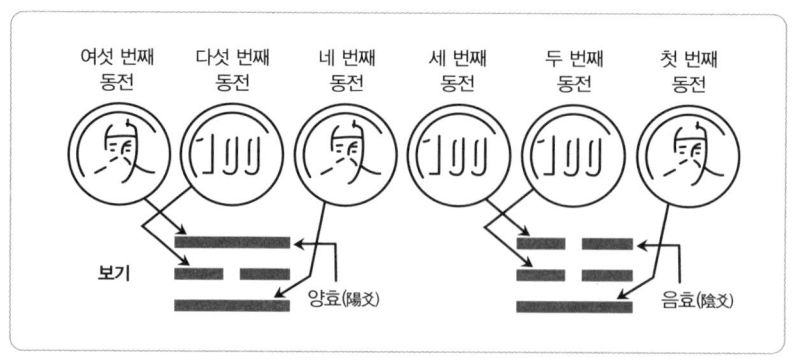

#	괘	이름	#	괘	이름
1	☰☰	건위천(乾爲天)	33	☰☶	천산둔(天山遯)
2	☷☷	곤위지(坤爲地)	34	☳☰	뇌천대장(雷天大壯)
3	☵☳	수뢰준(水雷屯)	35	☲☷	화지진(火地晋)
4	☶☵	산수몽(山水蒙)	36	☷☲	지화명이(地火明夷)
5	☵☰	수천수(水天需)	37	☴☲	풍화가인(風火家人)
6	☰☵	천수송(天水訟)	38	☲☱	화택규(火澤睽)
7	☷☵	지수사(地水師)	39	☵☶	수산건(水山蹇)
8	☵☷	수지비(水地比)	40	☳☵	뇌수해(雷水解)
9	☴☰	풍천소축(風天小畜)	41	☶☱	산택손(山澤損)
10	☰☱	천택리(天澤履)	42	☴☳	풍뢰익(風雷益)
11	☷☰	지천태(地天泰)	43	☱☰	택천쾌(澤天夬)
12	☰☷	천지비(天地否)	44	☰☴	천풍구(天風姤)
13	☰☲	천화동인(天火同人)	45	☱☷	택지췌(澤地萃)
14	☲☰	화천대유(火天大有)	46	☷☴	지풍승(地風升)
15	☷☶	지산겸(地山謙)	47	☱☵	택수곤(澤水困)
16	☳☷	뇌지예(雷地豫)	48	☵☴	수풍정(水風井)
17	☱☳	택뢰수(澤雷隨)	49	☱☲	택화혁(澤火革)
18	☶☴	산풍고(山風蠱)	50	☲☴	화풍정(火風鼎)
19	☷☱	지택림(地澤臨)	51	☳☳	진위뢰(震爲雷)
20	☴☷	풍지관(風地觀)	52	☶☶	간위산(艮爲山)
21	☲☳	화뢰서합(火雷噬嗑)	53	☴☶	풍산점(風山漸)
22	☶☲	산화비(山火賁)	54	☳☱	뇌택귀매(雷澤歸妹)
23	☶☷	산지박(山地剝)	55	☳☲	뇌화풍(雷火豐)
24	☷☳	지뢰복(地雷復)	56	☲☶	화산려(火山旅)
25	☰☳	천뢰무망(天雷無妄)	57	☴☴	손위풍(巽爲風)
26	☶☰	산천대축(山天大畜)	58	☱☱	태위택(兌爲澤)
27	☶☳	산뢰이(山雷頤)	59	☴☵	풍수환(風水渙)
28	☱☴	택풍대과(澤風大過)	60	☵☱	수택절(水澤節)
29	☵☵	감위수(坎爲水)	61	☴☱	풍택중부(風澤中孚)
30	☲☲	이위화(離爲火)	62	☳☶	뇌산소과(雷山小過)
31	☱☶	택산함(澤山咸)	63	☵☲	수화기제(水火旣濟)
32	☳☴	뇌풍항(雷風恒)	64	☲☵	화수미제(火水未濟)

를 사용해 쳤는데 요즘은 동전이나 트럼프 등을 활용, 간편히 칠 수 있는 방법들이 고안되고 있다.

먼저 첫 번째 동전이 맨 아래 괘가 되고 여섯 번째 동전이 맨 위 괘가 됐을 때 21번 〈화뢰서합〉 괘를 찾아서 읽는다.

그리고 동전 여섯 닢을 준비한다. 이 동전을 양손에 넣어 눈을 감고 5, 6회 흔든 다음 아래로부터 위로 일렬로 배치한다.

동전에 '십 원', '백 원' 등 한글이 쓰인 쪽은 양효 '—', '10', '100' 등 숫자가 쓰인 쪽은 음효 '--'로 정해 동전의 모양에 따라 효를 그린다. 이 효의 모습을 도표에서 맞춘 후 해당 번호의 해설을 참조하면 된다.

같은 내용을 하루에 두세 번 반복해 점치지 말 것, 바르지 않은 일에 점치지 말 것, 지혜를 다해도 판단하지 못하는 경우에만 점칠 것, 막연한 답을 원하는 점은 치지 말 것, 경건한 마음으로 점칠 것 등이 이 주역 동전 점을 치기에 앞서 유의할 점이다.

(1) 건위천 乾爲天

용이 하늘로 치솟아 오르는 형상이다. 취직 시험은 성공할 운. 사업도 순조. 신경 계통 병 조심하고 혼담은 여자는 성사, 남자는 불길. 데릴사위라면 좋다. 너무나 좋은 운이므로 자중自重이 필요하다.

(2) 곤위지 坤爲地

이 괘卦는 여성의 상징. 급히 굴지 말고 묵묵히 때를 기다려야 한다. 여자는 결혼 수. 소화기 계통 병과 산후産後 조심. 욕심은 자제하고 여행과 계약은 뒤로 미룰 것. 지금 애인은 천생연분이나 서둘지 말 것. 윗사람에게 신임받을 괘.

(3) 수뢰준 水雷屯

고민하는 괘다. 혼담은 4개월 후에나 성사. 창업은 불길. 신경쇠약, 히스테리, 변비 조심. 여행은 금지. 금전에 고난이 있다. 출산은 사내아이, 난산일 듯. 분쟁은 급히 해결되지 않을 수. 후배와 우인友人, 특히 여성의 도움을 구하는 것이 좋다. 이 괘에서는 숫자 4가 행운의 수.

(4) 산수몽 山水蒙

장래를 위해 교육할 괘. 아이들에게 이 괘는 크게 길吉하다. 욕심을 부리거나 급히 굴면 실패할 수. 혼담은 깨지고 도난의 징조가 있다. 분실물은 어린이에게 물어볼 것. 수표, 어음, 증서에 의한 사고가 있다. 장기간의 소화기 계통 병 조심할 것. 사업은 선배의 의견 따라라.

(5) 수천수 水天需

수需는 '기다린다'는 뜻. 당신은 실력이 있지만 은인자중隱忍自重 때를 기다려야 한다. 신규 계획은 무리. 2개월 후에 행운이 돌아올 수. 남녀 간에는 연상자年上者와 문제가 생긴다. 혼인 강행은 후회. 불조심할 것. 뜻밖의 일로 수입이 있다.

(6) 천수송 天水訟

다툼, 소송, 재판을 의미하는 괘. 여성은 고민 수. 운세도 내리막길. 대수롭지 않은 병이라도 조심할 것. 결혼은 손윗사람이 방해. 절약이 필요한 때. 잔돈은 생긴다. 여성이 관계된 도난 수. 조심하는 마음으로 자중해야 할 운세다.

(7) 지수사 地水師

전쟁을 뜻하는 점괘. 유능한 참모로 위험과 곤란을 벗어나야 한다. 추대되어 장長을 맡으나 분쟁이 생긴다. 혼담 역시 다툴 수. 다만 재혼인 경우 길吉하다. 차 조심, 설사 조심. 옛것을 찾더라도 못 쓰게 되어 있다. 금전은 분쟁 수. 돈 쓸 곳도 많이 생긴다. 여행은 금지. 몸 달아 서둘면 모두 망칠 괘다.

(8) 수지비 水地比

인화人和를 상징하는 점괘. 유능한 사람이 주위에 몰려들고 공동 사업은 번창. 남성이라면 많은 여성을 매혹시킬 수 있다. 결혼은 대길大吉 수. 피부병 조심. 여행은 좋다. 도박은 실패 징조. 운수는 열리고 소망과 혼담도 이뤄진다. 멀리서 소식이 온다.

(9) 풍천소축 風天小畜

기다리며 저축할 괘. 물질은 풍족하나 부부 싸움 수. 친구 관계가 나빠진다. 혼담은 두세 번 교섭 뒤 성사. 잔돈에는 재수가 좋다. 사업이나 계획은 될 듯하다가 틀어진다. 3개월 후면 좋을 수. 여행 금지. 미혼 여성은 직장에 문제 있다.

(10) 천택리 天澤履

범의 꼬리를 밟는 위험 속에 있는 운세. 남보다 앞서 일을 벌이면 실패한다. 출산은 딸. 방탕한 생각은 말 것. 증권이나 물건은 사지 말아야 한다. 윗사람에게 깍듯이 예의를 차리면 위기를 벗어날 수 있다. 이성 관계 조심. 신분에 걸맞지 않은 행동은 삼갈 것. 여행 금지, 도난 수.

(11) 지천태 地天泰

태泰는 '크다', '태평하다'의 뜻. 만사 순풍에 돛 단 격이다. 득남得男과 주소 이동 운수. 혼담은 곡절이 있으나 이루어진다. 커플 여행은 대길大吉. 돈도 원활하게 융통된다. 부서진 물건을 되찾을 수. 색정色情 조심. 증권은 주춤세.

(12) 천지비 天地否

막혀서 통하지 않는 점괘다. 연애, 부부 관계, 입학, 입사, 채용, 거래 등이 모두 성사되지 않는다. 움직이는 만큼 손해가 생기는 운. 뇌출혈 조심. 도장과 서류, 도난 조심.

(13) 천화동인 天火同人

동지의 협력으로 큰일을 이룰 괘. 윗사람의 총애를 받고 협동 사업에 길운. 혼담 순조로이 진행. 열병, 전염병 조심. 이성과 여행하면 말썽이 생긴다. 멀리서 소식이 오고 꿩 먹고 알 먹는 재운이 따르지만 대신 친구를 잃는다. 증권은 상승세.

(14) 화천대유 火天大有

물질보다 정신적인 길운의 괘. 입학, 취직, 사업 등이 순조롭다. 여자에게는 고민이 생긴다. 여자라면 남자에게 인기 있고 남자라면 큰 자리를 얻을 수. 혼담은 여자가 성급히 굴면 파탄. 고열성 질환 주의. 돈 쓸 곳이 많이 생긴다. 사업은 서두를 것. 학자는 크게 흥할 괘.

(15) 지산겸 地山謙

무슨 일이나 이루기 힘들다. 성병에 주의하고 만사에 강경하면 불리. 여성이라면 겸손이 필요. 이성 관계 복잡할 수. 혼담은 손윗사람에게 맡겨둘 것.

(16) 뇌지예 雷地豫

운세가 강성할 괘. 만사가 뜻대로 풀린다. 도박은 절대 금물. 혼담도 길吉. 상대편 가정에 약간 말썽이 있다. 질병은 회복 수. 수입보다 지출이 낫다. 산을 타지 말 것. 냉랭하면 대인 관계 실패.

(17) 택뢰수 澤雷隨

주거가 바뀌거나 직장 또는 고향을 떠날 운. 남성에게는 행운의 여성이 나타날 수. 운수는 중운中運. 남에게 부탁한 일이 풀리고 혼담도 성취. 수입도 지출도 많다. 남과 다투면 크게 손해.

(18) 산풍고 山風蠱

불안과 위험의 운세. 애정 문제로 풍파 수. 혼담은 상대에게 따로 사람이 있어 무산. 출산은 유산의 위험. 질병은 수술 필요. 분쟁은 오래가고 도난 조심. 재정은 적자. 분실물은 북쪽에서 찾을 것.

(19) 지택림 地澤臨

소망이 성취되는 성운盛運. 연애결혼 수. 여성의 경우는 유혹이 많다. 남자는 사업계 길운. 연예계 진출도 좋다. 혼담은 손윗사람 의견에 따를 것. 분쟁은 오래 끌면 불리. 먼 여행은 흉. 저금을 꺼내 쓴다. 질병은 조기에 치료할 것.

(20) 풍지관 風地觀

땅 위에 큰바람이 부는 형상. 교육자에게는 길운. 주거와 직장 이동 있고 도난과 여난女難이 있다. 뒤가 나쁜 운수. 혼담은 상대에서 적극적이면 성사. 출산은 난산難産. 불의의 부상 주의. 여행 중 사고 주의. 증권 운, 재산 운 좋지 않다. 소망은 빨리 이뤄지지 않는다.

(21) 화뢰서합 火雷噬嗑

상업에 강운強運. 혼담은 피차간에 방해가 있다. 뱃심으로 밀고 나가야 할 운세. 출산은 아들. 자동차 사고 조심. 어금니에 문제. 금전은 한 손으로 받아 다른 손으로 내주는 상태. 서류 다툼 요주의.

(22) 산화비 山火賁

예술 등 화려한 일에 걸맞을 운세. 수입보다 지출이 많다. 혼담, 취직 등이 모두 빗나간다. 열병 조심. 분쟁 사건에는 중개인을 넣으면 손쉽게 풀린다. 소망은 늦게 이루어진다.

(23) 산지박 山地剝

무력, 쇠퇴의 운수. 높은 곳에서 떨어질 징조. 신규 사업은 절대 금물. 남녀 간에 피차 속기 쉽다. 화재, 교통사고 주의. 초혼이면 흉하고 재혼이면 길하다. 남성은 발기부전 주의. 항공기 여행 중지. 타인 때문에 손실이 많다.

(24) 지뢰복 地雷復

겨울이 가고 봄이 올 운세. 숫자 7이 행운을 가져온다. 사업은 활기를 띠고 갈라졌던 부부는 화합한다. 재혼은 길운. 분쟁은 지구전이 유리. 나았던 병이 다시 터진다. 점차 돈이 들어온다.

(25) 천뢰무망 天雷無妄

만물이 생동할 때. 명예 방면에 특히 길. 실리보다 소문이 크다. 혼담도 성사. 불면증 기미가 있다. 남의 의견을 따르면 길하다. 장사를 위한 여행은 손해.

(26) 산천대축 山天大畜

노력 후 목표를 성취하는 대길 운. 급히 서둘면 손해. 부스럼, 변비 기미 있다. 여행지에서의 사고 주의. 금전의 융통이 원활하다.

(27) 산뢰이 山雷頤

분쟁 사건이나 색정色情 관계에 근신할 수. 특히 입 조심 할 것. 공든 탑이 무너질 기미가 보인다. 혼담은 성사되나 뒤에 경제적 곤란이 따른다. 치통 주의. 분실물은 벽장이나 상자 속에. 먹고살 생활비 정도는 벌 수 있다.

(28) 택풍대과 澤風大過

지출이 많아 고민할 때. 소망은 이루어질 듯하다 이루어지지 않는다. 무리하게 혼담을 이루면 사고가 생긴다. 나이 차가 많으면 혼담도 길. 출산은 난산. 여행 중 생각지 않은 사고가 일어난다. 재정은 핍박. 남녀 관계에 스캔들.

(29) 감위수 坎爲水

위험과 곤란이 겹쳐 있는 괘. 귀찮은 일이 계속 생긴다. 좌천, 사기, 사업 실패, 도난, 재난 주의. 애정 문제로 심각하게 상처받는다. 돈도 융통이 나쁘다. 열병, 교통사고, 형사사건 조심. 출산은 쌍둥이 또는 유산. 건강은 한때 위험 상태까지 나빠진다.

(30) 이위화 離爲火

성운盛運의 괘. 소망은 이웃의 힘으로 성취. 혼담은 중지하는 것이 좋다. 급성병 주의. 여행은 연기할 것. 분실물은 찾게 된다. 금전은 손재수가 있다.

(31) 택산함 澤山咸

대통大通한 운수. 뜻밖에 좋은 일이 생긴다. 예술 분야는 크게 성공. 결혼에는 지극히 좋은 괘. 취직, 입학, 경마, 증권에도 길운. 혼담은 천생연분. 건강은 스트레스 기미. 수입, 지출 모두 크다. 여행은 신혼여행 수.

(32) 뇌풍항 雷風恒

현상 유지가 무난한 운세. 부부는 감정 대립. 만사에 수동적 위치에 설 것. 혼담은 피차 탐탁지 않으나 나쁜 인연은 아니다. 신경통, 위장병 조심. 금전 운은 좋다. 여행은 중지. 출산은 딸.

(33) 천산둔 天山遯

나아가면 불리하고 물러나면 길한 괘. 사면초가 상태. 카바레 주인에게는 대길의 괘. 소망, 혼담, 건강 모두 불발. 출산은 유산 조심. 분쟁은 상대에게 유리. 주식은 제자리걸음.

(34) 뇌천대장 雷天大壯

실속이 없는 운세다. 남을 업신여기면 손해 수. 윗사람의 노여움을 받을 것이나 사업은 길. 혼담은 중매자의 거짓말 때문에 무산. 고혈압, 불면증 조심. 여행은 중지. 돈은 실속이 없다.

(35) 화지진 火地晋

태양이 하늘로 오르는 운세. 승진, 전근 등 직장에 변화. 운세는 대길. 혼담은 성사. 소망은 늦게 성취. 출산은 순산. 나가는 비용이 많다. 증권은 상승세. 노인은 건강 조심.

(36) 지화명이 地火明夷

태양이 지하로 들어간 상태. 패배의 운세이므로 몸조심. 가정 문제로 의기소침. 결혼도 연애도 불길. 실언失言과 여자 문제로 곤욕을 치른다. 건강은 방심하면 큰일. 도난, 화재 우려. 금전은 역시 없다.

(37) 풍화가인 風火家人

여성적인 조용한 괘. 집에서 하는 일은 좋으나 외부에서의 일은 흉하다. 소망은 남의 도움으로 성취. 신장염 조심. 가족 여행은 대길. 여자를 중간에 넣으면 만사형통.

(38) 화택규 火澤睽

서로 반목하는 운세. 사업, 기획, 결혼 등도 무산. 말과 행동을 특히 조심할 것. 3개월 내로 좋은 일이 생긴다. 교통사고 조심. 수입보다 지출이 많다. 소망은 성취 불가능.

(39) 수산건 水山蹇

진퇴양난의 운세. 혼담, 이성 관계가 복잡하게 얽힌다. 패가망신의 수. 움직일수록 손해다. 출산은 난산. 건강은 하체에 중병. 재정이 궁핍하다.

(40) 뇌수해 雷水解

고난이 해소되는 길운의 괘. 혼담을 급히 서두를 것. 배를 타고 멀리 여행할 징조. 해외 파견의 수. 출산은 순산, 아들. 분실물은 높은 곳에. 찬스를 얻어 횡재하리라.

(41) 산택손 山澤損

큰 손실을 의미한다. 결혼에는 대길 운. 욕심을 부리면 큰 손해. 도박 금물. 새로운 투자는 좋다. 소망은 7, 8할 성취 가능. 친구 도움으로 분쟁 해결. 지출보다 수입이 크다.

(42) 풍뢰익 風雷益

성운盛運으로 향하는 길운. 현재의 일이 장차 몇 곱절의 이익을 준다. 직장에서 승진, 승급 수. 풍문 조심. 여자라면 천생연분을 만난다. 주변 도움으로 소망 성취. 교통사고 주의. 뜻밖의 횡재.

(43) 택천쾌 澤天夬

윗사람을 밀치고 전진하는 강운强運. 무모해서 실패가 따른다. 연애는 짝사랑. 부부간에는 이혼 수. 소망은 좌절. 금전 손해 막심. 분실물을 찾지 못한다. 이성 관계는 신원 조사 철저히.

(44) 천풍구 天風姤

뜻밖의 재난을 당하는 운세. 교통사고, 사기 사건 조심. 결혼에는 대흉大凶 괘. 물장사는 길. 운수 쇠퇴기. 출산은 난산 기미. 작은 돈은 들어온다.

(45) 택지췌 澤地萃

승진, 승급, 입학시험, 선거 등에 대길의 괘. 선배와 동료 도움으로 소원 성취. 혼담은 중매자 필요. 식중독, 위장병 조심. 여행은 좋다. 순산, 딸. 투기성 투자에도 이익 수.

(46) 지풍승 地風升

입신출세하는 상승 운. 출세, 승진 수. 소자본으로 큰돈을 번다. 4개월 후에 대길 운. 여자는 임신 수, 결혼도 좋다. 이사 가능성 있다. 순산, 딸. 해외여행이면 좋은 뉴스 있다. 증권 상승.

(47) 택수곤 澤水困
곤궁, 불운 운세. 말조심할 것. 혼담은 손윗사람 중매면 성사. 고기 뼈가 걸릴 수. 여행은 중지. 물건을 사면 큰 손해.

(48) 수풍정 水風井
작은 소망은 성취, 큰 소망은 불가. 혼담은 파탄. 난산 우려. 건강은 병 재발 위험. 여행은 중지. 분실물은 집안에. 돈 재수는 좋다.

(49) 택화혁 澤火革
개혁의 운세. 조급히 굴면 손해. 주거 이전, 직장 이전의 괘. 색난色難에 조심. 승부라면 승리 수. 소망 성취. 재혼은 대길. 출산은 아들. 가족 중 교통사고 조심. 서쪽, 남쪽 여행 길.

(50) 화풍정 火風鼎
남의 두목이 되는 운세. 새로운 벗을 얻는다. 입신출세 징조. 행운의 숫자는 3. 결혼에는 시어머니가 있는 것이 좋다. 주거 이동 가능. 남과 협력함이 출세의 지름길. 열병 조심. 호화 여행은 삼갈 것. 금전 유통 원활.

(51) 진위뢰 震爲雷
복福이 있는 번창을 상징. 실리가 적다. 야심이 크면 실패 수. 결혼에는 라이벌이 있다. 초혼은 흉凶. 건강은 지병持病 재발 우려. 고혈압 조심. 분쟁은 유리. 금전은 손해 수. 증권은 2단 도약 후 몰락.

(52) 간위산 艮爲山

사업은 협력자 없어 실패. 만사가 될 듯하다 되지 않는다. 혼담도 실패. 신경통, 류머티즘 조심. 돈을 빌리기가 어렵다. 증권은 주춤세.

(53) 풍산점 風山漸

입신출세의 기상. 여자 관계 조심. 승진 순탄. 여자는 임신 징조. 결혼은 좋은 인연. 중매가 좋다. 항공 여행은 길. 윗사람 의견 따를 것. 순산, 딸. 질병은 의사를 바꿀 것. 멀리서 좋은 소식이 있다. 재물도 들어온다.

(54) 뇌택귀매 雷澤歸妹

결혼을 의미하는 괘. 만사를 수동적으로 처리하면 이익. 소망 성취에 방해가 있다. 분실물은 여자 손에. 지출보다 수입이 적다. 금전으로 여자와 다툼.

(55) 뇌화풍 雷火豊

표면은 성운盛運. 내면은 고민 운세. 예능 관계, 농사일은 크게 발전. 여성은 미인 형상. 임신 수. 실리가 없다. 혼담은 신원 조회 필요. 산후産後 조심. 가벼운 질병 조심. 분쟁은 욕심으로 실패. 여행은 중지. 금전은 대길.

(56) 화산려 火山旅

좋은 운이 모두 끝난 상태. 남과 조화가 안 되고 고독하다. 화재 조심. 외출이 많다. 외국 유학은 길. 낙담하는 일이 많다. 부부 별거 수.

직업 불안정. 많은 것을 구하면 모두 잃는다. 혼담은 불성립. 건강은 중태 수. 출산은 고민이 많다. 이성 관계에 비용이 많이 든다.

(57) 손위풍 巽爲風

찬스를 잡는 괘. 혼담은 불성립. 도둑 조심. 희망 성취에 방해자가 있다. 부인의 중개 필요. 순산, 아들. 노인이면 건강 조심. 강경하면 만사 손해. 증권은 주춤세.

(58) 태위택 兌爲澤

현재는 실리가 없으나 뒤에 즐거움이 있다. 노이로제 주의. 색정 욕구 자제할 것. 협구, 고자질 금물. 금전 관계는 대길. 언론계에 특히 좋은 운세. 재혼이면 길. 순산, 딸. 발육이 좀 늦다. 위, 십이지장 주의. 돈은 풍족.

(59) 풍수환 風水渙

순풍에 돛 단 운세. 해외무역, 유학에 특히 길. 조언자 출현. 소망, 혼담, 운수가 모두 열린다. 출산은 유산 위험. 돈이 흩어진다.

(60) 수택절 水澤節

천천히 전진하는 길운. 여자의 유혹이 많다. 절약할 때. 지출이 많고 친구가 원수로 둔갑할 수. 남을 헐뜯지 마라. 혼담 성사. 여색女色 조심. 분쟁에 사람을 넣으면 실패. 여행 중 사고. 수입이 고르지 않다.

(61) 풍택중부 風澤中孚

사업에 길한 운세. 경솔하면 실패. 사기꾼이 접근한다. 의좋은 부부의 괘. 간경변 조심. 분쟁은 이익이 없다. 배를 타고 여행할 징조. 금전은 예상의 4분의 1 수입.

(62) 뇌산소과 雷山小過

얇고 가늘게 살아가는 운세. 배반의 수. 가출의 징조가 있다. 결혼은 말뿐. 출산한 아기는 허약. 여행 중 병, 도난 우려. 금전 손실.

(63) 수화기제 水火旣濟

만사가 성한 운세. 현상 유지가 중요. 혼담 성사. 남과 협력하면 길. 불순한 이성 교제 조심. 성적 노이로제 기미. 금전 운은 초조히 굴면 실패.

(64) 화수미제 火水未濟

희망 성취의 괘. 여성에게 기쁜 일이 있다. 소망은 천천히 성취. 순산, 딸. 병자는 회복 수. 분쟁은 양보 필요. 긴 여행은 중지. 지출이 많을 수.